성 보나벤투라의 신비신학으로 바라본
성 프란치스코의 영적 성숙

한규희
꼰벤뚜알 프란치스코 수도회

성 보나벤투라의 신비신학으로 바라본
성 프란치스코의 영적 성숙

교회 인가 | 2020년 2월 28일
1판 1쇄 | 2020년 3월 19일

지은이 | 한규희
펴낸이 | 호명환
만든이 | 조수만
만든곳 | 프란치스코 출판사(제2-4072호)
주소 | 서울 중구 정동길 9
전화 | (02) 6325-5600
팩스 | (02) 6325-5100
이메일 | franciscanpress@hanmail.net

ISBN 978-89- 91809-72-7 93230
값 12,000원

이 도서의 국립중앙도서관 출판사도서목록(CIP)은
서지정보유통지원시스템 홈페이지(http://seoji.nl.go.kr)와 국가자료공동목록시스템
(http://www.nl.go.kr/kolisnet)에서 이용하실 수 있습니다.

CIP제어번호 | CIP 2020011535

성 보나벤투라의 신비신학으로 바라본
성 프란치스코의 영적 성숙

한규희

꼰벤뚜알 프란치스코 수도회

차례

약어　9

서론　13

　1. 논문의 주제와 주요 목표　13

　2. 논문의 구조　16

1장 보나벤투라의 학문적, 영성적 배경

머리말　19

1. 성 프란치스코와 성 보나벤투라　19

　1.1. 성인들의 생애　21

　　1.1.1. 아씨시의 성 프란치스코　21

　　1.1.2. 바뇨레조의 성 보나벤투라　26

　1.2. 보나벤투라의 성 프란치스코　32

　　1.2.1. 프란치스칸 성소　33

　　1.2.2. 신학 스승으로서의 프란치스코　36

　　1.2.3. 영성적 모범으로서의 프란치스코　41

2. 보나벤투라 신비신학의 신학적 배경　47

　2.1. 히포의 성 아우구스티노　47

2.2. 위-디오니시우스 아레오파기타   53

2.3. 성 빅토르 학파   57

맺음말   62

2장 보나벤투라의 신비신학

머리말   67

1. 보나벤투라의 신비 작품들   70

   1.1. 『하느님께 나아가는 정신의 여정』   72

   1.2. 『신비 작품집』   80

      1.2.1. 『세 가지 길』   81

      1.2.2. 『독백록: 정신의 네 가지 활동』   85

      1.2.3. 『생명의 나무』   87

      1.2.4. 『아기 예수의 다섯 축일』   90

      1.2.5. 『미사 준비에 대한 소고』   91

      1.2.6. 『수녀들에게 보낸 완전한 삶』   92

      1.2.7. 『영혼의 다스림』   94

      1.2.8. 『세라핌 천사의 여섯 날개』   95

      1.2.9. 『주님 수난 성무일도』   96

      1.2.10. 『신비의 포도나무』   97

1.3. 『육일간의 창조에 관한 학술강연집』　100

2. 보나벤투라 신비신학의 특징들　103

   2.1. 그리스도 중심주의와 세 가지 말씀(Triplex Verbum)　104

      2.1.1. 창조되지 않은 말씀(Verbum increatum)　108

      2.1.2. 육화하신 말씀(Verbum incarnatum)　110

      2.1.3. 영으로 충만한 말씀(Verbum inspiratum)　114

   2.2. 십자가 신비주의와 십자가에 못 박히신 말씀(Verbum crucifixum)　117

   2.3. 보나벤투라 신비주의의 삼중 구조　122

      2.3.1. 하느님을 향한 상승의 삼중 구조　123

         2.3.1.1. 우리 밖에서(extra nos)　126

         2.3.1.2. 우리 안에서(intra nos)　129

         2.3.1.3. 우리 위에서(supra nos)　131

      2.3.2. 세 가지 위계적 행위　134

         2.3.2.1. 정화　135

         2.3.2.2. 조명　137

         2.3.2.3. 일치　138

      2.3.3. 세 가지 길에 필요한 세 가지 수단 또는 활동　141

         2.3.3.1. 묵상　141

         2.3.3.2. 기도　143

         2.3.3.3. 관상　146

      맺음말　148

3장 『대전기』: 하느님을 향한 상승의 전기문학

머리말　153

1. 성 프란치스코의 『대전기』　154

　1.1. 저자의 의도와 『대전기』의 목적　156

　1.2. 『대전기』의 구조　161

　1.3. 『대전기』에 대한 평가　164

2. 『대전기』 안에서 성 프란치스코의 영적 성숙　169

　2.1. 『대전기』 안에서 그리스도 중심주의　171

　2.2. 『대전기』 안에서 십자가 신비주의　176

　　2.2.1. 첫 번째 삼면화: 성 프란치스코의 세 가지 환시　178

　　2.2.2. 두 번째 삼면화: 다른 형제들의 세 가지 환시　182

　　2.2.3. 십자가 신비주의의 절정: 십자가에 못 박히신 세라핌의 환시　186

　2.3. 『대전기』 안에서 세 가지 길　190

　　2.3.1. 정화　192

　　2.3.2. 조명　198

　　2.3.3. 일치　206

　맺음말　215

결론　220

참고 문헌　228

약 어

▶ 성경

아가	아가
이사	이사야서
창세	창세기
갈라	갈라티아 신자들에게 보낸 서간
루카	루카 복음서
마태	마태오 복음서
에페	에페소 신자들에게 보낸 서간
요한	요한 복음서
1코린	코린토 신자들에게 보낸 첫째 서간
콜로	콜로새 신자들에게 보낸 서간
1티모	티모테오에게 보낸 첫째 서간
티토	티토에게 보낸 서간

▶ 보나벤투라의 작품들

Apol. paup.	가난한 자들의 변론	
	Apologia pauperum contra calumniatorem	
Brevil.	신학요강	
	Breviloquium	

De donis	성령칠은에 관한 학술강연집	
	Collationes de septem donis Spiritus Sancti	

De donis　　성령칠은에 관한 학술강연집
　　　　　　　Collationes de septem donis Spiritus Sancti

Epist. offic.　서간집
　　　　　　　Epistolae officiales

Hex.　　　　육일간의 창조에 관한 학술강연집
　　　　　　　Collationes in Hexaemeron

I Sent.　　　명제집 주해 I
　　　　　　　In I librum Sententiarum

III Sent.　　명제집 주해 III
　　　　　　　In III librum Sententiarum

Itin.　　　　하느님께 나아가는 정신의 여정
　　　　　　　Itinerarium mentis in Deum

LegM　　　성 프란치스코 대전기
　　　　　　　Legenda maior sancti Francisci

Legm　　　성 프란치스코 소전기
　　　　　　　Legenda minor sancti Francisci

LegM mir.　대전기. 기적들에 관한 소고
　　　　　　　Legenda maior. Miracula

Lign. vitae　생명의 나무
　　　　　　　Lignum vitae

Myst. Trin.　삼위일체 신비에 관한 토론 문제집
　　　　　　　Quaestiones disputatae de mysterio Trinitatis

Perf. vitae　수녀들에게 보낸 완전한 삶
　　　　　　　De perfection vitae ad sorores

Prae. miss.　미사 준비에 관한 소고
　　　　　　　Tractatus de praeparatione ad missam

Quinque fest.	아기 예수의 다섯 축일	
	De quinque festivitatibus pueri Iesu	
Red. art.	학문들의 신학적 환원	
	De reductione artium ad theologiam	
Trib. qu.	어느 익명의 교수에게 보낸 편지	
	Epistola de tribus quaestionibus ad magistrum innominatum	
Tripl. via	세 가지 길	
	De triplici via	
Vit. myst.	신비의 포도나무	
	Vitis mystica	

▶ 성 프란치스코의 글

비인준회칙	인준받지 않은 회칙
유언	유언

▶ 성 프란치스코와 관련된 전기 작품

1첼라노	토마스 첼라노가 쓴 성 프란치스코의 1생애
2첼라노	토마스 첼라노가 쓴 성 프란치스코의 2생애
3첼라노	토마스 첼라노가 쓴 성 프란치스코의 3생애(기적 모음집)
행적	복되신 프란치스코와 동료 형제들의 행적
익명페루	익명의 페루지아 전기
세동료	세 동료가 쓴 성 프란치스코 전기

▶ 자주 인용된 출판물

AF	Analecta Franciscana
AFH	Archivum Franciscanum Historicum
CCC	Catechismo della Chiesa Cattolica(가톨릭 교회 교리서)
DB	Dizionario Bonaventuriano
DF	Dizionario Francescano
DFM I	Dizionario Francescano. Mistici francescani, Secolo XIII, I
DFM III	Dizionario Francescano. Mistici francescani, Secolo XV, III
DS	Doctor Seraphicus
DT	Dizionario dei Teologi
FAED III	Francis of Assisi: Early Documents: The Prophet
FF	Fonti Francescane
FS	Franciscan Studies
IB	Incontri Bonaventuriani
LF I	La Letteratura Francescana, I, Francesco e Chiara d'Assisi
LF III	La Letteratura Francescana, III, Bonaventura: La perfezione cristiana
LF IV	La Letteratura Francescana, IV, Bonaventura: La Leggenda di Francesco
PL	Patrologia Latina

◆ 이 책은 저자의 석사 학위 논문 『La Maturità spirituale di San Francesco nella Mistica di San Bonaventura』를 저자가 우리 말로 옮긴 것입니다.

서 론

1. 논문의 주제와 주요 목표

신비체험이란 그리스도 예수 안에서 이루어지는 인간의 영적 성장 과정으로 그 안에서 삼위일체 하느님을 체험하거나 그분의 현존을 깨닫는 것이다.[01] 이러한 정의는 가톨릭 교회 교리서에서도 분명히 명시되어 있다.

영적 진보는 언제나 그리스도와 더욱더 밀접하게 결합되는 것이 그 목표이다. 이 결합을 "신비적"이라고 하는 것은 "거룩한 신비들", 곧 성사들을 통해서 그리스도의 신비에 참여하고, 그리스도 안에서 거룩한 삼위일체의 신비에 참여하기 때문이다. 하느님께서는 우리 모두를 당신과 더욱 깊이 결합하도록 부르신다. 그러나 모든 사람에게 거저 주시는 이 은혜를 드러나게 하시려고, 소수의 특정한 사람들에게만은 특은이나 이 신비 생활의 특별한 표징을 주시기도 한다.[02]

---

[01] 참조: C. Leonardi, 「Introduzione」, in 『LF I』, XIV; H. Nolthenius, 『Un uomo dalla valle di Spoleto. Francesco tra i suoi contemporanei』, Padova 1991, 290.

[02] 『CCC』 2014.

이러한 교회의 가르침에 대한 적절한 예시는 프란치스칸 역사 안에서 쉽게 찾아볼 수 있다. 의심할 여지 없이 세라핌 사부 아씨시의 성 프란치스코는 가장 위대한 신비가들 가운데 하나이다. 프란치스코에게 주어진 "또 다른 그리스도(alter Christus)"[03]라는 잘 알려진 호칭은 하느님께 대한 그의 신비체험이 얼마나 탁월한 것인지 증언해 준다. 그러나 그는 자신의 신비체험에 대한 내용이나 방법과 관련하여 체계적인 글을 전혀 남겨 놓지 않았다.[04]

프란치스코는 하느님의 사랑에 매료된 사람이었다. 하느님께 대한 사랑으로 그는 모든 피조물, 모든 형제자매, 특히 가난하고 보잘 것없는 이들을 껴안았고, 하느님의 사람으로 변화되었다. 아씨시의 빈자의 삶과 정신은 수많은 동시대인, 각계각층 사람들의 삶에 강한 영향을 미쳤다. 보나벤투라도 그런 이들 가운데 하나였다.[05]

보나벤투라 사상의 원천들 가운데 프란치스코의 영적 체험은 보나벤투라의 학문적 종합, 신학적 그리스도 중심주의, 창조와 육화의 일치에 대한 가르침, 윤리신학, 수덕신학, 영성신학 그리고 신비신학을 특징짓는 결정적인 원천이자 요소로 여겨진다.[06] 세라핌 박사는 프란치스코의 신비체험을 묵상하였고, 그 체험에 대한 효과적이

---

03 「행적」 6, 1.
04 고계영, 『칼 라너 신비신학의 관점에서 비추어 본 아씨시 프란치스코의 신비체험』, 서울 2014, 21.
05 참조: 폴 루트, 『프란치스코와 보나벤투라』, 한규희, 서울 2018, 11-12.
06 참조: R. POMPEI, 「Francesco - «speculum virtutum» per i francescani negli scritti bonaventuriani」, in 『DS』, 50 (2008), 98.

고 고유한 증언으로 프란치스코의 마음에서 넘쳐 흐르는 사랑, 기도 그리고 경건의 정신이 밴 신학 작품들을 집필하였다. 그의 작품들은 하느님을 찾고자 하는 영적 순례자에게 프란치스코에게서 영감을 얻은 지침을 제공한다. 보나벤투라의 사상에 따르면, 아씨시의 성인은 신비적, 영적 생활의 탁월한 본보기이다.[07]

이 논문은 이러한 관점을 바탕으로 "성 보나벤투라의 신비신학으로 바라본 성 프란치스코의 영적 성숙"이라는 주제로 이 논문은 전개될 것이다. 프란치스코의 영적 성숙 과정은 보나벤투라의 신비신학의 빛으로 더욱 분명하게 밝혀질 수 있다고 여겨진다. 이것이 이 논문이 지향하는 주요 목표이다.

논문의 주요 목표에 도달하고자 무엇보다도 먼저 세라핌 박사의 신비신학의 다양한 원천을 살펴볼 것이다. 이어서 신비-영성적 성격을 강하게 드러내는 그의 작품들, 특히 『하느님께 나아가는 정신의 여정(Itinerarium mentis in Deum)』, 『신비 작품집(Opuscula mystica)』, 『육일간의 창조에 관한 학술강연집(Collationes in Hexaemeron)』를 살펴보면서, 그의 신비신학의 특징을 명확하게 밝힐 것이다. 마지막으로 『대전기(Legenda maior)』에서, 보나벤투라 신비신학의 특징들을 바탕으로 아씨시 성인의 영적 성숙 과정이 어떻게 서술되고 있는지 살펴볼 것이다.

---

07 참조: 폴 루트, 『프란치스코와 보나벤투라』, 12-13.

2. 논문의 구조

이 논문은 서론과 결론 이외에 3장으로 구성되어 있다. 각 장은 "보나벤투라의 학문적, 영성적 배경", "보나벤투라의 신비신학" 그리고 "『대전기』: 하느님을 향한 상승의 전기문학"이라는 제목 아래 서술될 것이다. 또한 각 장의 시작과 끝부분에 그 장에 대한 간략한 머리말과 맺음말을 제시할 것이다.

1장에서는 보나벤투라 신학의 두 축을 이루는 프란치스코의 체험과 13세기의 학문적 전통을 소개할 것이다. 먼저 두 성인의 생애를 살펴봄으로써 프란치스코와 보나벤투라의 영성이 어떻게 형성되고 발전되었는지 알아볼 것이다. 이어서 두 성인의 관계에 대해 세 가지, 곧 성소, 신학 그리고 영성의 관점에서 살펴볼 것이다. 이로써 보나벤투라가 프란치스코의 영성을 따랐으며 자신의 신학 안에서 프란치스코의 영성을 충실하게 보여 주었음은 분명해질 것이다. 이러한 이유로 바뇨레조의 박사는 몇몇 신학자들과 신비가들, 특히 히포의 성 아우구스티노, 위-디오니시우스 아레오파기타 그리고 성 빅토르 학파의 사상을 활용하였다. 이들의 사상을 융합함으로써 세라핌 박사는 새롭고 고유한 신학 양식을 창조하였다. 그러므로 보나벤투라의 신비신학에 미친 그들의 영향을 살펴볼 것이다.

2장에서는 먼저 보나벤투라가 자신의 작품들, 특히 『하느님께 나아가는 정신의 여정』, 『신비작품집』, 『육일간의 창조에 관한 학술강연집』 안에서 신비신학을 어떻게 도입하는지 다룰 것이다. 이 세 작품은 보나벤투라의 신비적이며 영성적인 성격을 강하게 드러내고 그의 신비신학에 밀접하게 연결된 것들이다. 이 작품들에서 주요한 주제들을 찾아낼 것이다. 그리스도 중심성, 그리스도의 육화, 십자가에 못 박히신 그리스도의 수난, 그리스도의 다양한 덕행, 그리스도 안에서 하느님과 완전한 일치를 향한 신비적이며 수덕적인 여정. 이러한 주제들은 보나벤투라 신비신학의 특징들로 발전한다. 따라서 그의 신비신학의 특징들을 하나씩 살펴볼 것이다. 곧 그리스도 중심주의와 세 가지 말씀, 십자가 신비주의와 십자가에 못 박히신 말씀, 보나벤투라 신비주의의 삼중 구조 등이다. 이를 통해 우리는 보나벤투라가 자신의 영성과 신학에서 프란치스코의 체험을 어떻게 활용하고 있는지 이해하고자 초석을 놓게 될 것이다.

   3장에서는 보나벤투라가 『대전기』에서 프란치스코의 생애를 서술하고자 자신의 신비신학을 어떻게 적용하였는지 밝힐 것이다. 우선, 작가의 의도와 목적, 『대전기』의 구조와 평가에 관심을 두고 살펴볼 것이다. 이를 통해 성인의 새로운 전기가 지니는 영성적, 수덕 신비적 배경을 이해하게 될 것이다. 보나벤투라가 프란치스코를 그리스도-신비적 본보기로 강조하려고 『대전기』에서 자신의 신비신학의 특징들을 어떻게 사용하였는지 살펴볼 것이다. 이로써 아씨시의 빈자에 대한 새로운 전기 안에서 그의 신비신학의 특징인 그리스도 중심주의, 십자가 신비주의 그리고 세 가지 길을 확인할 수 있을 것이다.

   논문에 들어가기에 앞서 여러 어려움을 이겨내도록 용기와 힘을 주신 삼위일체 하느님께 감사와 찬미를 드린다. 그리고 이 논문을 완성하는 데 크고 작은 도움을 준 모든 분에게 진심 어린 감사의 마음을 전하고자 한다. 누구보다도 지도교수인 라파엘 디 무로 형제와 세라피쿰의 교수이자 도서관장인 에밀 쿰카 형제에게 감사드린다. 두 분 모두 전문적인 지식과 프란치스칸 학자다운 겸손과 친절로써 도움을 주셨다. 또한 세라피쿰의 교수인 엠마누엘 리몰리 형제에게도 고마움을 전한다. 엠마누엘 형제는 자신의 귀한 시간을 기꺼이 할애하여 이탈리아어로 쓰인 이 논문을 정성스럽게 교정해 주었을 뿐만 아니라 신학적 검토도 해 주었다. 사랑하는 모든 이에게 이 논문을 바친다.

1장
보나벤투라의 학문적, 영성적 배경

머리말

우리는 교회 역사 안에서 한 위대한 프란치스칸 신학자이자 신비가를 만나게 된다. 그는 바로 신앙과 이성, 곧 영성과 철학 그리고 신학의 통합에 대한 증거자인 바뇨레조의 성 보나벤투라이다. 보나벤투라는 신비신학을 이끄는 자신의 신비 영성을 설명하고자 다양한 철학, 신학 이론들을 활용하였다. 보나벤투라의 사상을 이해하려면 무엇보다도 그의 영성과 신학이 어떻게 형성되고 발전되었는지 알 필요가 있다. 따라서 그의 영성적, 철학적 그리고 신학적 배경에 주목할 필요가 있다. 이 장에서는 먼저 성 프란치스코와 보나벤투라의 관계를 살펴봄으로써 그가 자신의 프란치스칸 영성을 어떻게 심화시켰는지 살펴볼 것이다. 그다음 보나벤투라가 당시의 신비적, 신학적 전통이라는 바탕 위에 자신의 신비신학을 체계화하고 발전시켰음을 통하여 그가 이어받은 학문적 배경을 살펴볼 것이다.

1. 성 프란치스코와 성 보나벤투라

아씨시의 성 프란치스코와 바뇨레조의 성 보나벤투라는 유럽이 발전하던 13세기의 위대한 두 인물이다. 실제로 이 시기에 다양한 분야에서 많은 변화가 일어났다.[01] 우리는 이 변화 가운데 프란치스칸 영성이라는 새로운 영성의 출현에 주의를 기울여야 한다.

"그리스도교 영성이란 (개별적이고 공동체적인) 인간 주체가 성령의 작용 아래 그리스도를 통해 하느님을 향하는 삶이다."[02] 그리고 프란치스칸 영성은 세 가지 요소로 구성된다. a) 창립자 프란치스코의 생활양식, b) 전체 프란치스코 수도회의 삶과 사상의 전통, c) 현재의 역사 문화 상황 속에서 살고 증언하는 프란치스칸 가족.[03]

프란치스칸 전통 안에서 프란치스코는 창립자이고, 보나벤투라는 사상가이자 신학자이다. 이들은 프란치스칸 영성의 탄생과 발전에 기여하였다. 두 성인의 삶과 사상을 더 잘 이해하려면 우선 그들의 생애를 훑어볼 필요가 있다. 앞서 말했듯이, "영성은 무엇보다 삶의 체험(개인이든 공동체이든)과 … 관련"[04]되어 있기 때문이다. 그리고 프란치스코와 보나벤투라의 관계에 대해 살펴볼 것이다. 보나벤투라의 사상과

01　13세기 유럽의 특징들은 다음과 같다. 황제권의 약화와 자치도시의 등장(정치 분야), 화폐의 사용, 상업의 발달, 예술가와 장인 길드 그리고 은행의 출현(경제 분야), 학교의 설립, 대학의 발달 그리고 아리스토텔레스 철학의 수용(학문 분야), 청빈 운동, 탁발 수도회의 탄생과 발전(종교 분야). 참조: A. Vauchez, 『Francesco d'Assisi』, Torino 2010, 37-42; C. M. Cullen, 『Bonaventure』, NY 2006, 3-14; E. Prenga, 『Il crocifisso via alla Trinità. L'esperienza di Francesco d'Assisi nella teologia di Bonaventura』, Roma 2009, 20-42; L. Iriarte, 『Storia del Francescanesimo』, Napoli 1982, 55-58.
02　G. 얌마로네, 『프란치스칸 영성: 가난과 겸손을 동반한 여정』, 윤지형, 서울 2007, 16.
03　프란치스칸 영성의 구성 요소에 대한 상세하고 정확한 설명은 Ivi, 28-36을 보라.
04　참조: G. 얌마로네, 『프란치스칸 영성: 가난과 겸손을 동반한 여정』, 17.

영성은 본질적으로 프란치스코의 체험을 반영하는 까닭이다.[05]

1.1. 성인들의 생애

여기에서는 두 성인의 생애를 훑어봄으로써 그들의 영성이 어떻게 형성되고 발전되었는지 간략하게 소개하고자 한다.

1.1.1. 아씨시의 성 프란치스코

프란치스코는 자신의 글들에서 그의 출생에 대한 어떠한 단서도 제공하지 않는다. 우리가 알고 있는 그와 관련된 역사적 배경 지식은 그의 전기들로부터 주어진 것이다. 프란치스코는 1181년 말 또는 1182년 초[06] 스폴레토 계곡 기슭에 위치한 도시 아씨시에서 직물상이었던 피에트로 베르나르도네와 그의 아내 피카 부인[07]에게서 태어

---

05   이와 관련해 다음 연구서를 참조할 수 있다: A. Pompei, 『Bonaventura da Bagnoregio. Il pensare francescano』, Roma 1993, 223-251. 또한: J. G. Bougerol, 「L'aspect spirituel de la speculation bonaventurienne」 in 『Antonianum』, 52 (1977), 695-701.

06   프란치스코의 출생연도는 토마스 첼라노가 제공하는 정보를 기준으로 삼아 가늠된다. 토마스 첼라노의 전기에 따르면, 프란치스코는 25살이 되던 해에 시작한 회개 생활(「1첼라노」 2) 20년(「1첼라노」 119)이 되던 1226년 귀천(「1첼라노」 88)하였다. 따라서 1226년에서 45년을 감하여 프란치스코의 출생연도를 1181년 말 또는 1182년 초로 한정 짓게 된다. 참조: P. Sabatier, 『Vita di S. Francesco d'Assisi』, Assisi 2009, 47.

07   "피카"라는 이름은 성 프란치스코의 공식 전기 어느 곳에서도 언급되지 않는다. 대신 아씨시의 니콜라 형제(frate Nicola d'Assisi)의 회계장부에 프란치스코의 어머니 이름이 피카 부인으로 기록되어 있다. 참조: 『FAED III』, 800. 또한 G. Cavazos-González, 『Greater than a Mother's Love. The Spirituality of Francis and Clare of Assisi』, Scranton 2010, 71도 참조할 수 있다.

났다. 그는 산 조르조 성당에서 기본적인 교육을 받은 후, 수익이 좋은 상업에 종사하게 되었다.[08] 프란치스코가 청년이었을 때 그는 그의 많은 친구들처럼 영적인 것에 관심을 기울이기보다는 세속적인 욕망을 좇았다. "부모의 천박한 생활과 행실을 오랫동안 모방하여 그의 허영심과 교만함은 한층 심했다."[09] 그러나 보나벤투라는 즉시 덧붙인다.

> 그러나 하느님 은총의 도움으로 그는 항상 향락할 수 있었으나 쾌활한 친구들과 함께 있을 때조차도 결코 정욕의 유혹에 따르지 않았다. 그와 함께 산 사람들은 약삭빠른 사업가들이었으며 그 자신 또한 매우 돈벌기를 갈망했으나 **부를 축적하는 것에는 마음을 두지 않았다**. 청년이었을 때 이미 그는 하느님께서 그의 마음에 불어넣어 준 가난한 사람들에 대한 아낌없는 **동정심**을 지니고 있었다. 이러한 마음은 **그가 성장하였을 때에도 그와 함께했으며** 그의 마음을 자비심으로 가득 채웠기에 그는 복음에 귀 기울이기를 마다하지 않았고, 특별히 하느님께 대한 사랑을 위해서라면 **그에게 다가오는 모든 사람에게 희사하기로** 마음먹었다.[10]

---

08 참조: 「LegM」 I, 1: 『FF』 1027.
09 「1첼라노」 1: 『FF』 317.
10 「LegM」 I, 1: 『FF』 1027-1028. "Superno sibi assistente praesidio nec inter lasciuos iuuenes, quamuis effusus ad gaudia, post carnis petulantiam abiit, nec inter cupidos mercatores quamquam intentus ad lucra, sperauit in pecunia et thesauris. Inerat namque iuuenis Francisci praecordiis diuinitus indita quaedam ad pauperes miseratio liberalis, quae secum ab infantia crescens, tanta cor ipsius benignitate repleuerat, ut iam Euangelii non surdus auditor, omni proponeret se petenti tribuere, maxime si diuinum allegaret amorem."

1202년, 프란치스코는 기사로서의 영광을 꿈꾸며 이웃 도시 페루자와의 전쟁에서 아씨시를 위해 싸우고자 떠났다.[11] 하지만 그는 패전하여 페루자의 포로로 잡혀 옥살이를 하게 된다. 그는 일 년 뒤 건강이 악화된 상태에서 석방되었다. 그의 회복에는 1년이라는 시간이 더 걸렸다.

그의 회개 여정은 1204년과 1208년 사이[12] 이어지는 꿈과 만남, 예를 들어, 산 다미아노 성당에서 주님의 부르심,[13] 나병 환자들과 만남 그리고 아씨시 주교와 아버지 앞에서 옷 벗음[14]을 통해 시작되었다. 프란치스코는 자신의 회개와 관련하여 가장 큰 사건일지도 모를 일화를 유언에서 언급한다.

> 주님께서 나 프란치스코 형제에게 이렇게 회개를 시작하도록 해 주셨습니다. 죄 중에 있었기에 나에게는 나병 환자들을 보는 것이 쓰디쓴 일이었습니다. 그런데 주님 친히 나를 그들 가운데로 이끄셨고 나는 그들과 함께 지내면서 자비를 실행하였습니다. 그리고 내가 그들에게서 떠나올 무렵에는 나에게 쓴맛이었

---

11 참조: 폴 루트, 『프란치스코와 보나벤투라』, 22-23.
12 첼라노에 따르면, 프란치스코는 "거의 25세에 이를 무렵까지 자신의 시간을 비참하게 허송세월을 하고 있었다(『1첼라노』 2: 『FF』 320)."
13 "프란치스코야, 가서 네가 보듯이 무너져 가는 나의 집을 고쳐라!"(『LegM』 II, 1: 『FF』1038).
14 1206년 프란치스코는 아버지 피에트로 베르나르도네에게 공개적으로 말하였다. "이제까지 나는 당신을 나의 아버지로 불렀습니다. 그러나 지금부터 나는 거리낌없이 '하늘에 계신 우리 아버지'를 부를 수 있습니다. 그분은 나의 모든 부이며 나의 모든 신뢰를 그분께 둡니다."(『LegM』 II, 4: 『FF』 1043).

던 바로 그것이 도리어 몸과 마음의 단맛으로 변했습니다. 그리고 그 후 얼마 있다가 나는 세속을 떠났습니다.[15]

프란치스코는 자신의 소명이 당시 영적 차원의 쇄신임을 분명히 깨달았다. 그는 그리스도와 완전한 일치하는 삶의 양식으로 가난과 겸손을 선택하였다.[16] 프란치스코는 그의 회개에 감명받은 첫 동료들을 맞이하였고, 얼마 지나지 않아 형제들의 수는 점차 증가하였다. 그래서 프란치스코는 "자신과 동료들을 위한 짧고도 간결한 생활 규칙을 썼고"[17] 인노첸시오 3세로부터 구두 인준을 받았다(1209). 이렇게 프란치스코 수도회가 공식적으로 시작되었다.

이 구두 인준 뒤 수도회는 빠르게 성장하였다. 계속되는 성장으로 인해 프란치스코는 작은 형제들의 회칙을 작성해야 할 필요성을 느꼈다. 그는 1221년 24장으로 구성된 회칙을 썼지만, 이 회칙은 교황의 인준을 받지 못하였기에 1223년 또 하나의 회칙을 작성해야만 했다. 1223년 회칙은 그해 11월 교황 칙서 「Solet annuere」를 통해서 호

---

15 「유언」 1-3: 『FF』 110. "Dominus ita dedit michi fratri Francisco incipere faciendi penitentiam, quia cum essem in peccatis, nimis michi videbatur amarum videre leprosos, et ipse Dominus conduxit me inter illos et feci misericordiam cum illis. Et recedente me ab ipsis, id quod videbatur michi amarum conversum fuit michi in dulcedinem animi et corporis; et postea parum steti et exivi de seculo." Francesco d'Assisi, 『Testamento』, in Scritti, Edizione critica, (a cura di) C. Paolazzi, Grottaferrata (Roma) 2009, 394.
16 참조: 「1첼라노」 22; 「LegM」 III, 1: 『FF』 356; 1051.
17 참조: 「LegM」 III, 8: 『FF』 1061.

노리오 3세가 인준하였다.[18]

　수도회의 발전과 함께, 그의 영성은 개인적이고 공동체적인 여러 어려움을 거쳐 성숙해 갔다. 프란치스코는 주님께 그의 전 존재를 바쳤고 스스로가 곧 살아있는 기도였다.[19] 그리고 마침내 십자가에 못 박히신 그리스도와의 일치에 도달하였다. 세상을 떠나기 2년 전인 1224년, 그는 라 베르나에서 세라핌 천사의 환시를 본 다음 오상을 받았다.[20] 시에나의 성 베르나르디노는 "이제는 내가 사는 것이 아니라 그리스도께서 내 안에 사시는 것입니다."(갈라 2,20)라고 사도가 말하듯이 이 거룩한 오상은 예수 그리스도께 대한 열렬한 사랑과 그분과 일치의 증거라고 주장한다.[21]

　이후 프란치스코는 새로운 눈으로 세상과 모든 피조물을 바라보았다. 「태양 형제의 노래」에서 드러나듯이 그의 신비체험은 모든 피조물과의 관계 안에서 잘 표현된다.[22] 프란치스코는 실제로 「태양 형제의 노래」에서 창조된 세계를 "형제", "자매" 그리고 "어머니"로 부르고 있다.[23] 1226년 10월 3일 토요일 저녁, 프란치스코는 자매인

18　두 회칙의 편집 과정에 대해서는 F. Accrocca, 『Un cantiere aperto. Travagli redazionali delle Regole "di" Francesco in La Regola di Frate Francesco. Eredità e sfida』, (a cura di) P. Maranesi – F. Accrocca, Padova 2012, 13-56; L. Iriarte, 『Storia del Francescanesimo』, 75-80을 보라.
19　참조: 「2첼라노」 95: 『FF』 682.
20　참조: G. G. Merlo, 『Frate Francesco』, Bologna 2013, 123.
21　참조: Bernardino da Siena, 「San Francesco Stimmatizzato」, in 『DFM III』, 678-679.
22　참조: 폴 루트, 『프란치스코와 보나벤투라』, 51.
23　참조: Ivi, 52.

죽음을 맞아들였다. "나의 자매 죽음이여, 어서 오십시오."[24] 그는 산 조르조 성당에 묻혔고 2년 뒤인 1228년, 아씨시에서 그레고리오 9세가 그를 성인으로 선포하였다. 1230년 5월 25일, 그의 유해는 산 조르조 성당에서 갓 지어진 성 프란치스코 대성당으로 옮겨졌다.

1.1.2. 바뇨레조의 성 보나벤투라

성 보나벤투라의 생애를 되짚어 보는 것은 어려운 일이다. 그에 관한 연대기는 완벽하게 확고하다. 그의 작품들에 대한 연대표 또한 완벽하지만, 그에 대한 실제 역사는 결코 정확하게 확인할 수 없다.[25]

보나벤투라의 생애는 로마 아라첼리Aracoeli 특별 총회에서 작은형제회의 일곱 번째 총장으로 선출되기 전과 후,[26] 곧 1217년부터 1257년까지와 1257년부터 그가 세상을 떠난 1274년까지의 두 시기로 구분할 수 있다.

프란치스코가 세상을 떠났을 당시 보나벤투라는 아직 어렸다.[27] 그는 조반니 디 피단자라는 이름으로 1217년[28] 투시아(오늘날의 비테르

---

24 「2첼라노」 217: 『FF』 809.
25 B. GARCIA, 「Bonaventura da Bagnoregio」, in 『DFM I』, 289.
26 이 시기 이전의 작은형제회의 역사적 상황에 대해서는 G. G. MERLO, 『Nel nome di Francesco』, Padova 2003, 135-168; L. IRIARTE, 『Storia del Francescanesimo』, 85-95을 보라.
27 참조: 폴 루트, 『프란치스코와 보나벤투라』, 26.
28 보나벤투라의 출생연도에 관해서 몇몇 학자들은 1217년으로, 다른 학자들은 1221년으로 주장한다. 이에 대해서는 B. GARCIA, 「Bonaventura da Bagnoregio」, in

보 지방)의 바뇨레조에서 태어났다. 그의 유년기는 잘 알려지지 않았다. 확실한 것은, 보나벤투라 자신이 프란치스코의 전기에서 언급하는 그의 치유에 관한 일화가 확인해 주듯이 어릴 적부터 프란치스코와 그의 동료들에 대해 알고 있었다는 점이다.[29] 작은 형제들의 바뇨레조 수도원은 1222년에 세워졌다.[30] 자끄 귀 부제롤에 따르면, 조반니는 이 수도원에 푸에르 오블라투스(Puer Oblatus: 수도 지원 아동)로 속해 있었다.[31]

그는 그 뒤 파리로 보내졌고, 1235년부터 1242년까지 철학과 학생으로 인문학부에서 수학하였다.[32] 1236년 파리 대학교에서 조반니에게 강한 인상을 남기는 사건이 일어났다. 헤일즈의 알렉산더가 50세의 나이로 작은형제회에 입회하기로 한 것이다. 이로 인해 그가 맡고 있던 신학부의 학장직도 프란치스칸들에게 옮겨졌다.[33] 조반니는 작은형제회에 입회하라는 하느님의 영감을 강하게 느꼈다. 그리

『DFM Ⅰ』, 289-290; C. Cargnoni, 「Vita e cronologia di san Bonaventura」, in 『DB』, 67; H. Egan, 『I mistici e la mistica. Antologia della mistica cristiana』, Città del Vaticano 1995, 271; J. G. Bougerol, 『Introduzione a S. Bonaventura』, Vicenza 1988, 9; S. V. Rovighi, 『San Bonaventura』, Milano 1974, 7; 폴 루트, 『프란치스코와 보나벤투라』, 26을 보라.

29 참조: 「LegM」 Prol., 3: 『FF』 1023.
30 참조: B. Theuli – A. Coccia, 『La Provincia Romana dei Frati Minori Conventuali dall'origine ai nostri giorni』, Roma 1967, 219.
31 참조: J. G. Bougerol, 『Introduzione a S. Bonaventura』, 10.
32 참조: L. Veuthey, 『La filosofia cristiana di San Bonaventura』, Roma 1996, 7.
33 참조: I. Delio, 『Simply Bonaventure. An Introduction to His Life, Thought, and Writings』, NY 2001, 21.

고 「어느 익명의 교수에게 보낸 편지」에서 다음과 같이 썼다.

무엇보다도 제가 복되신 프란치스코의 삶을 사랑하게 된 이유는 그의 삶이 교회의 시작과 성장을 닮았다는 사실에 있음을 저는 주님 앞에 고백합니다. 사실 교회는 단순한 어부들과 함께 시작되었고, 후에 저명하고 박식한 박사들로 풍요로워졌습니다. 그러므로 당신은 복되신 프란치스코의 수도회가 하느님 친히 보여 주셨듯이 인간적인 타산에 의해서가 아니라 그리스도에 의해 설립되었음을 이해하실 수 있습니다. 그리고 그리스도의 사업은 실패하지 않고 끊임없이 더욱 번창할 것이기에 학자들이 다음과 같은 사도의 말씀에 주의를 기울여 단순한 이들의 공동체에 참여하는 것을 주저하지 않음으로 결국 이 사업을 완수하는 분은 하느님이십니다. **여러분 가운데 자기가 이 세상에서 지혜로운 이라고 생각하는 사람이 있으면, 그가 지혜롭게 되기 위해서는 어리석은 이가 되어야 합니다**(1코린 3,18).[34]

"1243년 즈음 조반니는 프란치스칸 수도복을 입었고 보나벤투

---

34 『Trib. qu.』, 13. "Fateor coram Deo, quod hoc est, quod me fecit vitam beati Francisci maxime diligere, quia similis est initio et perfectioni Ecclesiae, quae primo incepit a piscatoribus simplicibus et postmodum profecit ad doctores clarissimos et peritissimos; sic videbis in Religione beati Francisci, ut ostendat Deus, quod non fuit per hominum prudentiam inventa, sed per Christum; et quia opera Christi non deficiunt, sed proficiunt, ostenditur, hoc opus fuisse divinum, dum ad consortium virorum simplicium etiam sapientes non sunt dedignati descendere, attendentes illud Apostoli: Si quis est inter vos sapiens, stultus fiat, ut sit sapiens."

라라는 이름을 얻었다."³⁵ 같은 해에 헤일즈의 알렉산더와 라 로쉘의 요한 아래에서 신학 공부를 시작하였고, 1245년 둘 다 세상을 떠난 후에는 오도 리갈디(1245-1247)와 멜리톤의 윌리엄(1248) 아래에서 신학 공부를 계속하였다.³⁶ 1248년 그는 성경 학사(baccelliere biblico) 학위를 취득하였고 그다음 2년 동안 성경을 가르쳤다. 1250년부터 1252년까지 명제집 학사(baccelliere sentenziario) 학위를 취득하고 중세 신학의 기초를 형성한『피에트로 롬바르도의 명제집(Libro delle sentenze di Pietro Lombardo)』을 가르쳤다. 1252년과 1253년에는 토론과 설교에 종사하였다. 1253년 또는 1254년 파리에서뿐만 아니라 교회 전체에서 가르칠 수 있는 권한을 주는 석사와 박사 학위를 취득하였다.³⁷ 그리고 1253년말에는 "프란치스칸 학교의 총장으로 임명되었지만, 탁발 수도자들(도미니칸과 프란치스칸)에 대한 재속 사제 교수들의 반대로 인하여 대학교에서 공식적인 인가를 얻지는 못한 채, 1253년부터 1257년까지 이 직함으로 가르쳤다."³⁸

이 시기에 보나벤투라는 몇몇 작품을 집필하였다.『명제집 주해(Commentaria in libros Sententiarum)』(1250-1252),『요한복음 주해(Commentarius

---

35 BENEDETTO XVI,『I Maestri. Francescani e Domenicani』, Roma 2010, 56.
36 참조: J. G. BOUGEROL,『Introduzione a S. Bonaventura』, 10; L. VEUTHEY,『La filosofia cristiana di San Bonaventura』, 7; 폴 루트,『프란치스코와 보나벤투라』, 28.
37 참조: E. COUSINS,『Bonaventure and the Coincidence of Opposites』, Chicago 1978, 35.
38 L. VEUTHEY,『La filosofia cristiana di San Bonaventura』, 7. 재속 사제 교수들과 탁발 수도자들 간의 논쟁 과정에 대해서는 C. CARGNONI,「Vita e cronologia di san Bonaventura」, in『DB』, 67; G. G. MERLO,『Nel nome di Francesco』, 169-170; I. DELIO,『Simply Bonaventure』, 23; L. IRIARTE,『Storia del Francescanesimo』, 97-99을 보라.

in Evangelium Ioannis)』(1254-1257), 『그리스도의 인식에 대한 토론 문제집 (Quaestiones disputatae de scientia Christi)』(1254), 『삼위일체 신비에 대한 토론 문제집(Quaestiones disputatae de mysterio Trinitas)』(1255), 『복음적 완덕에 대한 토론 문제집(Quaestiones disputatae de perfectione evangelica)』(1255-1256), 『신학요강(Breviloquium)』(1257)이 그것이다.[39] 보나벤투라의 사상은 이 작품들을 통하여 뿌리 내리고 이후 그의 후기 작품들에서 성숙에 이르게 된다.[40]

1257년 2월 2일 보나벤투라는 작은형제회의 총장으로 선출되었다. 그는 17년의 재임 기간 많은 업무를 수행하였다. 관구들을 방문하였고, 각 관구회의를 주재하였으며, 형제들에게 편지를 쓰고, 무절제함을 없애고자 엄정함으로 자주 개입하였다.[41] 또한 그는 "통치 활동에 신학적 원칙과 뛰어난 분별력을"[42] 부여하였다. 그는 특별히 수도회의 일치를 유지하고자 노력했다. 이러한 노력은 『성 프란치스코 대전기(Legenda maior Sancti Francisci)』(1262)와 『소전기(Legenda minor)』(1262)에 잘 드러난다. 이 때문에 보나벤투라는 수도회의 두 번째 창립자로까지 평가받는다.[43]

---

39 참조: P. Maranesi, 「Opere di san Bonaventura」, in 『DB』, 90; 92-94.
40 참조: I. Delio, 『Simply Bonaventure』, 22-23.
41 참조: Benedetto XVI, 『I Maestri. Francescani e Domenicani』, 58.
42 L. Borriello – R. Di Muro, 『Breve storia della spiritualità cristiana』, Milano 2013, 177.
43 보나벤투라의 총장 재임동안 발생한 수도회의 다양한 어려움과 그의 활동에 대해서는 A. G. Matanic, 「San Bonaventura Ministro Generale dei frati Minori」, in 『IB』, 10 (1974), 121-138; B. Garcia, 「Bonaventura da Bagnoregio」, in 『DFM I』, 292-295; C. Cargnoni, 「Vita e cronologia di san Bonaventura」,

보나벤투라는 총장 직분을 수행하면서도 자신의 영성을 심화하는 데 소홀히 하지 않았다. 총장 선출 이후 쓰인 그의 주요 작품들은 더욱더 깊게 수도회의 본성에 다가선 것들이었다. 『하느님께 나아가는 정신의 여정』을 그 예로 들 수 있다. 보나벤투라는 이 관상적이고 신비적인 작품을 프란치스코가 오상을 받은 라 베르나에서 1259년에 집필하였다.[44]

"1273년 보나벤투라의 삶은 또 다른 변화를 맞이한다. 교황 그레고리오 10세는 그를 주교로 축성하고 추기경으로 임명코자 하였다."[45] 1274년 5월 19일 그는 총장직에서 물러났고 훗날 교황 니콜라오 4세가 되는 아스콜리의 지롤라모가 그의 후임자가 되었다. 보나벤투라는 제2차 리옹 공의회의 폐막을 이틀 앞둔 1274년 7월 15일 리옹에서 선종하였다.[46] "우리에게 이 위대한 성인이요 탁월한 신학자에 대한 결정적인 인물상을 전하는 한 익명의 교황청 공증인은 보나벤투라에게 바치는 헌사를 작성하였다."[47] "선하고, 다정했으며, 경건하고 자비로웠던 사람, 덕이 충만하고 하느님과 사람들에게 사랑받았던 사람 … 하느님께서는 그에게 그를 만났던 모든 이들이 숨길

---

in 『DB』, 73-84; G. G. Merlo, 『Nel nome di Francesco』, 168-187; L. Iriarte, 『Storia del Francescanesimo』, 97-106을 보라.
44 참조: 폴 루트, 『프란치스코와 보나벤투라』, 29.
45 Benedetto XVI, 『I Maestri. Francescani e Domenicani』, 60-61.
46 참조: I. Delio, 『Simply Bonaventure』, 30.
47 Benedetto XVI, 『I Maestri. Francescani e Domenicani』, 61.

수 없는 사랑으로 충만해지는 은총을 그에게 베풀어 주셨습니다."[48]

1482년 4월 14일 보나벤투라는 공동체 중심 형제들(Conventuali)과 엄수주의 형제들(Osservanti)의 일치를 바라던 프란치스칸 교황 시스토 4세에 의해 시성되었고, 그 뒤 1588년 5월 14일 또 다른 프란치스칸 교황인 시스토 5세에 의해 교회 박사로 선포되었다.[49]

비록 역사가 우리에게 보나벤투라의 개인적인 삶에 관한 상세한 정보를 많이 제공하지는 않지만, 그가 그의 동시대인들에게 큰 존경과 더불어 애정을 받았음이 드러난다. 수도회 총장으로서 그의 역할을 깎아내리는 역사적인 문헌들은 직접적인 관찰이기보다는 오히려 정치적 내분에서 생겨난 편견의 산물들이다. 그의 작품들 안에서 매우 자주 밝게 빛나는 시성, 예술성, 평온함, 아름다움과 신앙심은 그가 분명하게 프란치스코처럼 자신의 하느님, 형제자매들 그리고 모든 피조물과의 조화와 평화 안에서 살아가고자 한 인물임을 증명하고 있다.[50]

1.2. 보나벤투라의 성 프란치스코

우리는 지금까지 프란치스코와 보나벤투라 두 성인의 생애를 중점적으로 살펴보았다. 보나벤투라가 프란치스코의 영적 여정에 감

---

48 J. G. Bougerol, 「Bonaventura」, in 『Storia dei santi e della santità cristiana, Vol. VI, L'epoca del rinnovamento evangelico』, (a cura di) A. Vauchez, Milano 1991, 91.
49 참조: J. G. Bougerol, 『Introduzione a S. Bonaventura』, 16.
50 참조: 폴 루트, 『프란치스코와 보나벤투라』, 30.

명받았고 그로 인해 작은 형제가 되었다는 것은 분명하다. 보나벤투라는 자신의 상황 안에서 프란치스코의 이상을 이해하고자 노력하였다. 그에게 프란치스코는 단순히 수도회의 창립자가 아니라 신학적 스승이자 영성적 본보기였다. 이러한 관점에서, 알폰소 폼페이는 프란치스코의 체험과 보나벤투라의 사상 사이의 관계를 다음과 같이 요약한다.

> **보나벤투라적 종합은 성 프란치스코에게서 유래한 특정한 사고들과 가르침들을 수용하고, 신비적 일치에 이르는 하느님을 향한 영혼의 상승에 대한 가르침 안에서 그것들을 체계화한다 … 대학의 강단에서 가르치고, 교황들과 임금들의 궁정에서 설교하는 보나벤투라와 프란치스코 본인의 인격 안에서 사고의 더 높은 차원의 문제를 해결해 낸다. 언제나 어디서나 세라핌 박사는 아씨시의 가난뱅이의 생각과 느낌을 학문적인 언어로 옮기고, 신학적이고 철학적인 체계로 강화한다.**[51]

따라서 우리는 세 가지 관점에서 보나벤투라에게 미친 프란치스코의 영향을 볼 수 있다. 성소적, 신학적 그리고 영성적 관점.

1.2.1. 프란치스칸 성소

보나벤투라의 프란치스칸 성소는 신비로운 사건으로 시작되었

---

51   A. Pompei, 『Bonaventura da Bagnoregio』, 261-281.

다. 보나벤투라가 어렸을 때 "중병을 앓고 있었는데 의사였던 그의 아버지조차도 단지 그가 죽음에서 벗어나 살아남기만을 바랄 정도였다."[52] 그때 그의 어머니는 그의 회복을 위해 성 프란치스코에게 간구하였다. 그러자 보나벤투라는 원기를 회복하고 건강해졌다.[53] 보나벤투라는 이 일화를 다음과 같이 『대전기』에 기록하고 있다.

> 나는 그처럼 우리가 본받을 만하고 우리의 모든 존경을 받을 만한 가치가 있는 사람의 생애를 쓰기에 나 자신이 보잘것없고 능력이 없다는 것을 알고 있다. 그래서 만일 나의 형제들의 열렬한 바람과 총회의 한결같은 요구가 아니었다면 이를 결코 시도하지는 않았을 것이다. 그 외에도 나는 그분에 대한 의무가 있기에 이를 하지 않을 수 없다고 느꼈다. 나는 아직도 분명히 기억할 수 있거니와 어린 소년 시절에 사경을 헤매고 있었는데 오직 그의 중재로 인해서 살아날 수 있었던 것이다. 내가 만일 지금 그를 찬미하기를 거절한다면 감사할 줄 모른다고 비난받을 것이다. 나는 그를 통해서 하느님이 나를 구해 주셨다는 것을 깨닫고 있으며 나 자신의 체험으로 그의 중재의 능력을 알았으며 내가 지금 그의 생애를 쓰는 주요한 이유는 여기저기 흩어져 있고 부분적으로 잊힌 그의 덕과 그가 말하고 행한 모든 것에 관한 여러 가지의 기록들을 한데 모으고자 함이다. 그렇게 하지 않으면 이 모든 것들은 그와 함께 살았던 형제들이 죽을 무렵이

---

52 BENEDETTO XVI, 『I Maestri. Francescani e Domenicani』, 56.
53 참조: 「Legm」 VII, 8: 『FF』 1392.

면 다 잃어버릴 것이다.[54]

보나벤투라가 상기하고 있듯이 아씨시의 빈자는 그의 세라핌적 정신의 본질적인 요소이며, 그의 프란치스칸 성소에 독창적인 성격을 부여한다.[55] 이 사건이 일어났을 당시, 작은 형제들은 이미 바뇨레조에 살고 있었다. 시스토 4세에 의해 반포된 교황 칙서 「Etsi Sedes Apostolica」(1482년 10월 4일)에 따르면, 역사적으로 입증된 정보는 아니지만 보나벤투라는 그를 푸에르 오블라투스로 받아들였을 바뇨레조의 작은 형제들의 수도원 가까이에서 공부하였던 것으로 보인다.[56] 따라서 우리는 그의 어린 시절에 프란치스코에 의해 심어진 프란치스칸 성소가 어떻게 점차적으로 자라나게 되었는지 상상해볼 수 있다.

하지만 그의 프란치스칸 성소에서 결정적인 순간은 학업으로 갔던 파리에서 도래하였다. 작은 형제들은 "파치피코 형제의 인도 아

---

54 「LegM」 Prol., 3: 『FF』 1023. "Ad huius tam uenerabilis uiri uitam omni imitation dignissimam describendam indignum et insufficientem me sentiens, id nullatenus attentassem, nisi me fratum feruens incitasset attectus, generalis quoque Capituli concors induxisset instantia, et ea quam ad sanctum patrem habere teneor deuotio compulisset, utpote qui per ipsius inuocationem et merita in puerili aetate, sicut recenti memoria teneo, a mortis faucibus erutus, si praeconia laudis eius tacuero, timeo sceleris argui ut ingratus. Et haec penes me causa praecipua hunc assumendi laborem, ut ego, qui uitam corporis et animae a Deo mihi conseruatam recognosco per ipsum et uirtutem eius in me ipso expertus agnoui, uitae illius uirtutes, actus et uerba quasi fragmenta quaedam, partim neglecta partimque dispersa, quamquam plene non possum, utcumque colligerem, ne, morientibus his qui cum famulo Dei conuixerant, deperirent."
55 참조: J. G. Bougerol, 『Introduzione a S. Bonaventura』, 19.
56 참조: C. Cargnoni, 「Vita e cronologia di san Bonaventura」, in 『DB』, 68.

래 1219년 파리에 도착하였다."⁵⁷ 성 프란치스코의 제자들은 큰 가족을 이루었다.⁵⁸ 이렇게 보나벤투라는 계속해서 프란치스칸적인 환경 속에서 살았다. 게다가 1236년, 그의 스승인 헤일즈의 알렉산더가 프란치스칸 수도복을 입었다. 1243년, 마침내 학문 세계의 권력과 명망이 그의 발아래 놓여있음에도 불구하고, 보나벤투라는 프란치스코의 길을 따르기로 선택하였다.⁵⁹

1.2.2. 신학 스승으로서의 프란치스코

보나벤투라의 프란치스칸 성소의 성장과 함께 신학자로서의 성소 또한 자라났다. 두 성소는 사람이 자신의 활동과 분리될 수 없는 것처럼 분리할 수 없다.⁶⁰ 그러므로 보나벤투라의 신학 안에는 분명히 프란치스코의 영향들이 존재한다.

프란치스코는 신학자가 아니었다. "오히려 그 스스로 자신은 단순하고 배운 것 없는 사람이라고 밝혔다."⁶¹ 하지만 보나벤투라는 당시의 뛰어난 스승들의 지도로 앞선 시대의 많은 철학자와 신학자들의 사상을 공부한 영리하고 명석한 젊은 학생이었다. 어떻게 그는

---

57   J. G. BOUGEROL, 『Introduzione a S. Bonaventura』, 35.
58   참조: BENEDETTO XVI, 『I Maestri. Francescani e Domenicani』, 56. 보나벤투라가 수도회에 입회하였을 당시(1243), 수도회는 32개의 관구와 약 3만 명의 형제들이 있었다. 참조: J. G. BOUGEROL, 『Introduzione a S. Bonaventura』, 20.
59   참조: 폴 루트, 『프란치스코와 보나벤투라』, 12.
60   참조: B. GARCIA, 「Bonaventura da Bagnoregio」, in 『DFM I』, 291-292.
61   A. POMPEI, 『Bonaventura da Bagnoregio』, 45.

아씨시의 빈자, 프란치스코의 제자가 될 수 있었을까?[62]

프란치스코와 그의 제자들에게 작은형제회는 주님이 교회 안에서 복음적 삶을 쇄신하고자 세우신 수도회였다.[63] 이러한 쇄신은 또한 교회의 학문 분야에서도 일어났다. 이 점을 고려하면, "첫째, 이러한 의미에서 보나벤투라를 성 프란치스코의 제자라 말하고 둘째, 그가 이를 효과적으로 수행하였음을 보여 준다고 설명할 수 있다."[64]

보나벤투라 이전 앞선 프란치스칸 학자들은 아우구스티노주의를 수용하고, 혁신하고, 발전시켰다. 그러나 이들의 성찰은 아직 고유하고 참된 프란치스칸 사유에는 도달하지 못하였다. 보나벤투라는 이를 해낸 최초의 인물이었고, 프란치스코의 영향으로 완전히 쇄신되고 변화된 그의 영혼 깊은 곳에서부터 시작하는 독창적인 종교적 개념을 표현할 수 있었다.[65]

보나벤투라는 프란치스코의 하느님 체험을 신학 초석으로 사용하였다.[66] 교회에 새로운 활력을 불어 넣었던 프란치스코의 영적 체험 안에는 두 가지 주요한 요소가 있다. 곧 육화의 겸손과 수난의 사

---

62 참조: A. Pompei, 『Bonaventura da Bagnoregio』, 45.
63 참조: E. R. Daniel, 「St. Bonaventure a faithful disciple of St. Francis? A reexamination of the question」, in 『S. Bonaventura 1274-1974』, II, 180.
64 A. Pompei, 『Bonaventura da Bagnoregio』, 46.
65 참조: A. Pompei, 『Bonaventura da Bagnoregio』, 48-49.
66 참조: 케난 오스본, 『프란치스칸 사상의 학문적 전통: 기원과 중심 요소』, 김지완, 서울 2018, 67-90.

랑이다.[67] 프란치스칸 전통 안에는 이 두 요소가 중심에 있다. 육화와 수난은 창조와 부활(구원과 영광)과 관련된다. 실제로 보나벤투라는 프란치스칸 전통 안에서 이 중요한 주제들에 따라 자신의 신학을 발전시켰다. '창조 - 육화 - 구원 - 영광.' 조반니 얌마로네가 주장하였듯이 신적 사랑의 신비에 관한 묵상(육화와 수난/십자가)은 아씨시의 창립자와 보나벤투라의 하느님 체험 사이에 공통으로 존재하는 주요 요소이다.[68]

보나벤투라는 프란치스코의 체험을 묵상하였고, 그 체험에 대한 특유의 효과적인 증언으로 프란치스코의 마음에서 넘쳐 흐르는 사랑, 기도 그리고 경건의 정신이 밴 신학 작품들을 집필하였다.[69]

보나벤투라는 프란치스코의 안내를 벗어나지 않았다. 보나벤투라의 신비적, 신학적 그리스도 중심주의가 그 좋은 예이다.[70]

> **그리스도라는 중심점에서부터 시작해야 한다. 모든 물들 안에서 중심을 차지하고 있기에, 이어서 알게 되듯이 그는 참으로 하느님과 사람 사이의 중개자(1티모 2,5)이다.** 그리스도교적 지혜에 다다르고자 하는 이가 있다면, 마태오 복음에서 알려주고 있듯이 필연적으로 그리스도로부터 시작해야 한다. **아버지 외**

---

67 "그는 끊임없는 묵상을 통하여 그리스도의 말씀을 되새겼고, 예리한 사고력으로 그리스도의 행적을 되새겼다. 육화의 겸손과 수난의 사랑이 특히 그를 사로잡았으므로 그는 다른 것은 생각하고 싶지도 않았다(「1첼라노」 84: 『FF』 466)."
68 참조: G. 얌마로네, 『프란치스칸 영성』, 72-73.
69 참조: 폴 루트, 『프란치스코와 보나벤투라』, 12.
70 참조: G. 얌마로네, 『프란치스칸 영성』, 52-53.

에는 아무도 아들을 알지 못한다. 또 아들 외에는 그리고 그가 아버지를 드러내 보여 주려는 사람 외에는 아무도 아버지를 알지 못한다(마태 11,27).[71]

그리스도 중심성이라는 이러한 프란치스칸-보나벤투라적 전망은 「인준받지 않은 회칙」 23장에서 발견되는 성 프란치스코의 그리스도 중심적 전망에서부터 시작하여 발전된 것이다.[72] 프란치스코에게 그리스도는 전부이자, 하느님이시요 인간(Dio-uomo)이다.[73]

또한 당신 아드님을 통하여 저희를 창조하신 것같이, 저희를 사랑하신 참되고 거룩한 당신 사랑(요한 17,26 참조) 때문에 참 하느님이시며 참 사람이신 그분을 영화로우시고 평생 동정이신 지극히 복되시고 거룩하신 마리아에게서 태어나게 하셨으며, 또한 포로가 된 저희를 그분의 십자가와 피와 죽음을 통하여 구속하기를 원하셨으니, 당신께 감사드리나이다.[74]

---

71 『Hex.』 I, 10. "Incipiendum est a medio, quod est Christus. Ipse enim mediator Dei et hominum est, tenens medium in omnibus, ut patebit. Unde ab ilio incipiendum necessario, si quis vult venire ad sapientiam christianam, ut probatur in Matthaeo, quia nemo novit Filium nisi Pater, neque Patrem quis novit nisi Filius, et cui, voluerit Filius revelare."
72 참조: G. 얌마로네, 『프란치스칸 영성』, 55.
73 참조: A. POMPEI, 「Gesù Cristo」, in 『DF』, 743, 757.
74 「비인준회칙」 XXIII, 3: 『FF』 64. "Et gratias agimus tibi quia, sicut per Filium tuum nos creasti, sic per veram et sanctam dilectionem tuam qua dilexisti nos, ipsum verum Deum et verum hominem ex gloriosa semper Virgine beatissima sancta Maria nasci fecisti, et per crucem et sanguinem et mortem ipsius nos captivos redimi voluisti."

그리고 보나벤투라에게 "예수 그리스도는 삼위일체에 다가가게 해 주는 해석학적 열쇠이자 지혜이다."[75] 그는 다음과 같이 설명한다.

> 이 지혜가 예수 그리스도 안에서 발견됨으로 그리스도께서는 마치 하느님 아버지께서 **지혜와 지식의 모든 보물**(콜로 2,3)을 감추어 두신 생명의 책과 같다. 그러므로 창조되지 않은 말씀이라는 점에서 보면 하느님의 유일한 아드님은 지혜의 책이며 지고한 창조주의 마음속에 살아 있는 영원한 진리로 충만한 빛이다. 영감으로 불어 넣어진 말씀이라는 점에서 보면 그분은 천사들과 복자들의 마음속에 살아 있다. 육화된 말씀이라는 점에서 보면 그분은 여전히 육신과 결합되어 있는 영적인 정신들 안에 살아 있다.[76]

알폰소 폼페이에 따르면,

> 보나벤투라는 프란치스코의 영향 아래에서 독창적으로 그리스도 중심적인 전통을 받아들이고 변화시켰다. 이 전통으로 모든 사람에게 그리스도가 필요하다고 입증함으로써 그리스도교 사상이 주장하는 모형론과 조명설을 통해 서구인들의 마음이 본

---

75 E. Prenga, 『Il crocifisso via alla Trinità』, 174.
76 『Lign. vitae』 46. "Et haec quidem sapientia scripta est in Christo Iesu tanquam in libra vitae, in quo amnes thesauros sapientiae et scientiae recandidit Deus Pater; ac per hoc Unigenitus Dei ut Verbum increatum est sapientiae liber et lux in mente summi Artificis viventibus plena ratianibus et aeternis; ut Verbum inspiratum in intellectibus angelicis atque beatis; ut Verbum incarnatum in mentibus ratianalibus carni unitis."

능적으로 지향하는 형이상학적 담론을 우리에게 이해시킨다. 이 전통으로 우리가 모든 것의 최초의 시작과 궁극적인 끝에 대해 숙고할 때 생각하는 원의 중심으로 그분이 어떻게 자리하게 되는지 보여 줌으로써, 그리스도의 보편적 필요성을 설명한다.[77]

따라서 성 프란치스코가 성 보나벤투라의 '스승'이었음은 분명하다. 그의 영향이 보나벤투라의 신학적 사유와 지성의 핵심 그 자체에까지 스며들어 있기 때문이다.[78]

1.2.3. 영성적 모범으로서의 프란치스코

보나벤투라의 신학적, 영성적 두 측면 모두 프란치스코의 체험에서 영향받았다. 세라핌 박사 보나벤투라는 프란치스코에게서 자신의 철학과 신학에 대한 영감만을 본 것이 아니라 그에게서 수도자적 삶의 본보기와 하느님과 일치에 다다른 영혼의 모범 또한 보았다.[79]

"보나벤투라는 이미 1259년 『하느님께 나아가는 정신의 여정』에서, 이후 1263년 『대전기』에서 상세하게 묘사될 프란치스코의 모범을 분명하게 보여 주었다."[80] 보나벤투라에게 프란치스코는 관상

77　A. Pompei, 「La centralità di Cristo」, in 『Lettura critica di San Bonaventura』, Firenze 1974, 65.
78　참조: A. Pompei, 『Bonaventura da Bagnoregio』, 53.
79　참조: Ibidem.
80　R. Pompei, 「Francesco - «speculum virtutum» per i francescani negli scritti bonaventuriani」, in 『DS』, 50 (2008), 119.

적 환희에 이르는 법을 알았던 사람이다.

가난한 죄인이요, 성인이 돌아가신 후 일곱 번째 총장이 된 부당한 나도 사부 성 프란치스코의 모범을 따라 그 평화를 찾고 있었다. 그런데 하느님의 은총이 찾아왔으니 성인의 서거 33주년 때, 그가 하늘 나라에 올라가신 날에 즈음하여 고요한 곳 라베르나 산으로 올라가 피정하게 되었다. 거기서 나는 평화를 간절히 찾았다. 거기에 머무는 동안 나는 하느님께 올라가는 영적인 상승에 대해 골몰하였는데, 갑자기 성인에게 일어난 기적이 생각났다. 곧 십자가에 못 박히신 분의 모습을 띤 날개 달린 세라핌에 대한 환시가 떠올랐다. 그 환시를 묵상하는 동안 나는 그것이 분명히 사부의 관조적 황홀 상태를 보여 주고, 또 거기에 도달하는 길을 보여 준다고 생각하였다.[81]

보나벤투라가 강조하듯이 이 여정의 성공적인 실현의 모범은 프란치스코이다.[82] 라 베르나에서 프란치스코의 체험은 창립자에 의해 제안된 이상이 하느님과의 완전한 일치임을 이해하게끔 해 준다. 육화하신 말씀의 덕에 대한 항구한 모방과 가난하고 겸손하며 십자가

---

81 『Itin.』 Prol., 2. "Contigit ut nutu diuino circa Beati ipsius transitum, anno trigesimo tertio ad montem Aluernae tanquam ad locum quietum amore quaerendi pacem spiritus declinarem, ibique existens, dum mente tractarem aliquas mentales ascensiones in Deum, inter alia occurrit illud miraculum, quod in praedicto loco contigit ipsi beato Francesco, de uisione scilicet Seraph alati ad instar Crucifixi. In cuius consideratione statim uisum est mihi, quod uisio illa praetenderet ipsius patris suspensionem in contemplando et uiam, per quam peruenitur ad eam."

82 참조: 『Itin.』 Prol., 2-3; 폴 루트, 『프란치스코와 보나벤투라』, 85-86.

에 못 박히신 그리스도를 향한 열렬한 사랑. 보나벤투라에 따르면, 오상은 프란치스코의 사명과 이상에 대한 올바른 이해를 제시해 준다. 라 베르나에서 프란치스코의 신비체험은 복음적 삶의 쇄신자 그리고 그리스도 수난 모방의 본보기라는 프란치스코의 거룩한 역할을 확인해 주었다.[83]

보나벤투라에게 프란치스코의 이상을 이해하게 해 주는 열쇠는 오상이었다.[84] 프란치스코는 언제나 십자가에 못 박히신 예수 그리스도와 하나가 되고자 원했고 오상은 이러한 열망의 정점이었다. 세라핌 박사는 하느님과 완전한 일치에 이르는 유일한 길로 그리스도를 향한 열렬한 사랑을 제시하고 있다.[85]

그런데 여기에 도달하기 위해서는 십자가에 못 박히신 분에 대한 열렬한 사랑 외에 다른 길은 없다. … 똑같은 사랑이 프란치스코의 영혼을 완전히 사로잡아 그의 마음속에 있었던 것이 그의 육신에 나타나 눈에 보일 정도였다. 그는 돌아가시기 2년 전부터 예수 수난 상처를 몸에 지니고 살았다.[86]

---

83 참조: E. R. Daniel, 「St. Bonaventure a faithful disciple of St. Francis? A reexamination of the question」, in 『S. Bonaventura 1274-1974』, II, 185.
84 참조: Ivi, 186.
85 참조: R. Pompei, 「Francesco - «speculum virtutum» per i francescani negli scritti bonaventuriani」, in 『DS』, 50 (2008), 123-124.
86 『Itin.』 Prol. 3. "Via autem non est nisi per ardentissimum amorem Crucifixi, … qui etiam adeo mente-m Francisci absorbuit, quod mens in carne patuit, dum sacratissima passionis stigmata in corpore suo ante mortem per biennium deportauit."

프란치스코의 오상이라는 신비체험의 핵심은 사랑이다. 프란치스코는 선하신 하느님뿐만 아니라 사랑이신 하느님도 만났다. 그에게 사랑은 하느님을 향한 영적, 신비적 여정 안에서 자극제로 작용하였다. 보나벤투라는 이에 대해 이렇게 적고 있다.

> **선하신 하느님께 대한 사랑의 꺼지지 않는 불은 활활 타오르는 밝은 빛이 되었기에 그의 사랑은 고난이 굽이치는 물살처럼 밀려와도 굴복할 줄을 몰랐다**(아가 8,6-7 참조). 프란치스코의 열렬한 세라핌적 갈망은 그를 하느님께로 들어 올렸으며 또한 동정심의 무아경지 속에서 크신 **사랑으로**(에페 2,4 참조) 스스로 십자가에 달리시길 허락하신 그리스도와 같이 만들었다.[87]

또한 사랑은 보나벤투라의 신비 여정 안에서도 같은 역할을 한다. 실제로 『세 가지 길』에서 이렇게 적는다. "이렇게 함으로써 사랑을 통해 우리에게 부족한 것은 무엇이나 우리에게 주신다는 것을 깨닫게 된다. 사랑을 통해 온갖 선이 복된 자들에게 풍요롭게 주어진다. 그리고 사랑을 통해 지극히 바라는 임의 현존을 얻게 된다. 이러한 것들을 생각할 때 마음은 불타오르게 된다."[88]

---

[87] 「LegM」 XIII, 2-3: 『FF』 1224-1225. "Excreuerat quidem in eo insuperabile amoris incendium boni Iesu in lampades ignis atque flammarum, ut acque multae caritatem eius tam ualidam exstinguere non ualerent.Cum igitur seraphicis desideriorum ardoribus sursum ageretur in Deum et compassiua dulcedine in eum transformaretur, qui ex caritate nimia uoluit crucifigi."

[88] 『Tripl. via』 I, 16. "Tunc autem hoc facit, quando attendit, quod per amorem suppleri potest omnis indigentia, quod per amorem est in Beatis omnis boni

보나벤투라는 아씨시의 빈자로부터 받은 영감 안에서 사랑의 우위성을 주장한다. 이는 그가 지성을 평가절하하거나, 이성적인 숙고의 역할을 무시하는 것을 의미하지 않는다. 『하느님께 나아가는 정신의 여정』의 마지막 장의 제목은 「정신적이며 신비적인 넘어감, 이에 지성에게 휴식을 주며 탈혼을 통해 감성이 온전히 하느님 안으로 넘어감(De excessu mentali et mystico, in quo requies datur intellectui, affectu totaliter in Deum per excessum transeunte)」[89]이다. 여기서 보나벤투라 신비주의의 두 가지 중요한 특징, '지성(intellectus)'과 '감성(affectus)'을 발견한다. "이 건너감이 완전해지기를 원한다면 모든 지적 활동들을 접어야 하고, 감성이 완전히 변하여 하느님 안에서 변형되어야 한다."[90] 이처럼 보나벤투라는 신비적이고 신학적인 용어로 프란치스코의 영적 체험을 발전시켰다.[91]

보나벤투라는 또한 하느님을 향한 영적 여정에 필요한 덕들도 제시하였다. 프란치스코가 실천에 옮겼던 이 덕들은 『생명의 나무(Lignum vitae)』(1260)와 『대전기』(1262)에서 찾아볼 수 있다.

『생명의 나무』에서 보나벤투라는 예수 그리스도의 신비를 묵상

---

abundantia, quod per amorem habetur ipsius summe desiderabilis praesentia. Haec sunt, quae affectum inflammant."

89 『Itin.』 VII.

90 『Itin.』 VII, 4. "In hoc autem transitu, si sit perfectus, oportet quod relinquantur omnes intellectuales operationes, et apex affectus totus transferatur et transformetur in Deum."

91 참조: 폴 루트, 『프란치스코와 보나벤투라』, 87-92.

하고 '열두 개의 열매'에 대해서 다루고 있다. 보나벤투라에 따르면, 우리를 위하여 십자가에 못 박히신 모든 이의 구세주에게 완전히 일치하고자 바라는 이는 이 열매들을 먹어야만 한다. 특히 겸손, 사랑, 의연함, 인내심 그리고 용기이다.[92] 이 열매들은 프란치스코의 신비적인 삶에서 다시 발견된다.

보나벤투라는 『대전기』에서 프란치스코의 덕들에 관해 설명한다. 엄격한 생활(V), 겸손과 순명(VI), 가난(VII), 자애로움(VIII), 순교의 열망(IX), 기도에 대한 헌신(X).[93] 보나벤투라는 참된 그리스도교적 삶과 하느님과 완전한 일치를 이루고자 자신의 형제들과 더 나아가 모든 신자들에게 프란치스코와 그의 덕들을 제시한다.

> 그분 안에서 우리는 하느님 자비의 지극함을 묵상할 수 있으며 그의 모범은 우리로 하여금 **불경함과 속된 욕망**(티토 2,12)을 버리게 하며 또한 우리의 **복된 희망**(티토 2,13)을 열심히 바라면서 그리스도처럼 살도록 한다. … 그가 **빛을 증거함으로써 주님**께서는 그가 빛을 증언하여(요한1,7 참조) 믿는 이들의 마음에 주님을 위하여 **빛과 평화의 길을 준비할**(루카 1,76.79 참조) 수 있도록 그를 믿는 이들의 빛으로 세우셨다(이사 49,6).[94]

---

92 참조:『Lign. vitae』Prol., 1.4.
93 참조:「LegM」Prol., 5:『FF』1026.
94 「LegM」Prol., 1:『FF』1020. "Qui superaffluenten in eo Dei misericoediam uenerantes, ipsius erudiuntur exemplo, impietatem et saecularia desideria fundius abnegare, Christo conformiter uiuere et ad beatam spem desiderio indefesso sitire. ... ducem atque praeconem effectum in lucem dedit credenium, ut testimonium perhibendo de lumine, uiam lucis et pacis ad corda fidelium Domino praepararet."

그러므로 이미 언급했듯이 보나벤투라는 프란치스코의 신비적이고 영성적인 모범을 따랐고, 프란치스코를 모든 믿는 이에게 영적 본보기로 제시하였다. 따라서 보나벤투라는 프란치스코에게서 어떻게 참된 프란치스칸이 되고, 하느님과 하나가 되는지 배웠다고 명확하게 말할 수 있다.

2. 보나벤투라 신비신학의 신학적 배경

보나벤투라 신학은 두 기둥으로 유지된다. 프란치스코의 체험과 13세기의 학문 전통. 실제로 보나벤투라는 프란치스코의 거룩한 삶으로부터 고양되었고, 과거의 여러 철학자와 신학자들의 사상의 도움을 받았다. 그는 자신의 신비신학을 발전시키고자 몇몇 신비가와 신학자들의 사상을 활용하였다. 이제 보나벤투라의 신비신학에 큰 영향을 미쳤던 성 아우구스티노, 위-디오니시우스 그리고 성 빅토르 학파의 사상에 대해 살펴볼 것이다.

2.1. 히포의 성 아우구스티노

"성 아우구스티노[95]는 서양 전통의 역사에서 가장 영향력 있는

---

95 성 아우구스티노는 철학자, 주교 그리고 라틴 신학자였다. 교부이자 교회 박사로 알려져 있고, 은총의 박사(Doctor Gratiae)로도 불린다. 354년 11월 3일 아프리카의 타가스테(오늘날 알제리의 수크-아라스)에서 파트리치오와 성녀 모니카 사이에서 태어났고, 430년 8월 30일 주교로 있던 히포에서 선종하였다. 그리스도교 신학뿐만 아니라 서양철학사에도 큰 영향을 주었다. 회심 이

대학자이다."⁹⁶ 보나벤투라는 자신의 작품에서 아우구스티노는 교부들 가운데 가장 위대한 인물이며, 그의 사상은 다른 모든 교부들보다 뛰어나다고 말한다.⁹⁷

> 사실 그 누구도 시간과 물질의 본성에 관해 아우구스티노가 자신의 『고백록(Confessiones)』에서 설명한 것보다 더 뛰어나게 설명한 사람은 없다. 그 누구도 사물들의 형태의 결과와 크기에 관해 그가 『창세기 주해』에서 논한 것보다 더 뛰어나게 논한 사람은 없다. 그 누구도 하느님과 영혼에 관해 그가 『삼위일체론(De Trinitate)』에서 다룬 것보다 더 뛰어나게 다룬 사람은 없다. 그 누구도 우주 창조의 본질에 관해 그가 『신국론 (De civitate Dei)』에서 논한 것보다 더 뛰어나게 논한 사람은 없다. 한마디로 말하자면, 교부들의 글 가운데 그대가 아우구스티노의 저서들에서 찾아볼 수 없는 글들은 아주 적거나 없다.⁹⁸

후 많은 작품을 남겼는데, 특히 『고백록(Confessiones)』, 『신국론(De civitate Dei)』, 『삼위일체론(De Trinitate)』은 그의 방대한 저서들 가운데 가장 유명한 작품들이다. 성 아구스티노의 생애에 대한 더 상세한 설명은 P. BROWN, 『Agostino d'Ippona』, Torino 2005을 보라.

96 L. BORRIELLO – R. DI MURO, 『Breve storia della spiritualità cristiana』, 81.
97 J. G. BOUGEROL, 『Introduzione a S. Bonaventura』, 73.
98 『Trib. qu.』 12. "Nam nullus melius naturam temporis et materiae describit quam Augustinus, inquirendo et disputando in libro Confessionum; nullus melius exitus formarum et propaginem rerum quam ipse super Genesim ad litteram; nullus melius quaestiones de anima et de Deo quam ipse in libro de Civitate Dei. Et ut breviter dicam, pauca aut nulla posuerunt magistri in scriptis suis, quin illa reperias in libris Augustiani."

보나벤투라는 아우구스티노를 3050번 이상 인용한다.[99] 반면 아리스토텔레스의 경우, 당시 아직 번역되지 않은 『정치학 (Politica)』을 제외한 그의 모든 작품을 1105번 인용하고 있다.[100] 보나벤투라는 아리스토텔레스의 작품으로 여겨지는 『원인론 (Liber de Causis)』을 발췌하여 47번 인용한다.[101] "토마스 아퀴나스와는 달리, 보나벤투라에게 아리스토텔레스는 '그리스도교 세계에서' 확실히 권위를 인정하는 철학자(il Filosofo)가 아니라 더 단순하게 한 명의 철학자(un filosofo)에 불과하다."[102] 「어느 익명의 교수에게 보낸 편지」에서 보나벤투라가 언급하였듯이 그는 이미 신학적 전망이 담겨 있던 플라톤주의, 곧 플라톤에서 시작하여 플로티누스를 통하여 중개된 흐름에 바탕을 둔 성 아우구스티노 철학의 유용성을 주장한다.[103] 따라서 일반적으로 우리는 보나벤투라가 매우 중요한 아우구스티노주의자들 가운데

---

99 아우구스티노의 작품들이 인용된 횟수는 다음과 같다. 삼위일체론 559회, 요한복음 주해 318회, 신국론 299회, ecc. 참조: J. G. Bougerol, 『Introduzione a S. Bonaventura』, 76-77.
100 아리스토텔레스의 작품들이 인용된 횟수는 다음과 같다. 영혼론 138회, 자연학 136회, 변증론 134회, 니코마코스 윤리학 131회, 형이상학 125회, ecc. 참조: C. M. Cullen, 『Bonaventure』, 21; J. G. Bougerol, 『Introduzione a S. Bonaventura』, 48-72.
101 이 작품이 아리스토텔레스의 것이 아님을 알아차린 첫 번째 인물은 토마스 아퀴나스이다. 참조: C. M. Cullen, 『Bonaventure』, 21.
102 E. Prenga, 『Il crocifisso via alla Trinità』, 41-42. 성 보나벤투라와 아리스토텔레스 사이의 관계에 대해서는 M. Arosio, 『Aristotelismo e teologia. Da Alessandro di Hales a San Bonaventura』, Roma 2012, 301-450을 보라.
103 참조: J. G. Bougerol, 『Introduzione a S. Bonaventura』, 75; 소피아 로비기, 『성 보나벤투라』, 이재룡, 서울 2001, 38.

하나라고 말할 수 있고, 또한 그가 13세기에서 아우구스티노 전통의 으뜸가는 대변인이라고 말하는 것은 적절하다.[104]

보나벤투라가 스승들인 헤일즈의 알렉산더, 라 로쉘의 요한, 오도 리갈디로부터 이어받은 아우구스티노 사상은 그의 신학적 고찰의 출발점이다.[105] "보나벤투라는 아우구스티노가 사용한 '신앙이 이성에 선행한다(fides praecedit intellectum)'는 말로 표현되는 정신을 그에게서 받았다."[106] 아우구스티노는 교회의 신학은 반드시 대대로 전해 내려온 성경과 계시, 신앙 고백에서 시작해야 한다고 단언한다. 아우구스티노와 마찬가지로 보나벤투라도 신학적 고찰은 반드시 신앙에서 시작해야 한다고 믿었다. 보나벤투라는 우리가 하느님의 계시라는 위대한 지식 앞에서 겸손의 정신으로 우리의 이성을 사용할 때, 인간 정신과 마음의 깊은 열망들에 답해 줄 신앙의 이해를 형성하는 것이 가능하다고 주장하였다.[107]

정신과 마음, 이것이 보나벤투라 신학의 비밀이었다. 그가 사용한 단어들은 지성(intellectus)과 감성(affectus), 특별히 사랑에 대한 갈망이다. 이들이 결합할 때 생겨나는 것은 지식이 아니라 지혜(sapientia)이다. 지혜란 보나벤투라에게 신학의 목적이었다. 세라핌 박사에 따르면, 신학은 단순히 지적 활동이 되어서는 안 되고, 생활양식 안에

---

104 참조: C. M. CULLEN, 『Bonaventure』, 21.
105 참조: J. G. BOUGEROL, 『Introduzione a S. Bonaventura』, 75; 폴 루트, 『프란치스코와 보나벤투라』, 63.
106 J. G. BOUGEROL, 『Introduzione a S. Bonaventura』, 73.
107 참조: 폴 루트, 『프란치스코와 보나벤투라』, 64-65.

통합되어야만 한다. 신학의 주제는 인간의 영적, 윤리적 그리고 사회적 요구를 포함해야만 한다. 보나벤투라는 자신의 신비신학 안에서 지성(intellectus)과 감성(affectus) 사이의 통합을 설명하였다.[108] 다시 말해 그의 신학은 아우구스티노 전통의 영향 아래에서 실천적이고 신비적인 지혜의 종합으로 발전된 것이다.

보나벤투라는 아우구스티노의 신학, 특히 형이상학, 인간학, 모형론, 지적 조명설, 유비론을 활용하여 자신의 신비신학을 정립하였다.[109] 보나벤투라 신비신학의 출발점은 인간은 본질적으로 하느님의 모상(imago Dei)이라는 아우구스티노적 사고이다. 아우구스티노는 우리가 거울에 비친 우리 자신을 바라볼 때 우리 자신이 아니라 그곳에 반영되는 하느님의 빛에 초점을 맞추어야 한다고 주장한다. 보나벤투라는 『하느님께 나아가는 정신의 여정』에서, 특히 3장에서 이 주제를 다루고 있다.[110]

> 이제는 여정의 셋째 단계에 도달하여 밖에 있는 현관을 벗어나서 우리 자신 안으로, 곧 성막의 앞부분인 지존하신 분의 안으로 들어가 거울을 보듯이 하느님을 보아야겠다. 거기에는 진리의 빛이 우리 영혼의 얼굴 위에서 촛불처럼 비치고 있는데, 그것은 그 안에 거룩하신 삼위일체의 모상이 반사되고 있기 때문이다.[111]

---

108 참조: 폴 루트, 『프란치스코와 보나벤투라』, 65-66.
109 참조: J. G. Bougerol, 『Introduzione a S. Bonaventura』, 76.
110 참조: 폴 루트, 『프란치스코와 보나벤투라』, 67.
111 『Itin.』 III, 1. "Quod iam tertio loco, ad nosmetipsos intrantes et quasi atrium forin-

또한 보나벤투라는 인간 본질에 관한 또 다른 아우구스티노의 표현을 사용하였다. 하느님을 이해할 수 있는 존재(capax Dei). 보나벤투라에게 인간이란 그 본성상 하느님을 이해하고 그분과 그분의 지복至福과 일치를 이루는 능력을 지닌 존재이다.[112] 하느님은 우리 생명의 원천이며 우리가 향해 나아가야 할 목표이다.[113] 여기서 보나벤투라는 이러한 되돌아감(reductio)을 설명하고자 무엇보다도 아우구스티노의 형이상학과 모형론[유출(emanatio) - 모형(exemplaritas) - 완성(consummatio)] 그리고 신비신학 [정화(purgatio) - 조명(illuminatio) - 일치(perfectio/unio)]을 활용한다. 보나벤투라는 다음과 같이 자신의 형이상학을 요약하고 있다.[114] "이것이 우리의 형이상학 전부이다. 유출, 모형, 완성, 다시 말해, 영적 빛으로 조명되고 최고의 존재로 인도하는 것이다."[115]

보나벤투라는 아우구스티노 전통에 기초한 자신의 신학 안에서 우리에게 하느님, 인간 그리고 창조물의 완전한 통합을 제공하고 있다.[116] 그러므로 보나벤투라의 신학이 신비적 경향을 보이는 것은 당연하다.

---

secus relinquentes, in sanctis, scilicet anteriori parte tabernaculi, conari debemus per speculum videre Deum; ubi ad modum candelabri relucet lux veritatis in facie nostrae mentis, in qua scilicet resplendet imago beatissimae Trinitatis."

112 참조: S. Oppes, 「Homo」, in 『DB』, 461-463.
113 참조: I. Delio, 『Simply Bonaventure』, 14.
114 참조: A. Hunt, 『The Trinity. Insights from the Mystics』, Collegeville, Minnesota 2010, 59.
115 『Hex.』 I, 17. "Haec est tota nostra metaphysica: de emanatione, de exemplaritate, de consummatione, scilicet illuminari per radios spirituales et reduci ad summum."
116 참조: I. Delio, 『Simply Bonaventure』, 16.

2.2. 위-디오니시우스 아레오파기타

보나벤투라는 성 아우구스티노라는 서방의 전통만이 아니라 동방 그리스도교의 영성, 특별히 디오니시우스의 것으로 알려진 작품들 안에서 찾아낸 영성 또한 적절히 활용한다.[117] 위-디오니시우스는 6세기의 신비스러운 저자이다.[118] "문학적인 측면에서 우리는 보나벤투라가 디오니시우스의 작품을 248번 인용하였다고 말한다."[119]

디오니시우스 전집(Corpus Areopagiticum)은 다음의 작품들로 구성되어 있다. 『천상적 위계(De coelesti hierarchia)』, 『교회적 위계(De ecclesiastica hierarchia)』, 『하느님의 이름들(De divinis nominibus)』, 『신비신학(De mystica theologia)』.[120] 위-디오니시우스는 그의 작품들에서 신플라톤주의 사상을 광범위하게 활용하였다. 신플라톤주의는 철학자 플로티누스(3세기)에서 출발한 사고의 흐름을 가리키는 이름이다. 신플라톤주의는 모든 실재가 일자(l'Uno)라 불리는 원천에서 비롯되고, 이 과정을 유출이라고 부른다. 이러한 원리는 사물들의 실재의 다양

---

117 참조: 폴 루트, 『프란치스코와 보나벤투라』, 69.
118 위-디오니시우스는 아마도 500년경 시리아에서 살았던 수도승 저자로 여겨진다. 어떤 이들은 그가 사도행전에서 언급되고 있는 "아레오파고스 의회 의원인 디오니시오"(17,34)로 알려진, 바오로에 의해 회심하게 된 아테네 사람이라고 주장한다. 다른 이들은 그가 파리의 주교였던 데니스Denis 또는 '디오니시우스'라는 가명을 취한 단성론자 교부(patriarca monofisita)였던 세베루스Severus 라고 주장한다. 이 인물이 누구인지 특정하고자 하는 많은 시도에도 불구하고 이 역사적 인물은 신비로 남아있다. 참조: I. Delio, 『Simply Bonaventure』, 41.
119 J. G. Bougerol, 『Introduzione a S. Bonaventura』, 82.
120 참조: E. Prenga, 『Il crocifisso via alla Trinità』, 48-49.

성을 보여 준다. 곧 모든 사물이 분리되고 구분된다는 사실을 설명한다. 세계 안에서의 이러한 구분을 체험하면서 인간 안에 일치를 이루고자 하는 갈망이 일어난다. 위-디오니시우스의 글들에는 그리스도교적 틀 안에서 이러한 근본적인 신플라톤주의적인 체계가 나타나고 있다. 위-디오니시우스에게 일자는 창조주 하느님이고, 유출은 창조 또는 하느님께로부터 흘러나옴이다. 창조는 다양한 여러 단계를 보여준다. 위-디오니시우스에 따르면, 세 가지 단계가 있다. 완전히 영적인 존재(천사), 영적이면서 물질적인 존재(인간), 완전히 물질적인 존재(식물, 바위, 등). 각 단계는 서로 연관되어 있다. 이렇게 상이한 실재는 그들 상호 간의 관계성을 통해서 하느님께 다가가는 데 공헌한다. 그러므로 하느님의 창조는 모든 피조물 사이에 위계적 질서, 또는 본질적인 상호연관성을 보여 준다. 이 위계적 질서의 목적은 삶의 여정의 참된 완성, 곧 하느님께 돌아가는 것에 있다. 이러한 환원은 신학적으로 신화(Divinizzazione)의 과정으로 설명되고, 하느님은 우리가 당신을 닮은 존재가 되기를 원하는 분으로 정의된다.[121]

보나벤투라는 또한 위계론의 영향을 받고 있다. 위계론은 인간 안에서 생명과 은총의 소통을 표현하는 데 유용한 도구이다.[122] 보나벤투라는 하느님과 일치를 위하여 위계적 구조 질서의 회복이 무엇보다도 중요하다고 주장한다. 이 과정 안에는 행위들의 위계가 존

---

121 참조: 폴 루트, 『프란치스코와 보나벤투라』, 70-73.
122 참조: Z. Hayes, 『The Hidden Center. Spirituality and Speculative Christology in St. Bonaventure』, NY 1992, 17.

재한다. 열망을 불태움(inflammare affectum), 자유의지로 행동함(movere liberum arbitrium), 지성을 조명함(illuminare intellectum). 이 위계적 행위들(acta hierarchica)은 자주 언급하는 세 가지 길(la triplex via)로 전환된다. 정화(purgativa), 조명(illuminativa), 일치의(unitiva) 길. 이러한 개념은 특별히 그의 수덕신학적 작품들, 그 가운데에서도 정확하게 『세 가지 길(De triplici via)』이라 제목 붙여진 작품에서 매우 자주 나타난다.[123]

디오니시우스 전집, 특히 『하느님의 이름들』과 『신비신학』에서 위-디오니시우스는 12-13세기 그리스도교 저자들에게 이차원의 신학을 제공한다. 이는 곧 긍정 신학(theologia catafatica)과 부정 신학(theologia apofatica)이다.[124] 하느님을 인식하는 이러한 이중의 방법을 통해 [125] 디오니시우스 아레오파기타는 계시에 의해 야기되고, 신플라톤주의학파와 프로클로스(Proclo)에게서 시작된 관념적인 노력에 의지하여 하느님의 신비에 관한 신학적 성찰을 제시한다.[126]

우리는 성경에서 찾아낸 호칭들, 하느님에 의해 계시되고 따라서 그분 선하심의 분출 일부가 되는 호칭들을 하느님께 부여함으로써 그분께 대한 무언가를 말하는 것이 가능하다. 위-디오니시우스에

---

123 보나벤투라의 위계론에 대한 상세하고 정확한 설명은 J. G. Bougerol, 『Introduzione a S. Bonaventura』, 86-93; 또한 R. Guardini, Bonaventura, 『Opera Omnia』 Vol. XVIII, Brescia 2013, 569-608을 보라.

124 참조: E. Prenga, 『Il crocifisso via alla Trinità』, 50; L. Borriello – R. Di Muro, 『Breve storia della spiritualità cristiana』, 87.

125 이와 관련하여 Ch. A. Bernard, 『Teologia mistica』, Cinisello Balsamo 2005, 54-68을 참고할 수 있다.

126 참조: Ch. A. Bernard, 『Teologia mistica』, 55.

게서 이러한 호칭 가운데 가장 중요한 것은 하느님은 선이라는 것이다. 하느님께 호칭을 부여한다는 것은 그분께 대한 무언가를 긍정하는 것을 의미한다. 예를 들어, '하느님은 선한 분이다'라고 말할 때 나는 하느님이 악하지 않음을 긍정하는 것이다. 또 '하느님은 자비롭다'라고 말할 때 나는 하느님이 복수심에 사로잡힌 분이 아님을 긍정하는 것이다. 이것이 바로 긍정 신학이고, 긍정 신학의 역할은 하느님께 돌아가고자 하는 사람에게 올바른 길을 알려주는 것이다. 하지만 선하거나 자비롭다는 우리의 관념으로 하느님을 규정짓는 것은 불가능하다. 하느님을 이러한 관념으로 규정할 수 있다면 하느님은 자신의 신비를 잃게 될 것이다. 이것이 두 번째 방법, 곧 부정 신학이다. 물론 하느님이 선한 분임을 긍정하는 것은 가능하지만, 우리는 선함에 대한 우리의 어떠한 경험으로도 하느님을 규정할 수 없다. 이런 의미에서 하느님은 최고의 선이면서도, 선이 아니다. 따라서 이는 하느님은 선에 대한 어떠한 인간 이해와도 동일시될 수 없는 분임을 주장하는 것이다. 하느님은 우리가 상상하는 것보다 훨씬 더 위대한 분이다. 부정 신학은 어둠 속에 발을 들여놓는 것이고, 이는 전적인 믿음의 태도를 불러일으킨다.[127]

보나벤투라는 하느님을 인식하는 이 이중의 신학을 자신의 작품들, 특히 『하느님께 나아가는 정신의 여정』과 『세 가지 길』에서 활용하였다. 보나벤투라에 따르면, 환원(reductio)은 하느님 창조의 다양성과 선함을 긍정할 뿐만 아니라 하느님의 초월성 또한 긍정하는 이

---

127 참조: 폴 루트, 『프란치스코와 보나벤투라』, 73-75.

이중의 신학을 통하여 완성된다.[128]

2.3. 성 빅토르 학파

보나벤투라의 신학 사상은 성 빅토르 학파, 특별히 성 빅토르의 후고와 리카르도로부터도 영향을 받았다. 이들은 진리의 원리에 관한 생득설(innatismo)이라는 주요 원리 안에서 영혼과 은총의 조명이라는 아우구스티노의 용어들과 연관성을 발견함으로써 성 아우구스티노의 철학에서 인간 이성의 근거를 찾고자 노력하였다.[129]

보나벤투라에게 성 빅토르의 후고는 논증의 스승인 동시에 설교와 관상의 스승이다.[130] 후고는 관념적이며, 심리학적이고, 신비주의적이며 실천적인 관심사의 종합으로 연결되어 있다. 보나벤투라는 그에게서 많은 것을 배웠다.[131]

---

128 참조: 폴 루트, 『프란치스코와 보나벤투라』, 75-76.
129 성 빅토르 학파는 파리 근교에 위치한 성 빅토르 수도원에서 기욤드 샹포(Guglielmo di Champeaux)에 의해 1108년 세워진 신학, 철학 및 법학 학파이다. 성 빅토르의 수도규칙은 성 아우구스티노의 수도규칙을 따르는 의전수도회들(Canonici regolari)의 오래된 수족修族에 속한다. 이 학파의 주된 특징은 신비주의와 믿음의 고양高揚이었지만, 인간 이성과 학문에 대한 부정을 요구하지는 않았다. 사실 그들은 다양한 작품들에서 지식과 모든 자연 학문이 어떻게 신학에 봉사하는지 설명하고 있다. 그러므로 성 빅토르 학파는 비록 스콜라 철학에 연관되어 있긴 하지만 그들의 작품들에서 신앙과 과학의 조화를 완전하게 다룬 첫 인물들이 되었다. 궁극적으로 이성적인 실재는 세속적인 지식을 이해하고자 빛과 영감을 끌어냄을 통해 성경의 계시라는 더 큰 진리 안에서 고찰된다. 참조: L. Borriello – R. Di Muro, 『Breve storia della spiritualità cristiana』, 193-199.
130 참조: 『Red. art.』 5.
131 참조: R. Guardini, 『Bonaventura』, 346.

후고의 작품들 안에는 많은 신비주의적 요소가 존재한다. 우선 그는 성경의 세 가지 감각인 역사적, 상징적 그리고 윤리적(영적 또는 신비주의적) 감각을 언급한다.[132] 이어 인식의 세 가지 눈(육의 눈, 이성의 눈, 관상의 눈)의 개념에 대해 말하면서 후고는 자신의 신비주의 성향을 드러낸다. 보나벤투라는 자신의 신비주의 구조 안에서 이성과 신앙의 통합을 설명할 때 세계를 육적인 세계, 이성적 세계 그리고 영적 세계로 구분하고 있다. 이러한 구분은 후고의 인식의 세 가지 눈이라는 개념을 따르는 것이다.

> **말한 바와 같이, 창조된 세계는 창조주 삼위일체로 빛을 내는 한 권의 책과 같다고 추론할 수 있다. 이 책은 세 가지 표현 단계, 곧 흔적, 모상과 유사에 따라 표현되고 읽힌다. … 이러한 세 가지 통찰을 통하여 인간은 성 빅토르의 후고가 말한 것처럼 세 가지, 곧 "육체와 이성과 관상의" 눈을 가진다. 육의 눈은 세상과 세상 안의 것들을 보고, 이성의 눈은 영혼과 영혼 안의 것들을 보며, 관상의 눈은 하느님과 하느님 안의 것들을 본다. 그렇기에 인간은 육의 눈으로 자기 외부의 것들을 보고, 이성의 눈으로 자기 내면의 것들을 보며, 관상의 눈으로 자기 위에 있는 것들을 볼 수 있다.**[133]

---

132 참조: P. Rorem, 「Bonaventure's ideal and Hugh of St. Victor's Comprehensive Biblical Theology」, in 『FS』, 70 (2012), 390-391.
133 『Brevil.』 II, 12. "Ex praedictis autem colligi potest, quod creatura mundi est quasi quidam liber, in quo relucet, repraesentatur et legitur Trinitas fabricatrix secundum triplicem gradum expressionis, scilicet per modum vestigii, imaginis et similitudinis ... Propter quam triplicem visionem triplicem homo accepit oculum, sicut dicit Hugo de

보나벤투라는 세 가지 눈을 사용함으로써 이성과 신앙 사이의 갈등을 해소할 가능성을 발견한다. 관상의 눈은 하느님 완전함의 모방을 통하여 참된 실재, 지혜(sapientia)로 우리를 이끈다.[134] 부제롤이 예리하게 지적하였듯이 후고의 영향은 그리스도교와 인간의 삶의 목적인 지혜를 향한 보나벤투라의 탐구와 직접적으로 연관되어 있다. 후고의 『디다스칼리콘(Didascalicon de studio legenti)』과 『그리스도교 신앙의 신비(De sacramentis christianae fidei)』를 통하여 학자들은 보나벤투라의 작품들 안에 심어진 후고의 **지혜**의 씨앗들을 찾아볼 수 있다.[135] 보나벤투라 안에서 지혜의 중요성은 후고의 유산이다."[136]

성 빅토르의 리카르도 또한 보나벤투라의 '서가(biblioteca)'에서 매우 중요하다. 그의 삼위일체적이고 관념적인 신비주의는 보나벤투라를 매료시켰다.[137]

삼위일체 하느님을 이해하고자 보나벤투라는 리카르도의 작품

---

sancto Victore, scilicet carnis, rationis et contemplationis: oculum carnis, quo videret mundum et ea quae sunt in mundo; oculum rationis, quo videret animum et ea quae sunt in animo; oculum contemplationis, quo videret Deum et ea quae sunt in Deo; et sic oculo carnis videret homo ea quae sunt extra se, oculo rationis ea quae sunt intra se, et oculo contemplationis ea quae sunt supra se."

134 참조: D. M. COULTER, 「The Victorine Sub-structure of Bonaventure's Thought」, in 『FS』, 70 (2012), 399; P. ROREM, 「Bonaventure's ideal and Hugh of St. Victor's Comprehensive Biblical Theology」, in 『FS』, 70 (2012), 393.
135 참조: J. G. BOUGEROL, 『Introduction to the Works of Bonaventura』, NY 1964, 39.
136 J. G. BOUGEROL, 『Introduzione a S. Bonaventura』, 117.
137 보나벤투라는 리카르도의 『삼위일체(De Trinitate)』를 35번 인용하고 있다. 참조: Ivi, 117-118.

들을 활용한다. 신적인 위격들의 복수성에 대해 리카르도가 한 논증의 핵심은 **선 자체**에 대한 디오니시우스적인 개념이 아니라 사랑의 개념이었다.[138] 사랑은 선의 최상위 개념이고 선의 최고 형태이다. 그러므로 하느님이 선이라면, 그때 하느님은 또한 사랑(la carità o l'amore)이다. 리카르도의 논증은 독창적이고 정교하다. 그는 하느님이 궁극적으로 사랑이라면, 하느님 자신 안에 어떤 종류의 복수성 없이는 사랑이 하느님 안에 존재할 수 없다고 본질적으로 지적하고 있다. 리카르도에 따르면, 사랑은 하느님 안에서 복수성을 요청하며, 그는 실제로 위격의 차원에 이 복수성을 위치시킨다. 하느님이 단지 하나의 위격이라면, 다른 위격과 선이나 사랑을 통교할 수 없다. 그러므로 하느님이 완전하게 사랑할 수 있는, 더 나아가 사랑하는 존재이기 때문에 하느님 안에 적어도 두 위격이 존재해야만 한다. 여기서 세 번째 위격이 요청된다. 왜냐하면 사랑의 충만함은 서로 사랑하는 두 위격의 각 위격이 그 사랑으로 또 다른 위격과 하나 되도록 요구하기 때문이다. 리카르도는 상호 사랑 안에 신적인 세 위격이 존재하는 곳, 그곳에 완전함이 있다고 주장한다. 그는 신적인 세 위격을 사랑 안에서 완전히 무상으로 주는 위격(성부), 사랑 안에서 완전히 받는 위격(성령) 그리고 사랑 안에서 무상으로 주면서 동시에 받기도 하는 위격(성자)으로 설명한다.[139] 리카르도와 보나벤투라에게서 선과

---

138 사랑에 대한 리카르도의 논증 구조를 더 잘 이해하려면 그의 작품, 『De Trinitate』 3.2 (PL 196, 926-927)을 보라.
139 참조: Riccardo di San Vittore, 『De Trinitate』 3.14 (PL 196, 924-925, 927).

사랑은 신적 본성의 핵심이 되는 두 개념이다. 하느님은 선이라고 말하는 것은 하느님이 자기-통교적이라고 말하는 것이다. 하느님이 사랑이라고 말하는 것은 하느님이 인격적이라고 말하는 것이다. 그러므로 삼위일체는 자기-통교적이면서 또한 인격적인 사랑이다. 보나벤투라는 리카르도의 삼위일체 신학을 통해 성부와 성자의 관계를 이해함으로써 창조와 창조 안에서 예수 그리스도 중심성의 더 깊은 의미를 이해하였다.[140]

또한 보나벤투라는 성 빅토르 학파의 상징적 사고방식의 풍요로움을 높이 평가하였다. 성 빅토르 학파의 전통에서 신학은 무엇보다도 신성의 상징들에 관심을 기울여야 한다고 가르쳤다. 성 빅토르의 후고는 『천상적 위계 주해(In Hierarchiam Cœlestem)』에서 모든 신학은 필연적으로 보이지 않는 것들을 이해하려면 보이는 상징들을 사용해야만 한다고 기술하였다.[141] 상징은 하나의 표지 그 이상의 것이다. 보나벤투라는 모든 피조물이 하느님의 선하심을 반영한다는 프란치스코의 관점을 표현하기 위하여 상징 신학을 사용하였다. 피조물 그 자체가 하느님 선하심의 분출이기 때문에 창조된 실체들에는 그 선성의 반영이 담겨 있고, 그렇기에 종교적 상징들의 역할을 할 수 있다. 보나벤투라가 언급하듯이 우리가 기도와 관상의 정신 안에서 창조된 세계에 다가간다면, 우리는 우리를 일자에게 이끌어 줄 하느님의 발자취를 알아볼 수 있다. 보나벤투라는 『하느님께 나아가는 정

---

140 참조: I. Delio, 『Simply Bonaventure』, 42-45.
141 참조: Ugo di San Vittore, 『In Hierarchiam Cœlestem』 1.1(PL 175, 926D).

신의 여정』의 두 번째 장에서 이렇게 적고 있다.[142] "우리는 이 감각 세계의 모든 피조물이 관상적이고 지혜로운 영혼을 영원한 하느님께로 이끈다는 결론을 내릴 수 있다."[143]

보나벤투라는 『하느님께 나아가는 정신의 여정』에서 후고와 리카르도의 작품들 안에서도 찾아볼 수 있는 다양한 상징들을 사용하였다. 세라핌의 여섯 날개, 솔로몬의 왕좌, 이집트로부터 약속된 땅에 이르기까지의 여정(파스카) 등이다.[144]

이미 언급했듯이 보나벤투라는 자신의 신비적이고 상징적이며 삼위일체적인 신학을 구축하고자 성 빅토르 학파의 신학과 신비주의를 활용하였다. 후고와 리카드로의 영향은 보나벤투라의 작품들, 특히 『신학요강』, 『하느님께 나아가는 정신의 여정』, 『학문들의 신학적 환원(De reductione artium in theologiam)』 그리고 『독백록: 정신의 네 가지 활동(Soliloquium de quatuor mentalibus exercitiis)』에서 찾아볼 수 있다.[145]

맺음말

13세기 당시 보나벤투라는 파리의 위대한 학자였고, 프란치스코

---

142 참조: 폴 루트, 『프란치스코와 보나벤투라』, 77-78.
143 『Itin.』 II, 11. "Colligere possumus, quod omnes creaturae istius sensibilis mundi animum contemplantis et sapientis ducunt in Deum aeternum."
144 참조: D. M. COULTER, 「The Victorine Sub-structure of Bonaventure's Thought」, in 『FS』, 70 (2012), 401-406.
145 참조: J. G. BOUGEROL, 『Introduzione a S. Bonaventura』, 107-121.

는 아씨시의 빈자였다. 언뜻 보면 크게 연관되지 않아 보이지만, 우리가 앞서 살펴본 바와 같이 그들 사이에는 커다란 영성적이고 신학적인 상관 관계가 존재한다.

"프란치스코의 크리스천 삶에서 변함없었던 원천과 지향점은 복음 속의 예수와 집요하리만큼 철저히 일치하는 것이었다."[146] 보나벤투라는 자신의 프란치스칸으로서의 삶과 영적, 신학적 여정을 위한 자양분을 프란치스코의 생애와 체험에서 얻었다.

실제로 보나벤투라 신학에서 프란치스코 영성의 요소들을 쉽게 발견할 수 있다. 하느님의 선과 사랑, 그리스도를 따름(la sequela Christi), 그리스도 중심성, 가난, 겸손, 우주적 형제애 등이다. 그러므로 프란치스코가 보나벤투라의 스승이었다고 말할 수 있다.

보나벤투라의 영성 안에서 "프란치스코는 모방의 대상이 된다. 그가 행한 경이로운 일들과 그가 실천에 옮긴 탁월한 덕들과 그를 풍요롭게 해 주는 은총들로 인해 그는 세상의 애정 어린 관심을 끌고 있다."[147] 보나벤투라에게 프란치스코는 거룩함의 거울이며, 복음적 완덕의 본보기였다.[148] 보나벤투라는 프란치스코의 이상이나 정신을 전혀 변형시키지 않았다.[149] 그러므로 "그의 작품과 마찬가지로 그의

---

146 G. 얌마로네, 『프란치스칸 영성』, 43.
147 A. GHINATO, 「Relazione introduttiva: San Francesco, esemplare concreto della perfezione, nell'interpretazione mistica di S. Bonaventura」, in 『IB』, 6 (1970), 26.
148 참조: 「LegM」 XV, 1: 『FF』 1246.
149 참조: E. R. DANIEL, 「St. Bonaventure a faithful disciple of St. Francis? A reexmination of the question」, in 『S. Bonaventura 1274-1974』, II, 187.

삶에서도 보나벤투라는 우리에게 성 프란치스코의 참된 자녀로서 신을 드러내 보인다."[150]는 자끄 귀 부제롤의 주장은 타당하다.

따라서 보나벤투라가 프란치스코의 영성을 따르고 자신의 신학 안에서 그의 영성을 충실히 드러내고자 하였음은 분명하다. 이를 위해 그는 아우구스티노 사상과 신플라톤주의의 선상에 머물렀다. 보나벤투라가 『학문들의 신학적 환원』에서 밝히고 있듯이 그는 아우구스티노, 위-디오니시우스, 안셀모, 베르나르도, 후고 그리고 리카르도의 영향을 받았다.[151] 이러한 대가들의 영향으로 보나벤투라의 신학은 삼위일체적이며, 그리스도 중심적이고, 신비적인 성격을 지닌다. 그러나 보나벤투라는 단순히 그들의 사상에 의존한 것이 아니라 그것들을 틀에 넣고 고쳐서 새롭고 고유한 신학 양식을 만들어 냈다.[152]

프란치스코의 하느님은 지극히 높으시고 전능하신 하느님, 거룩하신 하느님, 좋으신 하느님, 사랑이신 하느님, 창조주이신 하느님, 주님이신 하느님, 삼위이시고 하나이신 하느님, 살아 계시고 참되신 하느님, 희망이신 하느님 등이다.[153] 이러한 거룩한 이름들(프란치스코가 하느님께 부여한 86개 가운데 단지 일부[154])을 고찰하고 그 안에 담긴 하

---

150 J. G. BOUGEROL, 『Introduzione a S. Bonaventura』, 32.
151 참조: 『Red. art.』 5.
152 참조: 폴 루트, 『프란치스코와 보나벤투라』, 79.
153 참조: G. 얌마로네, 『프란치스칸 영성』, 58.
154 프란치스코의 글에서 찾을 수 있는 신적 속성과 이름의 수와 목록은 T. MATURA, 『Francesco parla di Dio』, Milano 1992, 1-9을 보라.

느님 체험의 의미를 정리하면, 프란치스코에게 하느님은 다음과 같은 하느님이라고 말할 수 있다. 그분이 지닌 선과 생명을 그분의 피조물, 특히 모든 인간에게 베풀어 주시고자 기꺼이 인간을 향해 열려 있고 자신을 낮추는 하느님, 기본적으로 지극히 높으신 사랑으로 느끼고, 체험하고, 표현하고, 찬미하는 하느님.[155] 하느님 스스로 당신의 아들 안에 만남의 가능성을 마련해 놓았기 때문에 프란치스코에게 하느님께 대한 체험은 오직 **나자렛 예수**를 통해서만 주어진다.[156] 그러므로 프란치스코는 하느님께 도달하게 해 주는 그 길에서 멀리 놓일 수 없다.[157] 보나벤투라는 자신의 신학, 특히 신비주의적인 그리스도 중심주의를 통하여 이러한 프란치스코의 하느님 체험을 철학적으로 또 신학적으로 표현하였다.[158] 따라서 보나벤투라는 자신에게 영향을 미친 신학자들의 신학을 활용하고 종합하였다. 그러므로 다음과 같은 하비 D. 에간의 종합을 받아들일 수 있다.

> **보나벤투라는 그의 인격 안에서 프란치스코의 단순성과 프란치스칸 주지주의**(l'intellettualismo francescano)**를 결합했다. 그의 모든 작품은 하느님과 인간의 일치에 초점을 맞추고 있다. 철학적 고찰과 신비주의적 정감의 완전한 융합을 이루어 냄으로써 보나벤투라는 순수 주지주의나 단순한 감성**(la ingeuna emotività)**을 피**

---

155 참조: G. 얌마로네, 『프란치스칸 영성』, 58.
156 참조: T. Matura, 『Francesco parla di Dio』, 141.
157 참조: Ivi, 138.
158 참조: G. 얌마로네, 『프란치스칸 영성』, 52-53.

하고자 하였다. 추상적인 고찰은 그의 영성과 신비신학을 풍요롭게 해 주었지만, 신비주의적 고찰은 그의 관념적인 고찰들의 중심에 놓여 있다.[159]

---

159 H. EGAN, 『I mistici e la mistica』, 270.

2장

보나벤투라의 신비신학

머리말

우리는 앞 장에서 프란치스코와 보나벤투라의 관계에 대해 살펴보았다. 이를 통해 보나벤투라가 프란치스코의 영적 체험을 자신의 삶, 신학 그리고 영성의 토대로 활용하였음을 알아보았다. 이 점에서 이 논문의 주요한 주제인 그의 신비신학이 잘 드러난다.

신비체험(mistica)이라는 단어는 명사로 비밀스러운 것을 보지 않으려 눈을 감거나 그 어떤 것도 누설하지 않으려 입을 닫는 것을 의미하는 동사 '뮈에어'(μυέω)에서 파생된 그리스어 형용사 '뮈스티코스'(μυστικός)에서 유래한 것이다.[01] 헬레니즘적 의미에서 비밀리에 전해 내려오는 의식이나 예배를 가리키는 명사 '뮈스태리온'(μυστήριον) 또한 이 그리스어 동사에서 파생된 것이다.[02] 이 단어는 신약성경에서 하느님 나라의 신비, 하느님의 감추어져 있는 지혜, 그리스도의 구원 신비, 이스라엘의 마지막 운명과 관련된 특별한 신비, 그리스도

---

01 참조: E. Ancilli, 「La mistica: alla ricerca di una definizione」, in 『La mistica. Fenomenologia e riflessione teologica』, (a cura di) E. Ancilli, Roma 1984, 17.

02 참조: 고계영, 『칼 라너 신비신학의 관점에서 비추어 본 아씨시 프란치스코의 신비체험』, 40.

와 교회의 신비적 관계를 가리키는 데 사용되었다.[03] 이 단어는 초기 그리스도교에서 '미스테리움mysterium' 또는 '사크라멘툼sacramentum'으로 번역되었다.[04] "'뮈스티코스'(μυστικός) 형용사는 '뮈스테리온'(μυστήριον) 명사와 같은 의미를 지니고 있으며, 그리스 헬레니즘 문화 안에서 이 어휘가 비록 대단히 드물게 사용되지만, 이 시대에 이미 신비에 대한 관념은 있었다고 할 수 있다."[05]

이와 대조적으로 '뮈스티코스'(μυστικός)라는 단어는 성경 안에서 전혀 찾아볼 수 없다. 알렉산드리아의 클레멘스(150년경 - 215년경)는 형용사 '뮈스티코스'(μυστικός)를 부사 '뮈스티커스'(μυστικῶς)와 함께 그리스도교 언어 세계에 최초로 소개한 인물이다. 그는 자신의 작품 안에서 이 형용사를 50번 이상 사용하고 있다.[06] 클레멘스는 신비체험에 대한 그리스도교적 개념을 하느님 안에 숨어 있는 신비를 인식하는 것이라고 설명하였다.[07] 클레멘스는 비록 자신의 신비체험을 발전시키지 않았지만, 그 본질적인 요소들을 분명하게 언급하고 있

03　참조: G. KITTEL – G. FRIEDRICH, 『Grande lessico del Nuovo Testamento』, VII, Brescia 1971, 686-715.

04　참조: E. ANCILLI, 「La mistica: alla ricerca di una definizione」, in 『La mistica. Fenomenologia e riflessione teologica』, 18-19.

05　고계영, 『칼 라너 신비신학의 관점에서 비추어 본 아씨시 프란치스코의 신비체험』, 41.

06　참조: B. MCGINN, 『Storia della mistica cristiana in occidente: Vol. I. Le origini (I-V secolo)』, Genova 1997, 136; 고계영, 『칼 라너 신비신학의 관점에서 비추어 본 아씨시 프란치스코의 신비체험』, 41-42.

07　참조: L. BOUYER, 『Mysterion. Dal mistero alla Mistica』, Città del Vaticano 1998, 163; 고계영, 『칼 라너 신비신학의 관점에서 비추어 본 아씨시 프란치스코의 신비체험』, 42.

다. 클레멘스는 먼저 영지와 믿음과 사랑의 상호 관계를 규명하는데 몰두한다. 두 번째로, 관상의 신비적 차원을 직관한다. 세 번째로, 그리스도교 완덕을 설명하기 위하여 신화(Divinizzazione)라는 개념을 널리 보급한 최초의 그리스도교 저자이다.[08] 그 후 신비체험에 관한 이러한 개념은 그리스도교 역사 안에서 신비신학(τεολογία μυστικη)이라는 용어로 정립될 때까지 체계화되고 발전되었다.[09]

"전통적으로 그리스도교 지평에서 신비체험이란 지상에서 하느님과 맺는 더욱 더 높고 친밀한 초자연적 일치를 가리키는 말이다."[10] 전통 신학의 많은 저자들은 하느님과 일치하는 데서 높은 단계나 차원에 이른 사람을 신비가(mistico)라 일컫는다.[11] 하지만 'mistico'(신비적, 신비의)라는 용어는 라틴 교회의 사전에서 적어도 중세 후기까지는 일반적으로 사용되지 않았다. 라틴 교회에서는 신비체험을 설명하고자 관상(contemplatio)이라는 단어를 계속 사용하였다. 그 결과 많은 신학자들이 대체로 관상이라는 어휘를 통해 신비적 일치, 주입관상, 관상의 단계들, 특별한 신비적 은총에 대해 다루었다. 보나벤투라는 이러한 저자들 가운데 속한다.[12]

---

08 참조: B. MCGINN, 『Storia della mistica cristiana in occidente: Vol. I. Le origini (I-V secolo)』, Genova 1997, 139-142; 고계영, 『칼 라너 신비신학의 관점에서 비추어 본 아씨시 프란치스코의 신비체험』, 46.
09 신비체험에 관한 개념의 이러한 발전 과정에 대해서는 Ivi, 43-65을 보라.
10 R. DI MURO, 『La mistica di santa Chiara. Dimensioni e attualità』, Roma 2012, 8.
11 참조: Ibidem.
12 참조: F. ASTI, 『Spiritualità e mistica. Questioni metodologiche』, Città del Vaticano 2002, 47; 고계영, 『칼 라너 신비신학의 관점에서 비추어 본 아씨시 프란치스코의 신비체험』, 42, 각주 13.

보나벤투라에게는 하느님과 일치하는 것 또는 하느님과 조화를 회복하는 것(la reductio ad unum: 일자에로의 환원)이 핵심 주제이다. 따라서 그의 신학과 영성은 필연적으로 신비적인 경향을 드러내고 있다.[13] 그리고 이러한 신비적인 경향은 독일의 인본주의, 마에스트로 에크하르트와 같은 독일 신비가들, 단테 알리기에리의 사상, 예수의 성녀 테레사와 십자가의 성 요한과 같은 스페인 신비가들, 칼 라너의 초월 신학 등 다양한 영역에 영향을 미쳤다.[14]

이 장에서 우리는 무엇보다 먼저 보나벤투라가 자신의 작품들, 특별히 『하느님께 나아가는 정신의 여정』, 『신비작품집(Opuscula mystica)』 그리고 『육일간의 창조』에서 어떻게 신비신학을 제시하고 있는지 살펴볼 것이다. 그런 다음 보나벤투라 신비신학의 특징들을 체계적으로 살펴볼 것이다. 우리는 이 작업을 통해 그가 자신의 신학과 영성 안에서 프란치스코의 영적 체험을 어떻게 활용하였는지 이해할 수 있는 초석을 놓게 될 것이다.

1. 보나벤투라의 신비 작품들

"세라핌 박사의 저술가로서의 활동은 26년 이상의 기간(1248-

---

13 참조: E. CUTTINI, 「Reductio」 in 『DB』, 672-679.
14 B. GARCIA, 「Bonaventura da Bagnoregio」, in 『DFM I』, 308-315; 고계영, 『칼 라너 신비신학의 관점에서 비추어 본 아씨시 프란치스코의 신비체험』, 62.

1273)을 포함한다."¹⁵ "보나벤투라의 작품은 한 신학자의 작품이다."¹⁶ 그의 신학은 종합적이고 통합적인 성격을 지닌다. 그 결과 우리는 그의 모든 작품이 프란치스칸적이고, 철학적이며, 영성신학적이고 신비주의적이라고 말할 수 있다. 그의 작품들은 두 가지 방법에 따라 분류될 수 있다. 통시적 분류과 문학 유형에 따른 분류.

그의 생애를 두 시기로 나눌 수 있듯이 그의 작품들도 통시적으로 두 시기로 분류할 수 있다. 대학에 머물던 시기에 쓰인 작품들과 총장으로 재임하던 시기에 쓰인 작품들로 구분할 수 있다.¹⁷ 총장 선출 이후, 그의 작품들은 더욱더 영성적인 경향을 띤다. 우리는 『하느님께 나아가는 정신의 여정』이나 『육일간의 창조』와 같은 그의 후기 작품들 안에서 문체와 주제에서 눈에 띄는 변화들을 보게 된다.¹⁸

"세라핌 박사 작품들의 비평본은 콰라키(피렌체)의 작은 형제들에 의해 편집되었다(1883-1902).¹⁹ 『성 보나벤투라 전집(S. Bonaveturae Opera Omnia)』이 그 결과물이다."²⁰ 피에트로 마라네지에 따르면, 9권

---

15 R. GUARDINI, 『Bonaventura』, 347.
16 B. GARCIA, 「Bonaventura da Bagnoregio」, in 『DFM I』, 301.
17 참조: P. MARANESI, 「Opere di san Bonaventura」, in 『DB』, 92. 이와 달리 에베트 커즌스는 보나벤투라의 작품들을 세 시기로 나누어 분류한다. a) 대학에서 머물던 시기에 쓰인 작품들, b) 1257-1267, c) 1268-1274. 참조: E. COUSINS, 「Introduction」, in 『Bonaventure: The Soul's Journey into God, The Tree of Life, The Life of St. Francis』, NY 1978, 8-11.
18 참조: 폴 루트, 『프란치스코와 보나벤투라』, 62-63.
19 보나벤투라의 작품들에 대한 비평본의 편집 과정에 대해서는 P. MARANESI, 「L'edizione critica bonaventuriana di Quaracchi」, in 『DS』, 49 (2002), 13-67을 보라.
20 L. VEUTHEY, 『La filosofia cristiana di San Bonaventura』, 150.

으로 이루어진 보나벤투라의 작품은 네 가지 문학 유형으로 분류된다. a) 1-7권의 주해-신학적 작품들, b) 8권 1부의 신비-영성적 작품들, c) 8권 2부의 프란치스코 수도회와 관련된 작품들 그리고 마지막으로 d) 9권의 설교문들이다.[21]

이제 우리는 보나벤투라의 신비-영성적 경향이 강하게 드러나고 그의 신비신학과 연관된 세 작품을 살펴볼 것이다. 『하느님께 나아가는 정신의 여정』, 『신비 작품집』 그리고 『육일간의 창조』.

1.1. 『하느님께 나아가는 정신의 여정』

『하느님께 나아가는 정신의 여정』은 보나벤투라의 신학적 작품들 가운데 가장 널리 알려졌다.[22] "성 보나벤투라는 1259년 10월 초라 베르나에서 이 작품의 저술을 구상하였다."[23] 이 작품은 피정에 대한 비망록이다.[24] 보나벤투라는 영혼의 평화를 얻고자 라 베르나에 올랐다.[25] 보나벤투라에게 라 베르나는 신비체험의 최정상을 비

---

21 참조: P. Maranesi 「Opere di san Bonaventura」, in 『DB』, 89. 이와 달리, 에버트 커진스는 보나벤투라의 작품들을 더 단순히 크게 세 유형으로 나누어 분류한다. a)학문적 작품들, b)영성적 작품들, c)토론 문제집(conferenze) 또는 학술강연집(collationes). 참조: E. Cousins, 「Introduction」, in 『Bonaventure: The Soul's Journey into God, The Tree of Life, The Life of St. Francis』, 8-11.
22 참조: P. Carlucci, 「Un singolare pellegrinaggio: L'Itinerarium mentis in Deum di Bonaventura da Bagnoregio」, in 『DS』, 40 (1993), 69.
23 J. Freyer, 「Schede delle opere di san Bonaventura」, in 『DB』, 121.
24 참조: B. Garcia, 「Bonaventura da Bagnoregio」, in 『DFM I』, 301.
25 참조: 『Itin.』 Prol., 2.

유적으로 가리키는 중요한 장소이다.[26] "이 높은 곳에서 주어진 휴식은 그에게 관상 안에서 하느님께 이르는 가장 알맞은 방법을 제시하는 그의 탐구를 글로 표현하도록 허락하였다."[27]

　이 작품은 『신학요강』 그리고 『세 가지 길』과 함께 그의 사상을 종합하는 인상적인 삼부작을 구성한다. 철학-신학-신비주의 대전이라 할 수 있는 『하느님께 나아가는 정신의 여정』과 신학 대전이라 할 수 있는 『신학요강』 그리고 신비신학 대전이라 할 수 있는 『세 가지 길』.[28] 보나벤투라는 하느님께 대한 관상의 강렬한 열망으로 이루어지는 체험을 그리고 있다.[29] 그는 하느님을 찾고 관상하는 여정의 정점과 하느님과 일치에 이르게 되는 신비 여정을 묘사한다.[30] 머리말과 7장에서 그는 아씨시의 성 프란치스코를 이 신비 여정의 모범으로 제시하고 강조한다.[31]

　『보나벤투라 사전(Dizionario Bonaventuriano)』에서 특별한 특징들을 지닌 이 작품의 문학 유형을 다음과 같이 설명하고 있다.

> 『하느님께 나아가는 정신의 여정』은 신비신학적 작품이지만, 또한 철학적인 성격도 지닌 작품이다. 이 작품에 담긴 요소들

26　참조: A. Blasucci, 『La spiritualità di San Bonaventura』, Firenze 1974, 43.
27　J. G. Bougerol, 『Introduzione a S. Bonaventura』, 214.
28　참조: A. Blasucci, 『La spiritualità di San Bonaventura』, 43.
29　참조: P. Carlucci, 『Un singolare pellegrinaggio: L'Itinerarium mentis in Deum di Bonaventura da Bagnoregio』, in 『DS』, 40 (1993), 69.
30　참조: L. Borriello – R. Di Muro, 『Breve storia della spiritualità cristiana』, 178.
31　참조: 『Itin.』 Prol., 2; VII, 3; 폴 루트, 『프란치스코와 보나벤투라』, 85-86.

가운데 많은 것들이 전적으로 신학적인 것들이다. 은총, 그리스도의 중재성, 삼위일체 교의. 다른 것들은 부분적으로 신학적이기도 하고 철학적이기도 하다. 제일 원리와 관련하여 자연과 초자연 사이의 친밀한 일치를 밝히는 것들.[32]

"Itinerarirum"이라는 용어는 정신이 하느님을 향해 단계적으로 오르며 거치는 오르막길(ascensus) 또는 길(via)로 정의할 수 있다.[33] "보나벤투라는 성 프란치스코에게 나타났던 십자가 형상의 날개 달린 세라핌의 상징을 활용한다. 세라핌의 여섯 날개는 피조물로부터 시작하여 하느님께 이르는 점진적인 여섯 조명 단계(le sei illuminazioni graduali)를 나타내고 있다."[34] 하느님을 향한 상승의 여섯 조명 단계는 『하느님께 나아가는 정신의 여정』의 앞선 여섯 장의 주제를 형성하는 데 그 중요성이 있다.[35] 하지만 보나벤투라는 이 여섯 단계에 마지막 하나를 덧붙여 여섯 장이 아니라 일곱 장으로 이 작품을 발전시키고 있다.[36] 마지막 장은 프란치스칸 갈바리오라 불리는 라 베르나와 조명에 의해 요구되는 결말로서 탈혼적 평화 또는 정신적 초월을 그 주제로 삼는다."[37]

『하느님께 나아가는 정신의 여정』은 위격들의 다양성과 동일 실

---

32 J. Freyer, 「Schede delle opere di san Bonaventura」, in 『DB』, 122.
33 참조: E. Mirri, 「Itinerarium」, in 『DB』, 503.
34 J. Freyer, 「Schede delle opere di san Bonaventura」, in 『DB』, 122.
35 참조: Ibidem.
36 참조: E. Mirri, 「Itinerarium」, in 『DB』, 503.
37 J. Freyer, 「Schede delle opere di san Bonaventura」, in 『DB』, 122.

체성 안에서 하느님의 존재를 관상하게끔 우리 밖에서(extra nos) 하느님을 관상 또는 관조하는 것에서 시작하고, 우리 안을(intra nos) 거쳐 최종적으로 우리 위에서(supra nos) 시선을 고정하게 된다.[38] 이것이 하느님을 향한 상승의 삼중 구조이다. 우리 밖의 것들은 창조된 존재들 가운데 하느님의 흔적이고, 물질적이며 시간적인 것들이다. 반면 우리 안에 있는 것들은 하느님의 모상이고, 영적이며 영속적인 것들이다. 마지막으로 우리 위에 있는 존재는 제일 원리이고, 영원하며 가장 영적인 것이다.[39] 상승의 주요한 삼중 구조(extra nos – intra nos – supra nos)는 거울의 상징을 통해(거울을 통해서per speculum – 거울 안에서 in speculo), 보나벤투라에 의해 하느님께 올라가는 여섯 단계(sex gradus ascensionis in Deum)라 이름 붙여진 여섯 단계로 발전한다.[40]

> 우리 정신은 자신 밖에서, 곧 하느님의 흔적을 통해서 흔적 안에서 하느님을 직관하였고, 자신 안에서, 곧 하느님의 모상을 통해서 모상 안에서 하느님을 직관하였고, 자신 위에서, 곧 우리 위에 빛나는 신적 빛의 유사성을 통해서 또 신적 빛 안에서, 곧 나그네 신분과 사고 능력 안에서 가능한 만큼 하느님을 직관하였다.[41]

---

38 참조: A. Blasucci, 『La spiritualità di San Bonaventura』, 44; J. G. Bougerol, 『Introduzione a S. Bonaventura』, 216.
39 참조: 『Itin.』 I, 2.
40 참조: R. Pompei, 「Francesco - «speculum virtutum» per i francescani negli scritti bonaventuriani」, in 『DS』, 50 (2008), 125.
41 『Itin.』 VII, 1. "Postquam mens nostra contuita est Deum extra se per vestigia et in vestigiis, intra se per imaginem et in imagine, supra se per divinae lucis similitudinem super nos relucentem et in ipsa luce, secundum quod possible est secundum statum viae et exercitium mentis nostrae."

앞서 살펴보았듯이 세 가지 방식은 두 배로 증가한다. 달리 말하자면, 하느님은 거울을 통해서 또는 거울 안에서 관조할 수 있다. 그리고 각 단계는 다른 단계들과 연관 지어서 또는 그 자체로 고찰할 수 있다.[42] 계속해서 보나벤투라는 하느님께 올라가는 여섯 단계에 상응하는 영혼의 여섯 능력에 대해 설명한다. 곧 감각(sensus), 상상(imaginatio), 이성(ratio), 지능(intellectus), 지성(intelligentia), 정신의 절정 또는 양심 불(apex mentis o synderesis scintilla)이다.[43] 이러한 하느님을 향한 상승의 여섯 단계는 다음의 표와 같이 정리할 수 있다.[44]

장 Ca.	대상(Objectum)	통해서(PER) / 안에서(IN)	능력(Potentia)	신학(Theologia)
VI	우리 위에서 (supra nos)	빛 안에서 (IN lumine)	정신의 절정 (apex mentis) 양심의 불꽃 (synderesis scintilla)	신비신학 (mystica)
V		빛을 통해서 (PER lumen)	지성(intelligentia)	
IV	우리 안에서 (intra nos)	모상 안에서 (IN imagine)	지능(intellectus)	신학 (propria)
III		모상을 통해서 (PER imaginem)	이성(ratio)	
II	우리 밖에서 (extra nos)	흔적 안에서 (IN vestigio)	상상(imaginatio)	상징 신학 (symbolica)
I		흔적을 통해서 (PER vestigium)	감각(sensus)	

---

42 참조: 『Itin.』 I, 5.
43 참조: 『Itin.』 I, 6.
44 참조: B. McGinn, 「Ascesion and introversion in the Itinerarium mentis in Deum」, in 『S. Bonaventura 1274-1974』, III, Grottaferrata 1973, 538.

보나벤투라에 따르면, 창조주 삼위일체는 삼중의 표현 단계, 곧 흔적과 모상 그리고 유사의 방식으로 드러나고 해석된다.[45] 흔적은 모든 피조물 안에서 발견된다.[46] 곧 모든 모래알, 모든 별, 모든 동물은 자신의 근원(작용인)으로, 존재 이유(형상인)로, 그렇게 운명지워진 최종 목적(목적인)으로 삼위일체를 반사하고 있다.[47] 그러므로 창조된 모든 사물은 창조주 삼위일체의 최고 권능, 최고 지혜, 최고 선의를 반사한다.[48] 하지만 모상은 오직 지성적 존재(인간) 안에서만 발견된다. 이는 인간 존재가 삼위일체의 모상으로 만들어졌을 뿐만 아니라 모상으로서 신성에 적합한 그릇이라는 사실을 반영하는 것이다. 인간 존재는 삼위일체를 제한적이고 일정한 방식으로 표현하기 위해 만들어졌다. 보나벤투라는 인간이 은총으로 하느님과 비슷하게 만들어졌기 때문에 은총에 의해 하느님의 모습으로 변화된다고 설명한다(창세 1,26 참조).[49] 그렇기에 하느님을 향한 상승의 삼위일체 신비 안에 우리가 존재함을 확인할 수 있다.[50]

프란치스칸 수도자 보나벤투라가 강조하듯이 하느님께로 돌아감은 오직 예수 그리스도를 통해서만 가능하다.[51] 보나벤투라는 다

---

45 참조: 『Brevil.』 II, 12.
46 참조: L. Veuthey, 『La filosofia cristiana di San Bonaventura』, 248, 250.
47 참조: I. Delio, 『Simply Bonaventure』, 61.
48 참조: 『Itin.』 I, 10.
49 참조: I. Delio, 『Simply Bonaventure』, 61.
50 참조: A. Blasucci, 『La spiritualità di San Bonaventura』, 44.
51 참조: R. Pompei, 「Francesco - «speculum virtutum» per i francescani negli scritti bonaventuriani」, in 『DS』, 50 (2008), 126.

음과 같이 말한다.

> 이제 그대가 정신의 눈으로 선의 순수함을 직관하고, 그 원리의 순수 현실, 곧 은혜로 주는 사랑과 당연히 받는 사랑으로 사랑하시고, 두 사랑의 혼합된 사랑으로 사랑하시는 그 원리의 순수 현실을 동시에 직관한다면(이것이 바로 말씀의 고유한 자연의 방식과 의지의 방식 안에서 이루어지는 지극히 충만한 확산성이며, 이 말씀 안에 만물이 일컬어져 나온다. 또 선물의 방식에서도 마찬가지인데, 그 안에 모든 선물이 담겨 있다), 선의 최고 교류로 삼위일체 하느님, 곧 성부와 성자와 성령이 필연적으로 존재한다는 것을 이해하게 될 것이다.[52]

"어둠을 이기고 빛으로 탈혼의 기쁨에 들어가기 위한 '길이며 문 … 사다리며 수레'[53]인 중재자 그리스도를 통하지 않고서는 그 누구도 이러한 관상의 탁월함에 다다를 수 없다."[54] 무엇보다도 이 때문에 예수 그리스도의 모방이 하느님께 나아가는 정신의 여정 안에서 중요한 위치를 차지한다. 보나벤투라는 그리스도 중심주의, 특별히

---

52 『Itin.』 VI, 2. "Si igitur potes mentis oculo contueri puritatem bonitatis, quae est actus purus principii caritative diligentis amore gratuito et debito et ex utroque permixto, quae est diffusio plenissima per modum naturae et voluntatis, quae est diffusio per modum Verbi, in quo omnia dicuntur, et per modum Doni, in quo cetera dona donantur; potes videre, per summam boni communicabilitatem necesse esse Trinitatem Patris et Filii et Spiritus sancti."

53 참조: 『Itin.』 VII, 1.

54 참조: A. Blasucci, 『La spiritualità di San Bonaventura』, 44.

육화하신 말씀(il Verbum incarnatum)과 십자가에 못 박히신 예수 그리스도를 강조함으로써 이를 잘 드러내고 있다.[55] 그리고 예수 그리스도의 완전한 모방과 관련하여 보나벤투라는 세 가지 신학적 덕 또는 세 가지 영적 활동에 관해 설명한다.[56] "우리 정신의 모상은 정신을 '정화하고 조명하며 완전케 하는' 세 가지 신학적 덕으로 옷을 갈아입어야 한다."[57] 보나벤투라는 이러한 생각을 『세 가지 길』에서 발전시키고 심화하고 있다.

『하느님께 나아가는 정신의 여정』을 살펴보았는데 다음과 같이 요약할 수 있다.

> 『하느님께 나아가는 정신의 여정』은 간결하지만 밀도 있는 보나벤투라의 작품으로 신비주의를 깊이 있게 종합하고 있다. 그러므로 이 작품은 하느님께 올라가고자 희망하고 십자가에 못 박히신 그리스도 안에서 변화되고자 열망하는 영혼을 위한 안내서이다. 따라서 그 과정을 완전하게 설명하고 있다. 은총에 예속된 정신은 묵상(speculazione)과 더불어 자연스럽게 프란치스코가 그리스도 덕들의 모방과 사랑과 끊임없는 삶을 얻은 그곳에 도달하고자 나아간다. 곧 그리스도의 중개를 통해 그분처럼, 자기 자신을 버림, 하느님께 대한 말로 다할 수 없는 최고의 사

---

55 참조: R. Pompei, 「Francesco - «speculum virtutum» per i francescani negli scritti bonaventuriani」, in 『DS』, 50 (2008), 129.
56 참조: Ivi, 127.
57 『Itin.』 IV, 3. "Supervestienda est igitur imago mentis nostrae tribus virtutibus theologicis, quibus anima purificatur, illuminatur et perficitur."

랑의 관상, 탈혼에 도달한다. 이때 모든 이성적인 능력은 전적으로 고요한 안식에 들어가고, 오직 마음만이 계속해서 고동치며 앞으로 나아간다. 왜냐하면 실제로 사랑은 활동이 아니지만, 사랑하는 사람에게 이끌리고 감동받는다. 그리고 사랑은 오직 영원한 생명 안에서만 효과적으로 다다르게 되는 그분과 정감적인 완전한 결합이다. 이런 방식으로 보나벤투라는 자신의 여정에 즉시 프란치스코를 대입시키며, 이 그리스도의 완전한 모방자의 학교에서 프란치스코회가 언제나 덕들을 모방할 것이라고 강조한다. 뿐만 아니라 지성적 여정을 통해서도 하느님께 다다르기 위한 중개자로 존재하는 십자가에 못 박히신 그리스도를 따르게 될 것이라고 강조한다.[58]

1.2. 『신비 작품집』

이미 살펴보았듯이 콰라키 비평본의 8권은 영성적인 작품으로 분류된다. 8권은 두 부분으로 나누어진다. 1부는 영성적이거나 신비적인 작품을, 2부는 프란치스코회와 관련된 작품들을 담고 있다.[59]

우리는 첫 부분, 곧 『신비 작품집』을 살펴볼 것이다. 이 작품집은 10개의 신비적인 작품들을 모은 것이다. 『세 가지 길』, 『독백록: 정신의 네 가지 활동』, 『생명의 나무(Lignum vitae)』, 『아기 예수의 다섯 축일(De quinque festivitatibus pueri Iesu)』, 『미사 준비에 대한 소고(Tractatus

---

58 참조: R. Pompei, 「Francesco - «speculum virtutum» per i francescani negli scritti bonaventuriani」, in 『DS』, 50 (2008), 124.
59 참조: B. Garcia, 「Bonaventura da Bagnoregio」, in 『DFM I』, 302.

de praeparatione ad Missam)』, 『수녀들에게 보낸 완전한 삶(De perfection vitae ad sorores)』, 『영혼의 다스림(De regimine animae)』, 『세라핌 천사의 여섯 날개(De sex alis Seraphim)』, 『주님 수난 성무일도(Officium de passion Domini)』, 『신비의 포도나무(Vitis mystica)』.[60]

1.2.1. 『세 가지 길』

첫 번째 작품은 『세 가지 길』이라 이름 붙여진 작품이다. 신비신학의 참된 보석인 이 작품은 보나벤투라가 『하느님께 나아가는 정신의 여정』을 완성한 다음 1259-1260년경 썼다.[61] 때때로 『타오르는 사랑(Incendium amoris)』이나 『자기 자신을 향한 정신의 여정(Itinerarium mentis in seipsum)』이라는 제목으로도 알려져 있다.[62] 이 작품은 완덕을 열망하는 한 교구 사제를 위해 쓰인 작품으로 추정된다.[63] 『세 가지 길』은 『하느님께 나아가는 정신의 여정』 그리고 『신학요강』과 더불어 보나벤투라에게 신학자와 영성 지도자로서의 명성을 가져다주었다.[64] "이 작품을 '신비신학 대전(Summa della teologia mistica)'으로 규정 짓는 것은 올바르다."[65]

---

60 참조: P. Maranesi, 「Opere di san Bonaventura」, in 『DB』, 90.
61 참조: A. Blasucci, 『La spiritualità di San Bonaventura』, 44; B. Garcia, 「Bonaventura da Bagnoregio」, in 『DFM I』, 302.
62 참조: A. Blasucci, 『La spiritualità di San Bonaventura』, 44; M. Schlosser, 「Triplex via」, in 『DB』, 827.
63 참조: 『Tripl. via』 I, 12.
64 참조: M. Schlosser, 「Triplex via」, in 『DB』, 827.
65 Ibidem.

『세 가지 길』에는 보나벤투라의 신비신학이 담겨 있다.[66] 이 신학자는 귀도 2세 아빠스에 의해 제안되고 성 빅토르의 후고에 의해 확산된, 정신의 네 가지 활동(Quattro esercizi mentali)에 관한 이론에 비추어 위-디오니시우스에게서 유래한 도식에 일치하는 발전을 설명하면서 자신의 영성신학 전체를 종합하고 있다.[67]

보나벤투라는 이 소품의 머리말에서 하느님과 친밀한 일치에 이르는 세 가지 길과 세 가지 활동에 대해 말한다.[68]

> 따라서 이 성스러운 교리에 관해 지혜서의 현자는 세 가지 방법, 곧 삼중의 영성적 해석인 윤리적, 비유적, 신비적 해석으로써 놓았다고 말하고 있는 것이다. 이제 이 삼중 해석은 세 가지 단계적 행동, 곧 정화, 조명, 완전한 일치에 상응한다. 정화는 평화로, 조명은 진리로 그리고 완전한 일치는 사랑으로 나아간다. 영혼이 이 세 가지를 성취하면 곧 성스럽게 되고 그것들을 완성하는 정도에 따라 영혼의 공로도 커진다. … 또한 이 세 가지 길에 나아가는 방법도 세 가지라는 것을 알아야 한다. 즉 묵상을 수반한 독서, 기도, 관상이 그것이다.[69]

---

66 참조: L. Borriello – R. Di Muro, 『Breve storia della spiritualità cristiana』, 178.
67 참조: B. Garcia, 「Bonaventura da Bagnoregio」, in 『DFM I』, 302; J. Freyer, 「Schede delle opere di san Bonaventura」, in 『DB』, 121.
68 참조: B. Garcia, 「Bonaventura da Bagnoregio」, in 『DFM I』, 321.
69 『Tripl. via』 Prol., 1. "Propter quod dicit Sapiens de hac sacra doctrina, se eam tripliciter descripsisse propter triplicem ipsius intellectum spiritualem, scilicet moralem, allegoricum et anagogicum. Hic autem triplex intellectus respondet triplici actui hierarchico, scilicet purgationi, illuminationi et perfectioni. Purgatio autem ad pacem

보다시피 "매우 짧은 머리말이지만 그렇다고 무의미한 것은 아닙니다."[70] 머리말에서 세 가지 위계적 행위가 **세 가지 길**이라 불리기 시작한다.[71] 보나벤투라는 각 길이 지닌 특징들을 종합적으로 설명하였다. 죄를 쫓아 버리는 정화의 길, 그리스도를 본받는 조명의 길, 신랑 또는 성령을 맞아들이는 일치의 길.[72] 그리고 이러한 세 가지 길은 폐쇄적인 단계들로 정의되지 않는다.[73] "세 가지 길의 세 요소는 서로 중복되기도 하고 일치되기도 한다."[74] 보나벤투라는 각자 고유한 목적을 지닌 세 개의 평행한 길로 세 가지 길을 설명하고 있다.[75] "세 가지 길 각각의 목적인 평화, 진리, 사랑은 순서대로 신성한 지복에 대한 참여로 여겨지는 완덕을 구성하는 세 가지 요소이다."[76] 또한 세라핌 박사는 세 가지 길의 도식에 따라 세 가지 내적 실천을 제시하고 있다. 묵상(meditatio), 기도(oratio), 관상(contemplatio).[77] 그리고 덧붙여 세 가지 길에서 이들을 실천하는 데 기여하는 세 가지 영적인 힘에

---

    ducit, illuminatio ad veritatem, perfectio ad caritatem; quibus perfecte adeptis, anima beatificatur,et secundum quod circa haec versatur, suscipit meriti incrementum. … Sciendum est igitur, quod triplex est modus exercendi se circa hanc triplicem viam, scilicet legendo et meditando, orando et contemplando."

70 J. G. BOUGEROL, 『Introduzione a S. Bonaventura』, 239.
71 참조: B. GARCIA, 「Bonaventura da Bagnoregio」, in 『DFM I』, 321-322.
72 참조: 『Tripl. via』 III, 1.
73 M. SCHLOSSER, 「Triplex via」, in 『DB』, 829.
74 J. G. BOUGEROL, 『Introduzione a S. Bonaventura』, 240.
75 참조: A. BLASUCCI, 『La spiritualità di San Bonaventura』, 45.
76 Ibidem.
77 참조: J. FREYER, 「Schede delle opere di san Bonaventura」, in 『DB』, 121.

대해 언급한다. 양심(conscientia), 지성(intelligentia), 지혜(sapientia).[78]

세 가지 길이라는 표현은 능동적인 개념과 수동적인 개념 모두 포함하고 있다. 묵상의 실천으로 인간은 정화된다. 동사의 수동태 사용은 분명 수동적인 의미를 부여하지만, 동시에 그것은 하느님의 부르심에 대한 인간의 응답으로 이해되어야 하는 인간 활동이라는 능동적인 의미 또한 분명히 제공하고 있다. 의심할 여지 없이 응답은 하느님과 중단되지 않는 일치라는 차원에서 하느님의 활동인 동시에 인간의 활동인 상승의 여정이다. 수동적인 의미로 하느님은 모든 인간 안에서 활동하시는 분이다. 그러나 사실 플라톤 철학의 유출(proodós)과 환원(epistrophé)을 떠올리게 하는, 상승과 하강이 동시에 일어나는 이중적인 활동에 대해 말하고 있는 것이다. 인간 안에 성령의 활동이 있고 인간의 응답은 하느님의 활동에 대한 믿음을 통해서 받아들여진다. 인간의 응답은 상승의 여정이다.[79]

보나벤투라에게 "이 길들은 하느님을 닮아가는 단계들인 동시에 완덕의 절정에 이르려는 실천들이다."[80] 세 가지 길의 도식은 보나벤투라의 각 영성 작품마다 반복되지 않는다. 그러나 사실 성 프란치스코의 신학적 모습을 정교하게 다루려는 도구로 성 프란치스코 대전기에서

---

78 참조: 『Tripl. via』 I, 2.
79 세 가지 길 안에 담긴 영성 생활의 구조에 대해서는 B. GARCIA, 「Bonaventura da Bagnoregio」, in 『DFM I』, 321; J. G. BOUGEROL, 「La perfezione cristiana e la strutturazione delle tre vie della vita spirituale nel pensiero di san Bonaventura」, in 『IB』, 7 (1970), 69-84를 보라.
80 참조: B. GARCIA, 「Bonaventura da Bagnoregio」, in 『DFM I』, 321-322.

사용되고 있다.[81] 이 주제는 다음 장에서 더 상세히 다룰 것이다.

1.2.2. 『독백록: 정신의 네 가지 활동』

이제 두 번째 신비 작품인 『독백록』을 살펴보자. 자신의 『세 가지 길』에서 제시한대로 보나벤투라는 그리스도교 신자들에게 묵상집을 제공하기 위하여 이 작품을 1257년[82]에 집필하였다.[83]

이 소품은 신자의 영혼과 내면의 인물 사이의 대화 형식을 띠고 있다. 이러한 점에서 아마도 성 빅토르의 후고에게서 영향을 받은 것으로 보인다.[84] 내면의 인물은 말소리 없이 그리고 묵상의 침묵 안에서 이해할 수 있는 영혼에게 말하는 하느님의 음성을 의미한다.[85] 영혼은 내적 영감에 귀 기울이고 그 영감을 열정과 의지로 표현하는 더 외면적인 영역이다.[86]

『독백록』은 『신학요강』처럼 시작하고 끝맺는다. 실제로 두 작품

---

81 참조: B. Garcia, 「Bonaventura da Bagnoregio」, in 『DFM I』, 323.
82 콰라키의 편집자들은 『독백록』의 집필 시기를 1257년으로 확정지었다. 하지만 자끄 귀 부제롤은 이 작품이 1259-1260년 사이에 집필되었다고 주장한다. 안토니오 블라수치는 그 시기를 1260년경으로 보아야 한다고 주장한다. 참조: A. Blasucci, 『La spiritualità di San Bonaventura』, 46; J. Freyer, 「Schede delle opere di san Bonaventura」, in 『DB』, 125.
83 참조: A. Blasucci, 『La spiritualità di San Bonaventura』, 46; B. Garcia, 「Bonaventura da Bagnoregio」, in 『DFM I』, 331.
84 참조: J. G. Bougerol 『Introduzione a S. Bonaventura』, 242.
85 참조: A. Blasucci 『La spiritualità di San Bonaventura』, 46.
86 참조: J. G. Bougerol, 『Introduzione a S. Bonaventura』, 242.

모두 동일하게 에페 3,14-19로 시작한다. 그리고 모두 성 안셀모의 『대어록(Proslogion)』의 한 구절로 끝맺고 있다.[87] 이 소품에서 보나벤투라는 영혼이 자신의 내적 실재, 외적 실재, 낮은 사물, 높은 실재를 관조하는 것에 대해 다루고 있다.[88] 안토니오 블라수치는 『독백록』의 각 장을 다음과 같이 요약하고 있다.

> 『독백록』은 4개의 장으로 구성되어 있다. 첫 번째 장에서는 어떻게 하느님의 모상으로 창조된 뒤 죄로 인해 훼손되고 은총으로 회복하게 되는지 보기 위하여 (그 자신의 내면에서) 영혼 그 자체를 보게 된다. 두 번째 장에서 영혼은 (외부에서) 외적인 것들에 시선을 두고, 그들 경험의 괴로움과 허영심을 보고, 하느님의 위로와 그에 다다르는 방법을 찾고자 노력한다. 세 번째 장에서는 필연적인 죽음의 필요성, 말로 표현할 수 없는 최후 심판의 공정성, 견딜 수 없는 지옥 형벌의 쓰라림에 대해 (낮은 곳에서) 바라본다. 네 번째 장에서는 지복의 기쁨을 (높은 곳에서) 바라본다. "낮은 곳, 외부, 내부, 높은 곳에서의 관상"에서 유래하는 천상의 열두 가지 기쁨.[89]

이렇듯 이 소품은 분명 영성문집 그 이상의 가치를 지니고 있다.[90]

---

87 참조: J. G. BOUGEROL, 『Introduzione a S. Bonaventura』, 242.
88 참조: J. FREYER, 「Schede delle opere di san Bonaventura」, in 『DB』, 125.
89 A. BLASUCCI, 『La spiritualità di San Bonaventura』, 46.
90 참조: J. G. BOUGEROL, 『Introduzione a S. Bonaventura』, 243.

이는 세 가지 길의 과정에 상응하는 묵상집인 것이다.[91]

1.2.3. 『생명의 나무』

"세 번째 작품은 그리스도의 신비를 중점적으로 묵상하는 『생명의 나무』이다."[92] 바뇨레조 성인의 이 소품은 영성 분야뿐만 아니라 문학과 음악 분야에도 많은 영향을 준 진정한 명작이다. 1260년경 집필되었으며 다음과 같은 다른 제목으로도 알려져 있다. 『십자가 나무(Arbor crucis)』, 『십자가 나무에 관한 소고(Tractatus de arbore crucis)』, 『생명 나무(Arbor vitae)』, 『몰약 주머니(Fasciculus myrrhae)』, 『주님 수난에 대한 관상(Contemplatio de passione Domini)』.[93]

이 작품의 제목 『생명의 나무』는 그 내용의 구조화에 기여한다. 생명의 나무라는 상징은 작품에 대한 아름다운 종합이다.[94] 보나벤투라는 육화하신 말씀의 세 가지 위대한 신비를 살펴보기 위하여 이 상징을 사용하였다.[95] 그러므로 『생명의 나무』는 예수의 세 가지 중요한 신비에 대응하는 세 가지 부분으로 나뉜다. a) 탄생의 신비(De mysterio originis), b) 수난의 신비(De mysterio passionis), c) 영광의 신비(De

---

91 참조: B. GARCIA, 「Bonaventura da Bagnoregio」, in 『DFM I』, 331-332.
92 Ivi, 302.
93 참조: A. BLASUCCI, 『La spiritualità di San Bonaventura』, 47; J. FREYER, 「Schede delle opere di san Bonaventura」, in 『DB』, 124.
94 참조: B. GARCIA, 「Bonaventura da Bagnoregio」, in 『DFM I』, 332.
95 참조: P. MARANESI, 「Opere di san Bonaventura」, in 『DB』, 100.

mysterio glorificationis).⁹⁶ "각 신비는 네 가지 꽃으로 나뉘고, 각 꽃은 네 가지 열매를 맺는다."⁹⁷ 따라서 이 작품은 그리스도의 생애에 관한 48개의 짧은 서술들을 담고 있다.⁹⁸

머리말에서 보나벤투라는 근원과 성장, 가지와 잎, 꽃과 "그 감미로움으로 영혼을 즐겁게 하고 그 효능으로 영혼을 강하게 만드는"⁹⁹ 열매를 묘사하고 있다. 그리고 무엇보다도 그 열매 중의 열매, 곧 마리아의 지극히 감미로운 열매인 예수를 맛보도록 초대한다.¹⁰⁰

이 소품의 핵심은 육화에서 십자가에 이르는 예수 그리스도 생애의 면면을 따라가며 가난과 겸손의 개념을 이해하는 데 있다. 그리고 주님을 본받음은 예수님께서 지상 생활 가운데 보여 주신 가난과 겸손의 정신과 조화를 이루는 이 소품을 이해하는 데 도움을 주는 또 다른 열쇠이다. 보나벤투라에게 가난하고 겸손하며 십자가에 못 박히신 예수 그리스도를 본받는다는 것은 사랑이라는 주제로 돌아가는 것이다.¹⁰¹

마지막 마흔여덟 번째 묵상에서 보나벤투라는 예수 그리스도를 갈망하는 목적이자, 그 목적에 도달하게 해 주는 중재자로 묘사하고 있다.

---

96 참조: 『Lign. vitae』 Prol., 6.
97 참조: J. G. BOUGEROL, 『Introduzione a S. Bonaventura』, 244.
98 참조: P. MARANESI, 「Opere di san Bonaventura」, in 『DB』, 100.
99 『Lign. vitae』 Prol., 5. "… quia sua multa suavitate delectant et virtuositate confortant animam …"
100 참조: 『Lign. vitae』 Prol., 2-5.
101 참조: B. GARCIA, 「Bonaventura da Bagnoregio」, in 『DFM I』, 333.

모든 갈망이 행복을 지향하고 있음은 사실이다. 행복이란 "모든 선이 동시에 존재하는 완전한 상태"이기 때문이다. 시간적이면서 영원하고, 육적이면서 영적이며, 자연적이면서 초자연적인 모든 선의 기반이며, 원천인 그분과 종국적 합일을 통하지 않고서는 그 누구도 이러한 상태에 도달하지 못한다. 그분은 당신 자신에 대해 나는 알파요 오메가며 시작이고 끝이라고 말씀하시는 분이다. 만물이 영원히 발설되는 말씀을 통해 생겨났음과 같이 만물은 사람이 되신 말씀을 통해 회복되고 진전되고 성취된다. 그러므로 그분이 예수라 불림은 참되고 올바르다.[102]

이 소품은 영성신학의 역사와 문화 분야, 특별히 14세기에 지대한 영향을 미쳤다. 카살레의 우베르티노는 이 소품에서 영감을 받아 1305년 라 베르나에서 『예수의 십자가 생명 나무(Arbor vitae crucifixae Iesu)』라는 그의 저서를 집필하였다. 그리고 14세기의 이탈리아 화가였던 타데오 가디(1310-1366) 또한 세라핌 박사의 『생명의 나무』에서 영감을 받아 피렌체의 산타 크로체 수도원의 옛 식당에 자신의 「생명의 나무(Albero della vita)」를 그렸다.[103]

---

102 『Lign. vitae』 fr. XII, 48. "Finem namque desideriorum omnium constat esse beatitudinem, quae est «status omnium bonorum congregatione perfectus». Ad quem statum nullus pervenit, nisi per ultimam resolutionem in eum qui est fons et origo bonorum, tam naturalium quam gratuitorum, tam corporalium quam spiritualium, tam temporalium quam aeternorum. Et hic est, qui de se ipso dicit: Ego sum alpha et omega, principium et finis; quia, sicut per Verbum aeternaliter dictum omnia producuntur, sic per Verbum carni unitum reparantur, promoventur et finiuntur; ac per hoc vere et proprie dictus est Iesus."

103 참조: J. G. Bougerol, 『Introduzione a S. Bonaventura』, 243-244.

1.2.4. 『아기 예수의 다섯 축일』

네 번째 소품은 『아기 예수의 다섯 축일』이다. 보나벤투라는 이 작품을 (콰라키의 편집자들에 따르면) 1257년 독백록을 완성한 다음 집필하였거나 또는 (J. G. 부제롤에 따르면) 1259-1260년 사이에 집필하였다.[104] 머리말에서 보나벤투라는 집필 시기를 회상하면서 이미 프란치스코회의 7대 총장으로 선출되었고, 성탄 시기를 맞아 거룩한 육화에 대해 묵상하던 때라고 밝히고 있다.[105]

이 소품은 신비주의적인 글이며, 그리스도 유년기의 신비에 대한 상징적이고 신비적인 설명문이다. 주님 탄생 예고, 주님 성탄, 주님 공현, 주님의 이름 그리고 마지막으로 주님 봉헌.[106] 보나벤투라는 이 소품의 다섯 장에 해당하는 다섯 가지 그리스도론적 신비에 관한 다양한 고찰을 통하여 영혼으로 하여금 주님을 향한 열망과 삶의 거룩한 동기를 불러일으키게 하는 윤리적이고 신앙적인 다섯 가지 권고를 제안하고 있다.[107]

"이 소품의 핵심 주제는 지극히 높으신 분의 권능과 성령의 은총으로 육화의 신비를 모든 사람 안에서 새롭게 되새기게 하는 것이다."[108] "기쁨, 단순성, 시, 순결, 생동하는 감정, 영이 지닌 음악성, 희

---

104 참조: A. Blasucci, 『La spiritualità di San Bonaventura』, 48; J. Freyer, 「Schede delle opere di san Bonaventura」, in 『DB』, 118.
105 참조: 『Quinque fest.』 Prol..
106 참조: J. G. Bougerol, 『Introduzione a S. Bonaventura』, 244.
107 참조: P. Maranesi, 「Opere di san Bonaventura」, in 『DB』, 101.
108 참조: B. Garcia, 「Bonaventura da Bagnoregio」, in 『DFM I』, 334.

망이라는 감미로운 신비는 보나벤투라의 이 아름다운 소품에 관심을 끄는 매력을 형성한다."[109]

1.2.5. 『미사 준비에 대한 소고』

"다섯 번째 소품인 『미사 준비에 대한 소고』는 오늘날 보나벤투라의 친저성이 확실치 않은 것으로 여겨지는 작품이다."[110] 비록 그렇더라도 보나벤투라는 1259-1260년 사이, 위대한 신비의 거행을 준비하는 데 도움을 주고자 사제를 대상으로 이 여덟 쪽 분량의 글을 집필하였다.[111]

이 소품은 두 장으로 구성되어 있다. 보나벤투라는 성찬례 거행의 합당한 준비가 이루어지도록 두 순간을 다루고 있다. 첫 번째와 두 번째는 연결되어 있다. 우선 모든 사제는 주의 깊게 여러 방법으로 자신의 양심을 성찰하여야 하고, 그런 다음 이러한 성찰에 감사드림으로써 완전하고 충만한 성사적 고해를 거행할 수 있다.[112]

『미사 준비에 대한 소고』에서 보나벤투라는 모든 사제가 언제나

---

109 M. Ciccarelli, 『S. Bonaventura maestro di vita spirituale』, Montecalvo Irpino (Avellino) 1974, 57.
110 B. Garcia, 「Bonaventura da Bagnoregio」, in 『DFM I』, 302. 몇몇 역사학자들이 이 작품의 친저성에 대해 의문을 제기한다. 필사가 이루어진 시기가 매우 늦은 후대이고, 친저성이 확실한 글들에서 사용된 것과는 다른 어조를 사용하고 있기 때문이다. 참조: J. G. Bougerol, 『Introduzione a S. Bonaventura』, 245.
111 참조: J. Freyer, 「Schede delle opere di san Bonaventura」, in 『DB』, 126; 『Praep. miss』, Prol..
112 참조: P. Maranesi, 「Opere di san Bonaventura」, in 『DB』, 99.

예수와 일치를 이루도록 권고하고 있다.[113] "이 소품은 모든 사제가 미사의 전체적인 준비를 하는 데 기여하는 작은 보석이자, 미사 거행 동안 깊이 이해하게끔 해 주는 효과적인 안내서이다."[114]

1.2.6. 『수녀들에게 보낸 완전한 삶』

『수녀들에게 보낸 완전한 삶』이라는 제목이 붙여진 여섯 번째 소품은 1260년 즈음에 쓰여 프랑스 국왕 성 루도비코의 자매였던 롱샴 수도원의 창립자이며 원장인 복녀 엘리사벳에게 헌정되었다.[115] "그리고 이 작품은 『세 가지 길』을 보충하는 작품으로 여길 수 있다."[116]

"보나벤투라는 머리말에서 수신인으로부터 영성 지침을 써달라고 요청받았음을 밝히고 있다."[117] 그는 수도 생활을 성령 도유의 열매인 거룩하고 흠 없이 깨끗한 주님의 법, 지혜로 여기고 있다. 그러므로 각 장은 지혜를 향한 여정을 서술하고 있다.[118] 여기서 우리는 이 소품의 성격이 분명하게 신비적임을 이해할 수 있다.[119] 이 소품의

---

113 참조: 『Praep. miss.』 I, 5.
114 A. BLASUCCI, 『La spiritualità di San Bonaventura』, 50.
115 참조: Ibidem.
116 B. GARCIA, 「Bonaventura da Bagnoregio」, in 『DFM I』, 303.
117 A. BLASUCCI, 『La spiritualità di San Bonaventura』, 50.
118 참조: B. GARCIA, 「Bonaventura da Bagnoregio」, in 『DFM I』, 335.
119 참조: A. BLASUCCI, 『La spiritualità di San Bonaventura』, 50.

여덟 장은 수도 생활이 어떠해야 하는지 설명하고 있다. 참된 자기인식, 참된 겸손, 완전한 가난, 침묵 또는 묵상, 기도에 관한 탐구, 그리스도의 수난에 관한 기억, 하느님을 향한 완전한 사랑, 항구한 인내.[120] 또한 이 소품은 『신학요강』과 『독백록』처럼 성 안셀모의 『대어록』의 구절을 인용하며 끝맺는다.[121]

"이 소품의 중심 주제는 그리스도를 갈망하고 그분과 일치를 이루는 것이다."[122] 보나벤투라는 이러한 주제를 실현하고자 각 장에서 그리스도교적이면서 프란치스칸적인 주요 덕들의 여정에 초석을 놓으려 노력한다. 덕들은 성 프란치스코와 성녀 클라라에게서 매순간 그 모범을 보여 주고 있다.[123]

이미 언급했듯이 이 소품의 궁극적인 목표는 영원한 혼인 잔치에 들어가는 것, 여정의 종말론적 성취이다. 곧 신비체험이 하느님을 직접 접하는 체험으로 변화되는 순간에 있다.[124] 이 소품은 보나벤투라 사상의 쪽무늬그림(모자이크)의 한 조각을 이룬다. 이곳에 담긴 주제들은 다른 작품들 안에서 분명하게 찾아볼 수 있는 것들이기 때문이다. 『수녀들에게 보낸 완전한 삶』은 영성 생활에 관한 이론을 재해석한 작품이다.[125]

---

120 참조: M. Ciccarelli, 『S. Bonaventura maestro di vita spirituale』, 61-62.
121 참조: J. G. Bougerol, 『Introduzione a S. Bonaventura』, 245.
122 B. Garcia, 「Bonaventura da Bagnoregio」, in 『DFM I』, 336.
123 참조: Ibidem.
124 참조: P. Maranesi, 「Opere di san Bonaventura」, in 『DB』, 99.
125 참조: B. Garcia, 「Bonaventura da Bagnoregio」, in 『DFM I』, 336.

1.2.7. 『영혼의 다스림』

열 가지 소품들 가운데 일곱 번째는 『영혼의 다스림』이라는 제목으로 불린다. 1264-1274년 사이 프랑스 국왕 루이 8세의 딸이었던 카스틸리아의 왕비 비앙카[126]를 위해 집필되었다.[127]

이 소품은 영성 생활에 관한 종합적인 입문서이며, 다른 작품들에서 언급된 주제들을 요약하는 매우 짧은 글이다.[128] 이 소품의 핵심은 보나벤투라에 의해 『신학요강』, 『삼위일체 신비에 관한 토론문제집』 그리고 『성령칠은에 관한 학술강연집(Collationes de septem donis Spiritus Sancti)』에서 이미 자주 언급된 주제들로 구성되어 있다는 점이다.[129] 지극히 높으시고, 자비로우시며, 거룩하신 하느님을 체험하는 것(sentire de Deo altissime, piisime, sanctissime).[130]

『영혼의 다스림』은 단 열 문단으로 구성된 짧은 소품이다.[131] 보나벤투라는 영혼의 다스림은 무엇보다도 지극히 높으시고, 자비로

---

126 참조: B. Garcia, 「Bonaventura da Bagnoregio」, in 『DFM I』, 336. 그렇지만 이 소품이 여덟 번째 문단의 "윤리적인 정직함과 규칙의 준수가 요구하는 대로 (iuxta quod moralis honestas et regularis observantia id exposcit)"라는 문장에서 암시하고 있듯이, 봉쇄 생활을 사는 한 사람에게 보내졌다고 가정할 수 있다. 그러므로 몇몇 비평가들은 왕비 비앙카를 위해 집필된 글이라는 가정을 부정하기도 한다.
127 참조: P. Maranesi, 「Opere di san Bonaventura」, in 『DB』, 91.
128 참조: B. Garcia, 「Bonaventura da Bagnoregio」, in 『DFM I』, 303, 336.
129 참조: J. G. Bougerol, 『Introduzione a S. Bonaventura』, 245.
130 참조: 『Brevil.』 I, 2; 『De donis』 III, 5; 『Myst. Trin.』 I, II, Conclu..
131 참조: P. Maranesi, 「Opere di san Bonaventura」, in 『DB』, 99.

우시며, 거룩하신 하느님에 대한 인식을 통해서 얻을 수 있다고 설명한다.[132] "이러한 인식은 겸손하고, 신실하며, 순결한 영혼과 구체적으로 일치할 수밖에 없다."[133] "과거의 죄로 인한 고통, 거룩한 은총에 대한 열망, 덕들의 실천은 영혼의 다스림과 십자가에 못 박히신 예수 그리스도께 자기 자신을 봉헌하도록 허락한다."[134]

보나벤투라의 수덕적 제안으로 볼 수 있는 이 소품은 두 가지 움직임으로 특징 지어진다. 상승과 하강이 그것이다.[135] 피에트로 마라네지는 이 두 움직임에 대해 다음과 같이 설명한다.

> 영혼은 지극히 높으시고, 자비로우시며, 거룩하신 분으로 느껴야 하는 하느님께 관한 세 가지 고찰을 통해 그분께로 신비적으로 상승할 때 비로소 영혼을 다스릴 수 있다. 겸손하고, 신실하며, 순결한 마음을 갖고자 하강하는 움직임이 있을 때에만 그것이 가능하다.[136]

1.2.8. 『세라핌 천사의 여섯 날개』

여덟 번째 소품 『세라핌 천사의 여섯 날개』[137]는 장상들을 수신

---

132 참조: J. G. Bougerol, 『Introduzione a S. Bonaventura』, 245-246.
133 A. Blasucci, 「La spiritualità di San Bonaventura」, 52.
134 J. G. Bougerol, 『Introduzione a S. Bonaventura』, 246.
135 참조: P. Maranesi, 「Opere di san Bonaventura」, in 『DB』, 99.
136 Ibidem.
137 이 소품은 현대적인 비평에서 친저성이 부정되고 있다. 저자로 여기기 시작한 시기가 매우 늦다. 보나벤투라가 시성되던 시기(1475-1482)이다. 어조는 성 보

인으로 쓰였다.[138] 이 소품의 주요 목적은 장상들에게 다른 형제들을 위해 자신의 직무를 효과적으로 수행하도록 여섯 가지 태도 또는 여섯 가지 덕을 제시하는 데 있다. 정의에 대한 열정, 자애, 인내, 삶의 모범성, 식별력, 하느님을 향한 믿음.[139] 이 소품은 이상적인 장상에 대한 참된 안내서이다.[140]

1.2.9. 『주님 수난 성무일도』

"이제 소품집 가운데 프란치스칸 영혼에게 아주 소중한 작품이 나온다. 『주님 수난 성무일도』."[141] 보나벤투라는 1242년과 1247년 사이에 프랑스 국왕 성 루도비코를 위하여[142] 이 소품을 집필하였다.[143]

보나벤투라는 짧은 소품에서 독서기도, 아침기도, 낮기도, 저녁기도, 끝기도로 구성된 성무일도를, 곧 하나의 완전한 전례 기도문을

나벤투라가 사용한 것과는 달리 다소 거친 편이다. 참조: B. Garcia, 「Bonaventura da Bagnoregio」, in 『DFM I』, 303.

138 참조: A. Blasucci, 『La spiritualità di San Bonaventura』, 52.
139 참조: P. Maranesi, 「Opere di san Bonaventura」, in 『DB』, 100.
140 참조: A. Blasucci, 『La spiritualità di San Bonaventura』, 53.
141 Ibidem.
142 참조: B. A Bessa, 「Chronica XXIV Generalium Ordinis Minorum」, in 『AF』, 3 (1897), 331. "총장인 보나벤투라 형제는 프랑스 국왕 성 루도비코와 주님의 요청으로 십자가에 관한 매우 신심 깊은 성무일도를 지었다(Hic Generalis frater Bonaventura ad instantiam domini et sancti Ludovici, regis Franciae, Officium devotissimum de cruce composuit)."
143 참조: J. Freyer, 「Schede delle opere di san Bonaventura」, in 『DB』, 125.

제시하고 있다.[144] "이 소품은 전체 13장으로 구성되어 있다."[145] 중심 주제는 예수 그리스도의 수난이다.[146] "『주님 수난 성무일도』에서 육화하신 말씀에 대한 신심은 주님 죽음의 신비를 기도하며 묵상하는 시편 전례로 변화하고 있다."[147]

1.2.10. 『신비의 포도나무』

마지막 신비 소품은 『신비의 포도나무』라는 제목의 작품이다. 이 작품의 제목은 요한복음에 나오는 그리스도의 말씀에서 따온 것이다. "나는 참포도나무다."(요한 15,1) 보나벤투라의 작품으로 보기에는 다소 의심스러운 점이 있어 불확실하다. 하지만 보나벤투라를 저자로 확인시켜 주는 흔적들이 많이 있음을 기억해야 한다.[148]

우리는 이 소품을 통해 다시 한번 수난이라는 주제 안에 머물게 된다. 이러한 점은 부제에서 볼 수 있다. 『주님 수난에 관한 소고(Tractatus de Passione Domini)』.[149] 이처럼 제목에 이 소품의 성격이 반영되고 있다.[150] 『신비의 포도나무』는 일반 대중을 대상으로 삼아 쓰였고, 십자가에 못 박히신 예수 그리스도와 신비적 일치에 대한 열망

---

144 참조: P. Maranesi, 「Opere di san Bonaventura」, in 『DB』, 101.
145 A. Blasucci, 『La spiritualità di San Bonaventura』, 54.
146 참조: J. Freyer, 「Schede delle opere di san Bonaventura」, in 『DB』, 125.
147 P. Maranesi, 「Opere di san Bonaventura」, in 『DB』, 101.
148 참조: 『LF III』, 113.
149 참조: A. Blasucci, 『La spiritualità di San Bonaventura』, 54.
150 참조: Ivi, 55.

을 영혼들에게 불러일으켰다.[151]

이 소품은 네 부분으로 나눌 수 있는 짧은 머리말과 24개의 장으로 구성되어 있다. a) 외부에서 바라본 포도나무(1-4), b) 내부에서 바라본 포도나무(5-14), c) 포도나무에서 피어난 꽃인 장미와 일곱 피 흘림으로 살펴본 그리스도 생애의 순간들(15-23), d) 끝맺는 장 (24).[152]

우선 보나벤투라는 우리에게 구원, 곧 우리 주 예수 그리스도를 전해 주는 천상 포도나무의 특성을 알게 하려고 첫 네 장에서 포도나무의 특성과 재배 방법을 서술한다.[153] "그런 다음 보나벤투라는 그리스도와 포도나무 사이에서 보이는 세 가지 유사점에 대한 설명으로 넘어간다."[154]

첫 번째 유사점은 그리스도의 몸을 의미하는 포도나무의 줄기에 있다. 우리는 첫 번째 유사점을 통해 우리의 참포도나무이신 우리 주 예수 그리스도를 더욱더 정확하게, 더욱더 면밀하게 관조할 수 있다.[155] 두 번째 유사점은 십자가 위에서 예수의 일곱 말씀[156]을 나타

---

151 참조: M. Ciccarelli, 『S. Bonaventura maestro di vita spirituale』, 68.
152 참조: 『LF III』, 116.
153 참조: 『Vit. myst.』 I, 1.
154 참조: 『LF III』, 118.
155 참조: 『Vit. myst.』 V, 1.
156 보나벤투라는 십자가 위에서 하신 예수의 일곱 말씀을 다음 순서에 따라 기록하고 있다. "아버지, 저들을 용서해 주십시오. 저들은 자기들이 무슨 일을 하는지 모릅니다."(루카 23,34) "내가 진실로 너에게 말한다. 너는 오늘 나와 함께 낙원에 있을 것이다."(루카 23,43) "여인이시여, 이 사람이 어머니의 아들입니다. 이분이 네 어머니시다."(요한 19,26-27) "엘리 엘리 레마 사박타니?"(마태 27,46) "목마르다."(요한 19,28) "다 이루어졌다."(요한 19,30) "아버지, '제 영을 아버지 손에 맡깁니다.'"(루카 23,46).

내는 일곱 잎들에 있다. "늘 푸른 일곱 잎새 같은 일곱 마디 말씀이 십자가에 높이 달리신 우리의 포도나무로부터 나왔다."[157] 이 여정을 통해 십자가의 고통은 인간을 향한 예수의 사랑과 연결된다. 이 고통은 사랑을 계시한다.[158] 세 번째이자 마지막 유사점은 모두 장미에 집중되어 있다. 불타는 듯 붉은 장미는 십자가에 못 박히신 예수 그리스도 수난의 피와 사랑의 불꽃을 상징한다.[159]

이러한 세 가지 유사점 다음에 보나벤투라는 그리스도 생애에서 일곱 순간의 의미를 일곱 피 흘림으로 설명한다. 이 부분에서 우리는 보나벤투라의 고통스럽고, 열정적이며, 애정이 어린 그리스도 중심주의를 발견할 수 있다.[160] "이러한 모든 관조는 '믿음의 벌꿀(miele della devozione)'에 다다르는 것을 목표로 삼는다."[161] 보나벤투라는 마지막 장에서 결정적으로 예수 그리스도의 수난과 사랑에 대해 묵상하도록 권고하고 초대한다.[162] "이 소품 전체가 영적인 그리스도 중심주의를 보증하고 있다."[163] 단순히 말해 이 소품은 신비신학 작품이라 평할 수 있다.[164]

---

157 『Vit. myst.』 VII, 1. "Septem sunt uerba, quae quasi septem folia semper uirentia uitis nostra, cum in cruce eleuata fuit, emisit."
158 참조: 『Vit. myst.』 XI, 3.
159 참조: 『Vit. myst.』 XV, 1.
160 참조: 『LF III』, 120.
161 P. Maranesi, 「Opere di san Bonaventura」, in 『DB』, 101.
162 참조: 『Vit. myst.』 XXIV, 3.
163 A. Blasucci, 『La spiritualità di San Bonaventura』, 56.
164 참조: 『LF III』, 114.

1.3. 『육일간의 창조에 관한 학술강연집』

이제 보나벤투라의 학술강연집(Collationes)으로 그의 신비 작품들에 대한 소개를 마무리짓고자 한다. 학술강연(Collatio)은 1231년 도미니칸인 작센의 복자 조르다노가 주일과 축일을 위해 대학 체계 안에 소개한 수도원 전통이다.[165] "보나벤투라는 아베로에스주의(l'aristotelismo averroista)가 출현하자, 그에 대항하여 깊이 있게 논쟁하기로 결정하고 파리에서 연속하여 세 번의 학술강연을 열었다."[166]

우리는 연속되는 학술강연집 가운데 세 번째이자 마지막 학술강연집에 멈추고자 한다. 이 학술강연집이 지닌 신비신학적인 성격 때문이다.[167] 『육일간의 창조에 관한 학술강연집』은 보나벤투라가 세상을 떠나기 1년 전 즈음인 1273년에 강연한 것을 기록한 것이다.[168] "때 이른 그의 죽음으로 인해 『육일간의 창조에 관한 학술강연집』은 오직 정신과 마음을 유일한 지혜의 스승인 예수 그리스도의 사랑에 대한 인식으로 이끄는 데에만 관심을 두었던 한 신학자의 유언이 되었다."[169] 『육일간의 창조에 관한 학술강연집』은 의심할 여지 없이 역사적, 철학적, 호교적, 신학적 그리고 신비적인 가치를 지닌 참으

---

165 참조: C. M. CULLEN, 『Bonaventure』, 17-18.
166 A. BLASUCCI, 『La spiritualità di San Bonaventura』, 57.
167 참조: Ibidem. 이러한 세 연속물은 『십계명에 관한 학술강연집(Collationes de decem praeceptis)』, 『성령칠은에 관한 학술강연집』, 『육일간의 창조에 관한 학술강연집』을 말한다.
168 참조: R. GUARDINI, 『Bonaventura』, 348-349.
169 J. G. BOUGEROL, 『Introduzione a S. Bonaventura』, 232.

로 기념비적인 작품이다.[170]

> 사실 23개의 강연에서 보나벤투라가 인간 역사 전체의 이상적인 역동성을 관조하는 성경적 계시로부터 모든 것을 바라봄으로써 개인적, 교회적, 신적 차원 안에서 가장 완전한 그리스도교 이상과의 관계 안에서 더욱 넓고 깊은 철학적이고 신학적인 지식을 얻게 된다.[171]

또한 세라핌 박사는 『하느님께 나아가는 정신의 여정』과 다른 작품들에서처럼, 이 학술강연집에서도 우리의 길과 진리와 생명이 된 하느님 말씀과의 친밀한 일치를 목표로 한, 진리를 추구하는 여정에서 안내자이자 동반자가 되고 있다.

이 학술강연집은 23장까지 집필되었는데, 신비신학에 손실을 남긴 채 애석하게도 미완으로 남겨졌다.[172] 첫 세 강연은 주제를 소개하는 데 할애되었다. 여기서 보나벤투라는 근본적인 목적에 관해 설명한다. 진리의 완전한 인식을 향한 여정의 성취와 그에 따른 지혜에 관한 충만한 체험.[173]

보나벤투라는 첫 세 강연에서 지혜를 향한 여정의 예수 그리스

---

170 참조: B. DE ARMELLADA, 「Introduzione」, in 『Sermoni teologici/1, Opere di San Bonaventura, VI/1』, Roma 1994, 7.
171 B. DE ARMELLADA, 「Introduzione」, in 『Sermoni teologici/1, Opere di San Bonaventura, VI/1』, 15.
172 참조: M. CICCARELLI, 『S. Bonaventura maestro di vita spirituale』, 37.
173 참조: B. DE ARMELLADA, 「Introduzione」, in 『Sermoni teologici/1, Opere di San Bonaventura, VI/1』, 17.

도 중심성을 설명하고 있다. 이 지혜는 모든 것의 중심인 그리스도이다. 특별히 보나벤투라는 강연 III에서 지성이 세 가지 말씀을 인식하도록 우리에게 주어졌음에 주의를 기울이고 있다. 창조되지 않은 말씀, 육화하신 말씀, 영으로 충만한 말씀.[174]

이어서 강연 IV부터 보나벤투라는 뒤에 더욱 높은 지혜로 이끄는 창조의 날들에 상응하는 일곱 가지 전망 또는 조명의 체계적인 발전으로 나아가고 있다.[175]

> 첫 번째 전망(IV-VIII)은 타고난 지성이며 철학자들의 숙고의 대상, 지식을 이해하게 해 준다. 두 번째(IX-XII)는 이성을 초월하는 신앙에 의해 밝혀지는 지성이다. 세 번째(XIII-XIX)는 분산된 모든 호기심을 제거하는 성경의 넘쳐 흐르는 풍요로움에서 배우는 지성이다. 네 번째(XX-XXIII)는 관상에 잠긴 지성 고유의 것이다. 이들은 예언에 의해 조명되는 지성 고유의 것인 다섯 번째 전망을 따라야 한다. 여섯 번째는 하느님 안에서 기쁨에 사로잡힌 지성이다. 그리고 일곱 번째는 영광 안에서 변화되는 지성이다.[176]

하지만 네 번째 전망 이후, 보나벤투라는 1273년 5월 23일 교황 그레고리오 10세에 의해 추기경에 임명되어 남은 세 가지에 관해 설

---

174 참조: A. Blasucci, 『La spiritualità di San Bonaventura』, 58.
175 참조: P. Maranesi, 「Opere di san Bonaventura」, in 『DB』, 97.
176 M. Ciccarelli, 『S. Bonaventura maestro di vita spirituale』, 43.

명할 수 없었다.[177]

프란치스칸 박사에 따르면, 다양한 지적 전망은 지성이 자신의 완전함을 향해 성장해 가는 인식의 과정들이다. 철학에 의해 제공된 인식 과정은 그 과정에서 추구하는 대상과 신비적 만남에 이를 때까지 신학 안에서 행해지고 완성되어야 한다.[178] 지성의 충만함, 곧 그리스도의 지혜에 이르기를 바라는 사람은 모든 것의 중심인 그리스도에서부터 시작하여야 한다. 왜냐하면 예수 그리스도가 하느님과 인간 사이의 유일한 중개자이기 때문이다.[179] 따라서 모든 사람은 진리 안에서 걸어가고 성부의 집으로 돌아가게끔 진리의 빛인 그리스도에 의해 조명되어야 한다.[180] 세라핌 박사는 이렇게 『육일간의 창조에 관한 학술강연집』, 특히 강연 III에서 자신의 신비주의 주요 요소를 정확하게 짚어주고 있다. 육화하신 말씀 중심주의(verbocentrismo incarnazionistico) 또는 그리스도 중심주의.[181]

2. 보나벤투라 신비신학의 특징들

보나벤투라의 신비작품들을 살펴보면서 우리는 이 작품들 안에서 주요한 신비신학적 주제들을 발견하였다. 그리스도 중심성, 그리

---

177 참조: J. G. BOUGEROL, 「Introduzione a S. Bonaventura」, 236.
178 참조: P. MARANESI, 「Opere di san Bonaventura」, in 『DB』, 97.
179 참조: 『Hex.』 I, 10; M. CICCARELLI, 『S. Bonaventura maestro di vita spirituale』, 40-41.
180 참조: 『Hex.』 I, 17.
181 참조: B. DE ARMELLADA, 「Introduzione」, in 『Sermoni teologici/1, Opere di San Bonaventura, VI/1』, 20.

스도의 중재, 그리스도의 사랑, 그리스도의 육화, 십자가에 못 박히신 그리스도의 수난, 여러 덕, 참지혜의 절정을 향한, 또는 하느님과 완전한 일치를 향한 영적 여정 또는 신비-수덕적 길들. 이러한 주제들은 보나벤투라 신학이 지니는 신비신학적 특징들로 발전하였다. 영성적 그리스도 중심주의, 십자가 신비주의, 신비주의의 삼중 구조. 각각의 특징은 개별적으로 분석할 것이다.

2.1. 그리스도 중심주의와 세 가지 말씀(Triplex Verbum)

그리스도 중심성은 보나벤투라의 신비신학뿐만 아니라 그의 신학 전체를 관통하는 핵심이다. 비록 몇몇 학자들 사이의 견해 차이에도 불구하고 누구도 이에 대해서 부정하지 않는다.[182] "보나벤투라의 신학 사상을 따르는 학자들은 예수 그리스도가 그리스도교의 체험과 세라핌 박사의 신학적 고찰의 핵심을 구성하고 있다는 데 거의 만장일치로 동의한다."[183] 보나벤투라의 세계는 완전히 그리스도 중심적인 전망 안에서만 이해 가능한 것처럼 보인다.[184] 보나벤투라의 이러한 그리스도 중심주의는 무엇보다도 그의 라 베르나 신비체험에 바탕을 두고 있다.[185] 이렇게 보나벤투라는 신학 안에서 자신의 형

---

182 이에 대해서는 F. Ciampanelli, 『Hominem reducere ad Deum: la funzione mediatrice del Verbo incarnato nella teologia di san Bonaventura』, Roma 2010, 13-32을 보라.
183 G. Iammarrone, 『La cristologia francescana. Impulsi per il presente』, Padova 1997, 145.
184 참조: Ivi, 19.
185 참조: 『Itin.』 Prol., 3.

이상학, 모형론과 조명설을 활용하여 그리스도의 물리적이고 형이상학적인 중심성을 발전시켰다.[186]

보나벤투라는 『육일간의 창조에 관한 학술강연집』에서 그리스도교적 지식의 근원, 곧 예수 그리스도를 분명하고 명료하게 설명하고 있다. 그는 그리스도 안에 지혜와 지식의 모든 보화가 감추어져 있으므로 그리스도가 모든 지식의 중심이라고 선언하였다. 세라핌 박사는 그리스도 중심성을, 특히 강연 I에서 강조하고 있다. 이 작품은 그의 사상 전체에 대한 청사진과 같다.[187]

> 따라서 우리의 목적은 그리스도 안에 지혜와 지식의 모든 보화가 숨겨져 있고 그분이 모든 지식의 중심이라는 것을 보여 주는 데 있다. 또한 그분은 일곱 가지 형태의 중심, 곧 본질, 자연, 거리, 지식, 중용, 판단, 조화의 중심이다. 첫 번째 중심은 형이상학자의 고찰과 연관되며, 두 번째는 물리학자, 세 번째는 수학자, 네 번째는 논리학자, 다섯 번째는 윤리학자, 여섯 번째는 정치가 또는 법률가, 일곱 번째는 신학자의 고찰과 연관된다. 첫 번째 중심은 영원한 근원을 위한 제일원리이고, 두 번째는 실제적인 확산을 위한 능력, 세 번째는 중심점을 위한 밑변, 네 번째는 논리적인 증명을 위한 명석함, 다섯 번째는 윤리적인 선택을 위한 기초, 여섯 번째는 판단의 보상을 위한 탁월함, 일

---

186 참조: 『Hex.』 I, 17; A. Pompei, 「La centralità di Cristo」, in 『Lettura critica di San Bonaventura』, 52.

187 참조: I. Delio, 『Simply Bonaventure』, 29.

곱 번째는 포괄적인 화합을 위한 평온함이다. 그리스도는 영원한 생산을 통해 첫 번째 중심이 되고, 육화를 통해 두 번째, 수난을 통해 세 번째, 부활을 통해 네 번째, 승천을 통해 다섯 번째, 미래에 있을 심판을 통해 여섯 번째, 영원한 벌 혹은 지복을 통해 일곱 번째 중심이 된다.[188]

에버트 커진스는 삼위일체와 그리스도가 보나벤투라 신학의 주요한 두 기둥을 이룬다고 주장한다. 그리스도는 삼위일체 없이 존재할 수 없고, 삼위일체 또한 그리스도 없이는 존재할 수 없기 때문이다.[189] 보나벤투라의 사상에서 성부와 성자의 관계가 다른 관계들의 기초이다. 이러한 관계에 대한 인식은 우리에게 창조에 대해 그리고 창조 안에서 예수 그리스도의 중심성에 대해 더 깊이 이해하도록 허락한다. 보나벤투라에게 성부는 성 빅토르의 리카르도와 마찬가지

---

188 『Hex.』 I, 11. "Propositum igitur nostrum est ostendere, quod in Christo sunt omnes thesauri sapientiae et scientiae Dei absconditi, et ipse est medium omnium scientiarum. Est autem septiforme medium, scilicet essentiae, naturae, distantiae, doctrinae, modestiae, iustitiae, concordiae. Primum est de consideratione metaphysici, secundum physici, tertium mathematici, quartum logici, quintum ethici, sextum politici seu iuristarum, septimum theologi. – Primum medium est aeternali origine primarium; secundum virtuali diffusione pervalidum; tertium centrali positione profundum; quartum rationali manifestatione praeclarum; quintum morali electione praecipuum; sextum iudiciali compensatione praecelsum; septimum universali conciliatione pacatum. – Primum medium Christus fuit in aeterna generatione; secundum in incarnatione; tertium in passione; quartum in resurrectione; quintum in ascensione; sextum in futuro examine; septimum in sempiterna retributione sive beatificatione."

189 참조: E. Cousins, 「The Two Poles of Bonaventure's Thought」, in 『S. Bonaventura 1274-1974』, IV, Grottaferrata 1973, 153-176.

로 자기 자신을 발산하는 최고선이며,[190] 성자는 성부의 선한 본성에 의해(per modum naturae) 낳음 받은 존재이다. 반면, 성령은 성부의 의지에 의해(per modum voluntatis) 생겨난 존재이다. 보나벤투라는 삼위일체의 두 번째 위격을 설명하고자 "모상(immagine)"이라는 호칭을 사용하는데, 이는 성자가 성부의 모상 또는 모방이기 때문이다.[191]

하지만 보나벤투라는 "모상"보다는 "말씀(Verbo)"이라는 호칭을 더 선호하는데, 이 호칭이 성부, 피조물, 인간 그리고 성경과의 관계 모두를 아우르기 때문이다.[192] 성자는 성부를 표현하는 성부의 말씀(Verbum Patris)이다. 다시 말해 성부에 관한 모든 관념이 말씀, 곧 성자 안에서 표현된다는 것이다.[193] 보나벤투라는 이러한 이유로 말씀을 성부에 관한 예술작품이라고 말한다.[194] 보나벤투라에 따르면, 모든 가능성과 세계가 이 신적 말씀 안에 존재한다.[195] 그러므로 성자는 성부의 참되고 완전한 표현이다.[196] 말씀으로서 성자는 삼위일체의 세 위격과 창조 안에서 절대적인 중심이며 중개자이다.[197] 보나벤투라는 우리가 여섯째 날 창조된 인간을 이해할 수 있고 영원한 하느님의 아들, 곧 예수 그리

---

190 참조:『Itin.』VI, 2. "… summum igitur bonum summe diffuusivum est sui."
191 참조: I. Delio,『Simply Bonaventure』, 45-46.48.
192 재커리 헤이즈는 삼위일체 두 번째 위격의 호칭에 대한 좋은 논의를 제공하고 있다. Z. Hayes,「Introduction」, in『Disputed Questions on the Mystery of the Trinity, Works of Saint Bonaventure, III』, NY 1979, 48-53을 보라.
193 참조: I. Delio,『Simply Bonaventure』, 46.
194 참조:『Hex.』I, 13.16.
195 참조: I. Delio,『Simply Bonaventure』, 47.
196 참조:『Hex.』I, 16.
197 참조:『Red. art.』23.

스도를 통해서 완전한 조명에 이를 수 있다고 설명한다.[198] 이것이 보나벤투라 신비신학의 최종 목표이자, 궁극의 종착점이다.

보나벤투라는 신비 여정을 완수하고자 『육일간의 창조』에서 관상의 주요 요소로 세 가지 말씀을 설명하고 있다.[199]

> 그러므로 관상의 주요 요소는 세 가지 인식(세 가지 오성), 곧 만물을 생산하는 창조되지 않은 말씀에 대한 인식, 만물을 회복하는 육화하신 말씀에 대한 이해 그리고 만물을 계시하는 영으로 충만한 말씀에 대한 이해이다.[200]

프란치스칸 박사의 생애 마지막 작품에서 근본적인 그리스도 중심주의가 도달하게 되는 지점을 구성하게 될 그리스도론적 삼부작, 곧 **세 가지 말씀**의 활용을 통해서 신학적 성장을 확인할 수 있다. 이 작품의 강연 III에서 **"세 가지 말씀"**, 곧 창조되지 않은 말씀, 육화하신 말씀, 영으로 충만한 말씀 안에서 종합되는 그리스도 중심주의라는 보나벤투라의 특징에 다다르게 된다.[201]

2.1.1. 창조되지 않은 말씀(Verbum increatum)

---

198 참조: 『Itin.』 VI, 7.
199 참조: P. Maranesi, 「Verbum (Jesus Christus)」, in 『DB』, 841.
200 『Hex.』 III, 2. "Clavis ergo contemplationis est intellectus triplex, scilicet intellectus Verbi increate, per quod omnia producuntur; intellectus Verbi incarnate, per quod omnia reparantur; intellectus Verbi inspirati, per quod omnia revelantur."
201 참조: P. Maranesi, 「Verbum (Jesus Christus)」, in 『DB』, 841.844.

창조되지 않은 말씀은 만물을 생산하는(per quod omnia producuntur) 말씀이다.[202] 창조되지 않은 말씀은 사물의 신비를 그 근원 안에서, 곧 하느님과 창조 관계 안에서 이해할 수 있는 지적 활동을 수행하는 데 주요 요소이다.[203] 창조되지 않은 말씀은 만물을 끝없이 표현하는 영원한 전형典型이다. 그는 성부가 세계에 도달하게 되는 신적 원리이다. 성부의 모든 자기 통교는 말씀을 통해서 이루어져야만 한다. 따라서 그는 만물의 존재 근원에 자리하며, 그 결과 모든 인식의 근원으로 자리한다.[204] 이렇게 창조되지 않은 말씀을 인식한다는 것은 성부-말씀-사물 사이에 존재하는 관계의 신비 핵심에 도달함을 의미한다.[205]

우리는 말씀과 창조의 관계 그리고 피조물과 창조주의 관계 안에서 성부와 피조물과 관련하여, 말씀이 지닌 이중적인 역할을 구별할 수 있다. 하나는 성부의 모상이라는 것이고, 다른 하나는 피조물의 전형이라는 것이다(콜로 1,15-16 참조). 보나벤투라는 창조되지 않은 말씀을 통해 성자가 지닌 이중적인 관계의 단일성을 설명한다.[206] 창조되지 않은 말씀인 예수 그리스도는 삼위일체의 매개자媒介者이

---

202 참조: 『Hex.』 III, 2.
203 참조: P. Maranesi, 『Verbum Inspiratum. Chiave Ermeneutica dell'Hexaëmeron di San Bonaventura』, Roma 1996, 133.
204 참조: Z. Hayes, 『The Hidden Center』, 206.
205 참조: P. Maranesi, 『Verbum Inspiratum』, 134.
206 참조: A. Nguyen Van Si, 『Seguire e imitare Cristo secondo san Bonaventura』, Milano 1995, 67-68.

다.²⁰⁷ 그렇기에 창조되지 않은 말씀인 성자는 성부의 영원한 모형模形이고, 한계를 지닌 실재의 근원이며, 원천이 된다.²⁰⁸

창조되지 않은 말씀의 이러한 원형성을 통하여 인간은 자신의 신비 여정에서 순례하는 인간(homo viator)으로 변화된다.²⁰⁹ "오직 성자만이 그 본질상, 하느님의 완전한 모상(Immagine)이며, 유비(Somiglianza)이다. 반면, 인간은 하느님의 모상(immagine)으로 존재한다."²¹⁰ 인간은 하느님 모상의 모상이며, 완전한 복제(Copia)의 복제(copia)이다. 그리고 인간은 하느님의 모상으로 창조되었기에 분명 모방의 속성을 지니고 있다. 모방은 거룩한 은총이다. 이 은총은 모든 모방의 직접적인 목적인 영원한 말씀에 인간이 완전히 일치를 이루는 가운데 그 충만함에 다다르게 된다.²¹¹

2.1.2. 육화하신 말씀(Verbum incarnatum)

앞서 설명하였듯이 인간은 하느님의 모상으로 창조되었고, 자신의 전 존재를 다하여, 특히 영적인 능력을 다하여 자신의 원형인 창조되지 않은 말씀과 일치를 이루고자 하는 경향을 지니고 있다. 그러나 이러한 태초의 거룩함은 더는 존재하지 않는다. 인간은 타락하

---

207 참조: I. Delio, 『Crucified Love. Bonaventure's Mysticism of the Crucified Christ』, Chiago, IL 1997, 112.
208 참조: 『Apol. paup.』 II, 12; I. Delio, 『Crucified Love』, 69.
209 참조: A. Nguyen Van Si, 『Seguire e imitare Cristo secondo san Bonaventura』, 91.
210 Ivi, 90.
211 참조: Ivi, 92.

였고, 모상은 죄로 인해 얼룩져버렸다. 영혼은 자신의 창조주 모상(imago creationis)을 잃어버렸다. 그러므로 인간은 죄의 방해를 제거하고, 자신의 '하느님을 향한 여정'을 다시 시작하면서 완수할 수 있도록 복원의 은총이 필요하다.[212]

이 시점에서 말씀의 두 번째 의미, 만물을 회복시키는(per quod omnia reparantur) 육화하신 말씀이 필요하다.[213] "이 두 번째 의미의 본질적인 핵심은 요한복음에서 선포된 진리 안에 담겨 있고, 보나벤투라가 육화하신 말씀의 역할에 관해 설명하기 시작하면서 알려지게 되었다."[214] "요한복음 1장에서 **말씀이 사람이 되시어 우리 가운데 사셨다**고 말하는, 한 위격 안에서 두 본성이 나타나는, 하느님의 그 말씀이다."[215] 육화하신 말씀은 만물을 회복시키는 새 창조의 실현이다.[216]

우리가 잘 알고 있듯이 육화하신 말씀은 성자 예수 그리스도의 육화 신비를 의미한다. 죄짓기 이전, 인간은 외적인 사물을 보는 육적인 눈뿐만 아니라 완전하고 지혜로운 조명에 대한 관상의 눈 또한 가지고 있었다. 하지만 죄를 지은 다음 상황이 완전히 바뀌었는데, 관상의 눈이 더는 움직이지 않게 되어 완전하고 지혜로운 조명을 잃

---

212 참조: A. NGUYEN VAN SI, 『Seguire e imitare Cristo secondo san Bonaventura』, 93.
213 참조: 『Hex.』 III, 2.
214 P. MARANESI, 『Verbum Inspiratum』, 135.
215 『Hex.』 III, 10. "Verbum Dei, de quo Ioannis primo: Verbum caro factum est et habitavit in nobis, ubi ostendit duas naturas in una persona."
216 참조: P. MARANESI, 『Verbum Inspiratum』, 135.

어버렸기 때문이다.[217] 죄짓기 이전의 은총의 상태로 되돌아가는 것은 오직 육화하신 말씀인 예수 그리스도를 통해서만 가능하다.[218] "그는 완전히 무너져버린 천상과 지상의 위계를 바로 세웠다."[219]

육화하신 말씀으로서 성자는 삼위일체와 창조 사이를 중개하며 창조의 중심이 된다. 그러므로 육화하신 말씀은 하느님과 창조 사이에서 형이상학적 중심을 이룬다.[220] 그리고 또한 성자는 육화하신 말씀으로서 창조된 세계 안에서 성부의 완전한 표현이기도 하다.[221] 말씀이 육화하심으로써 하느님은 영과 육으로 표현된다. 무엇보다도 예수의 육화는 세상 안에서 하느님의 무한한 권능과 지혜와 선하심을 완벽하게 나타내 보여 주고 그것을 완성시킬 수 있기 때문이다.[222] 따라서 보나벤투라는 육화하신 말씀을 통해 하느님의 지혜와

---

217 참조: C. V. Pospíšil, 『La salvezza dell'uomo e la teologia della croce di Bonaventura da Bagnoregio』, Udine 2010, 158-159.
218 참조: 『Brevil.』 IV, 1.
219 『Hex.』 III, 12. "Iste reparavit hierarchiam caelestem et subcelestem, quae tota corruerat."
220 참조: I. Delio, 『Crucified Love』, 35.
221 참조: Ivi, 37.
222 육화의 동기들에 대한 종합은 F. S. Pancheri, 『The Universal Primacy of Christ, Front Royal』, VA 1984, 19-20; I. Delio, 『Simply Bonaventure』, 90; Z. Hayes, 『The Hidden Center』, 172-173을 보라. 보나벤투라에게 육화의 동기들은 다음과 같다. 1) 하느님의 무한한 권능과 지혜와 선은 자신을 완전하게 드러낸다. 2) 시작과 마침이 하나 되어야 하므로, 우주가 완전하게끔 하느님의 말씀이 인간과 하나 되는 것은 올바르다. 3) 하느님 안에는 하나의 본성 안에 세 신적 위격이 존재한다. 그러므로 하나 이상의 본성 안에 한 신적 위격이 존재하는 것 역시 올바르다. 4) 하느님은 무한한 포상자이다. 그러므로 그가 자신의 모든 본성에 따라 축복받은 인간을 만들어야 하는 것은 올바르다. 5) 인간 죄의 약점을 극복하려면 중개자로서 한 하느님-인간을 둘 필요가 있다.

참된 빛이 계시되고 타락한 인류가 하느님 안에서 참된 모상으로 회복된다고 주장한다.[223]

인간의 원상태로 되돌아가고자 하는 거룩한 원의는 그 본성 안에 심어져 있다.[224] 이러한 근원으로 되돌아감은 오직 육화하신 말씀, 예수 그리스도를 통해서만 실현된다.[225] "예수 그리스도는 하느님과 인간 사이의 화해를 위한 유일한 중개자이고, 구원의 보편적인 중심이며, 재창조된 존재들을 위한 삶의 규범이고 재구성된 지식의 척도이다."[226] 따라서 우리는 그리스도의 인성과 신성을 통해 하느님과의 위격적인 일치에 다시 이를 수 있다.[227]

보나벤투라에 따르면, 육화하신 말씀으로서 예수 그리스도는 죄로 인해 상반되게 변화된 두 가지 것이 하나 되는 '장소'이다. 하느님과 인간, 내적인 것(ad intra)과 외적인 것(ad extra), 하강과 상승, 유출(exitus)과 환원(reditus).[228] 왜냐하면 그가 유출과 환원의 중심이기 때문이다.[229] 그러므로 육화하신 말씀으로서 그리스도 삶의 모범은 이처럼 중요한 위치를 차지한다. 보나벤투라에 따르면, "만물의 영원한 원형인 창조되지 않은 말씀이 육화되었고, 그의 인성으로 인해

---

223 참조: I. Delio, 『Crucified Love』, 39-40.
224 참조: Ivi, 40.
225 참조: A. Nguyen Van Si, 『Seguire e imitare Cristo secondo san Bonaventura』, 105.
226 Ivi, 106.
227 참조: Ibidem.
228 참조: Cf. G. Iammarrone, 『La cristologia francescana』, 161-172.
229 참조: I. Delio, 『Crucified Love』, 112.

삶의 모범이 되었다."[230] 성자 예수 그리스도는 육화하신 말씀으로서 모든 은총과 덕행과 공덕의 거울이며, 모든 완전함의 원형이다.[231] 그리스도는 모든 이에게 보편적인 완덕의 스승이요 본보기이다.[232] 육화하신 말씀을 통한 그리스도의 모방은 완전한 삶을 위한 수단으로 제시된다. 모방은 그리스도와의 일치와 다른 것이 아니다.[233] 보나벤투라에게 예수 그리스도는 육화하신 말씀으로서 언제나 그의 모든 신비와 더불어 인간 영성 생활의 중심이 되어야 한다.[234] "육화하신 말씀, 그분만이 생명의 책을 다시 펼치는데, 하느님 계획의 깊은 의미와 우리 존재의 본질적인 의도를 재발견할 수 있기 때문이다."[235] 다시 말해 육화하신 말씀인 예수 그리스도는 창조를 포함한 구원 역사의 모든 순간에서 하느님과 인간 사이의 유일하고, 근본적이며, 영원한 중개자이다.[236]

2.1.3. 영으로 충만한 말씀(Verbum inspiratum)

말씀에 대한 두 가지 표현 다음으로 만물을 계시하는(per quod om-

---

230 G. Iammarrone, 『La cristologia francescana』, 166.
231 참조: 『Apol. paup.』 II.
232 참조: 『Apol. paup.』 III, 2.
233 참조: A. Nguyen Van Si, 『Seguire e imitare Cristo secondo san Bonaventura』, 118-119.
234 참조: G. Iammarrone, 『La cristologia francescana』, 185.
235 A. Nguyen Van Si, 『Seguire e imitare Cristo secondo san Bonaventura』, 115.
236 참조: G. Iammarrone, 『La cristologia francescana』, 190.

nia revelantur) 말씀의 세 번째 의미를 살펴볼 것이다.[237] 보나벤투라의 영으로 충만한 말씀에 대한 이론은 그의 말씀 신학을 완성하고, 그리스도 모방에 대한 그의 학설을 이해하는 데 새로운 시각을 제시해 주고 있다.[238]

보나벤투라는 자신의 작품들에서 창조되지 않은 말씀과 육화하시고 십자가에 못 박히신 말씀에 대해 많은 부분을 할애하여 다루지만, 영으로 충만한 말씀을 많이 언급하고 있지는 않다. 이 용어는 『루카복음 주해(Commentarius in Evangelium Lucae)』에서 1번, 『신학요강』에서 2번, 『하느님께 나아가는 정신의 여정』에서 2번, 『생명의 나무』에서 1번, 『성령칠은에 관한 학술강연집』에서 4번, 『육일간의 창조에 관한 학술강연집』에서 6번 나타난다. 이 본문 외에도 몇 가지 설교가 추가되는데, 그의 강론에서 적어도 5번 언급되고 있다.[239]

필립보 샴파넬리는 보나벤투라가 『육일간의 창조에 관한 학술강연집』에서 여섯 전망에 대한 인식의 중개자로서 영으로 충만한 말씀을 제시하였다고 설명한다.

> 그는 여섯 전망에 대한 인식의 중개자로 제시된다. 활동은 창조의 여섯 날에 해당하는 전망을 정확하게 관조함으로써 이루어지므로 우리는 그에게 부여된 중요성을 이해한다. 인간은 오직 영으로 충만한 말씀의 빛 안에서 첫 여섯 날을 관조함으로써 창

---

237 참조: 『Hex.』 III, 2.
238 참조: A. Nguyen Van Si, 『Seguire e imitare Cristo secondo san Bonaventura』, 157.
239 참조: Ivi, 159-160.

조된 실재들과 소우주 사이의 마지막 순간, 대우주가 그 최후의 고유한 완성에 도달하는 것과 마찬가지로 고유한 완전에 이를 수 있다.[240]

영적인 의미에 대한 주제로 돌아가자. 보나벤투라에 따르면, 영으로 충만한 말씀은 실제 그리스도인들의 모든 은총의 원천이다. 또한 신앙인들의 영혼 속에 있는 그리스도의 현존으로서 삶과 지성의 내적 원리이다.[241] 그는 우리의 영혼을 비추고 우리를 진리로 이끈다.[242] 창조되지 않은 말씀과 육화하신 말씀은 빛처럼 외부에서 우리를 조명하는 반면, 내적 스승인 영으로 충만한 말씀은 "우리가 하는 것처럼 말하지 않고 내적으로 조명함으로써"[243] 내부에서 우리를 조명하며, 모든 것을 우리 안에 계시하고, 우리로 하여금 하느님의 계획을 이해하게 해 준다.[244] 『육일간의 창조에 관한 학술 강연집』에서 **세 가지 말씀**의 이러한 조명 과정은, 인간으로 하여금 하느님의 신비로 되돌아가는 여정을 완수하도록 **영으로 충만한 말씀**의 현존을 상정함으로써 분명하게 그리스도론적으로 변화된다.[245]

---

240 F. Ciampanelli, 『Hominem reducere ad Deum: la funzione mediatrice del Verbo incarnato nella teologia di san Bonaventura』, 115.
241 참조: A. Nguyen Van Si, 『Seguire e imitare Cristo secondo san Bonaventura』, 169.170.
242 참조: Ivi, 172.
243 『Hex.』 XII, 5. "… non loquendo, sicut nos, sed interius illustrando …"
244 참조:『Hex.』 III, 2.
245 참조: P. Maranesi, 「Verbum (Jesus Christus)」, in 『DB』, 852.

2.2. 십자가 신비주의와 십자가에 못 박히신 말씀(Verbum crucifixum)

13-14세기 프란치스칸 신비가들과 학자들의 신학은 육화와 수난과 죽음 그리고 부활 안에서 그리스도의 신비에 중점을 둔 **감성** 신학으로 정의할 수 있다. 보나벤투라의 신학 역시 이러한 양식을 거의 그대로 따르고 있다. 그러므로 그의 신학은 단순히 하나의 이론이 아니라 영적 체험과 이성적 성찰이 하나 되는 실용적인 이론과 지혜의 종합인 것이다.[246]

보나벤투라는 그리스도의 신비를 설명하고자 **세 가지 말씀**과 더불어 **십자가에 못 박히신 말씀**이라는 또 다른 개념을 활용하고 있다. 십자가에 못 박히신 말씀은 육화하신 말씀이라는 주제와 그 사이의 밀접한 관계를 강조할 때 보나벤투라의 신학 안에서 중심적인 위치를 차지한다. 육화와 구원은 그가 자신의 모든 작품에서 숙고하고 있는 그리스도의 단일하고 동일한 신비의 두 차원이다.[247]

사실 이 개념이 처음 언급되는 것은 1268년 집필된 『성령칠은에 관한 학술강연집』에서다. "은총은 육화하신 말씀과 십자가에 못 박히신 말씀 그리고 영으로 충만한 말씀을 통해 이성적인 정신으로 전해 내려온다."[248] "우리의 질병을 치료하려고 십자가의 못 박히신 말

---

246 참조: J. Moltmann, 『Il Dio Crocifisso. La Croce di Cristo, fondamento e critica della teologia cristiana』, Brescia 1982, 76.

247 참조: N. Muscat, 『The life of Saint Francis in the light of Saint Bonaventure's theology on the "Verbum crucifixum"』, Roma 1989, 35.

248 『De donis』 I, 5. "Gratia descendit super mentes rationales per Verbum incarnatum, per Verbum crucifixum et per Verbum inspiratum."

씀을 거쳐 우리에게로 내려온다."[249] "그러므로 은총은 육화하신 말씀과 십자가에 못 박히신 말씀을 통해 우리 안에서 무한해진다."[250]

보나벤투라에 따르면, 육화하신 말씀은 십자가에 못 박히신 말씀처럼 그분의 신비를 계시함으로써 인간의 잃어버린 존엄성을 회복시킨다.[251] 십자가에 못 박히신 말씀은 치유하는 말씀이다.[252]

> 이 의사는 만물을 치료한다. 실제로 그분은 그들을 약초나 연고가 아니라 육화하시고 십자가에 못 박혀 수난하신 주님, 모든 사람을 고쳐주는 당신 말씀으로 치료하셨다. 그런 다음 우리 마음 속으로 흘러드는 성령을 보내셨다.[253]

십자가에 못 박히신 말씀에 관한 개념은 십자가의 체험적인 측면을 강조한다. 보나벤투라는 십자가에 못 박히신 그분이 곧 **말씀**이라고 주장한다.[254] 비록 보나벤투라가 자신의 초기 작품들에서 **십자**

---

249 『De donis』 I, 6. "Ut sanaret languores nostros, descendit gratia in nos per Verbum crucifixum."

250 『De donis』 I, 6. "Ergo influitur nobis gratia per Verbum incarnatum et per Verbum crucifixum."

251 참조: N. Muscat, 『The life of Saint Francis in the light of Saint Bonaventure's theology on the "Verbum crucifixum"』, 37.

252 참조: Ivi, 39.

253 『Hex.』 VII, 10. "Iste medicus sanat omina; etenim neque herba neque malagma sanavit eos, sed tuus, Domine, sermo, Verbum incarnatum, crucifixum, passum; et post misit Spiritum sanctum, qui illabitur cordibus nostris."

254 참조: N. Muscat, 『The life of Saint Francis in the light of Saint Bonaventure's theology on the "Verbum crucifixum"』, 39.

가에 못 박히신 말씀이라는 표현을 사용하지는 않았지만, 특별히 이러한 측면에서 그리스도의 신비를 설명하고 있음이 분명하다. 보나벤투라에게 육화하신 말씀은 그리스도가 십자가에 못 박히신 말씀으로 변화함으로써 충만하게 계시하는 하느님의 겸손과 가난을 표현한다.[255]

보나벤투라는 조직신학과 영성신학 사이의 밀접한 관계를 알고 있다. 그에게 그리스도의 삶은 모든 신학적 고찰의 중요한 원천이다. 보나벤투라는 그리스도의 생생한 체험과 연관 지음으로써 그리스도 신비의 인간학적 측면을 강조한다. 그리스도의 삶은 하느님의 아들이 더욱더 많이 지닌 가치들을 통한 결정적인 선택으로 특징 지어진다. 겸손, 가난, 순명 그리고 사랑. 이러한 덕들은 십자가 위에서 더욱더 분명해지며, 따라서 그리스도의 신비에 참여하는 모든 그리스도인에게 최선의 방법이 될 수 있다. 이러한 방법으로 십자가에 못 박히신 말씀은 모든 그리스도인에게 닮아야 할 모범이자, 본보기가 된다.[256] 이는 겸손하고 가난한 십자가에 못 박히신 그리스도를 닮고자 희망하는 프란치스칸 영성에서 잘 드러난다.[257]

이미 살펴보았듯이 총장으로 일했던 1257년부터 1274년까지의

255　참조: 『Brevil.』 VI, 1.6; N. Muscat, 『The life of Saint Francis in the light of Saint Bonaventure's theology on the "Verbum crucifixum"』, 39.

256　참조: N. Muscat, 『The life of Saint Francis in the light of Saint Bonaventure's theology on the "Verbum crucifixum"』, 67.

257　프란치스칸 영성의 특징에 대해서는 G. Iammarrone, 『La spiritualità francescana』, 33-39을 보라.

기간은 보나벤투라의 신비작품들에 중요한 시기이다. 보나벤투라는 이 시기의 작품들, 특히 『하느님께 나아가는 정신의 여정』, 『세 가지 길』 그리고 『육일간의 창조에 관한 학술강연집』에서 십자가에 못 박히신 그리스도의 사랑과, 그분을 본받는 데 뿌리를 둔 십자가에 못 박히신 말씀의 신비체험을 설명하고 있다.[258]

『하느님께 나아가는 정신의 여정』에서 보나벤투라는 영혼이 어떻게 탈혼적 평화의 통로요, 목표인 그리스도 십자가의 파스카적 신비를 거쳐 나아감으로써 하느님을 향한 자신의 영적 여정을 마칠 수 있는지 보여 주고 있다.[259] "그러므로 어서 죽자. 어서 구름 속으로 들어가자. 근심 걱정, 고난, 감각적인 사물들에 대해서 침묵하자. 십자가에 달리신 그리스도와 함께 우리도 **이 세상에서 아버지께로 건너가자**. 성부를 본 후 필립보와 함께 이렇게 말하자. **더 바랄 것이 없겠습니다**."[260] 이 여정 동안 영혼도 마찬가지로 세 가지 위계적 행위, 곧 정화와 조명과 일치를 통해 상승되거나 고양된다. 『세 가지 길』에 따르면, 이 행위들은 영적 진보의 수단을 형성하며 또한 십자가의 신비에 깊이 뿌리를 두고 있다.[261] 정화의 길에서 보나벤투라는 그

---

258 참조: N. Muscat, 『The life of Saint Francis in the light of Saint Bonaventure's theology on the "Verbum crucifixum"』, 109.
259 참조: Ivi, 109-110.
260 『Itin.』 VII, 6. "Moriamur igitur et ingrediamur in caliginem, imponamus silentium sollicitudinibus, concupiscentiis et phantasmatibus; transeamus cum Christo crucifixo ex hoc mundo ad Patrem, ut, ostenso nobis Patre, dicamus cum philippo: Sufficit nobis."
261 참조: N. Muscat, 『The life of Saint Francis in the light of Saint Bonaventure's theology on the "Verbum crucifixum"』, 110.

분이 십자가 위에서 피를 흘리는 그 순간에 인간을 향한 그리스도의 사랑을 기억하고 묵상한다.[262] 그리고 조명의 길에서 성자의 육화와 수난과 봉헌을 통해 인간을 향한 성부의 넘쳐 흐르는 사랑을 묵상한다.[263] 『하느님께 나아가는 정신의 여정』과 『세 가지 길』에서 보나벤투라에게 십자가에 못 박히신 그리스도는 **십자가에 못 박히신 말씀**으로서 하느님과 일치로 인도하는 문이다. 영혼이 그리스도의 신성에 대한 관상에 이르려면 고통받는 그분의 인성의 체험을 함께 겪어야만 한다. 이 여정 또는 파스카적 전이(transitus pasquale)는 십자가에서 완성된다.[264]

『육일간의 창조에 관한 학술강연집』에서 십자가에 못 박히신 말씀은 우주적인 의사로 묘사되고 있다. 우주와 역사는 십자가에 못 박히신 그리스도 안에서 잃어버린 그들의 중심을 찾고, 조화롭고 경이로운 통합을 이루게 된다.[265] 보나벤투라는 어떻게 십자가에 못 박히신 그리스도가 인간의 삶뿐만 아니라 창조된 우주 전체에 의미를 부여하는지 설명한다.[266]

앞서 말하였듯이 보나벤투라에게 십자가에 못 박히신 그리스도는 하느님을 향한 인간 여정의 정점이다. 그리스도의 십자가는 모든

---

262 참조: 『Tripl. via』 I, 7.
263 참조: 『Tripl. via』 I, 13.
264 참조: N. Muscat, 『The life of Saint Francis in the light of Saint Bonaventure's theology on the "Verbum crucifixum"』, 145.
265 참조: Ivi, 110.
266 참조: Ivi, 162.

피조물을 향한 그리스도의 사랑을 드러내는 효과적인 표징이다. 인간은 흠숭할 뿐만 아니라 모범이요, 본보기가 되는 십자가에 못 박히신 그리스도를 본받도록 불림 받았다. 인간은 오직 육화하시고 십자가에 못 박히신 그분의 성자를 통해서만 하느님과 일치에 이를 수 있다. 십자가 위에서 예수는 두 가지 덕, 곧 겸손과 가난을 보여 주었다.[267] 이 덕들은 육화하신 말씀 안에 숨겨진 하느님의 같은 본성 또한 표현해 준다.[268] 세라핌 박사에 따르면, 십자가에 못 박히신 말씀과 육화하신 말씀은 그리스도가 십자가 위에서 충만하게 보여 주었던, 하느님의 깊이 숨겨진 겸손을 드러냄으로써 연결되어 있다. 이렇게 십자가 신비주의와 십자가에 못 박히신 말씀은 보나벤투라의 신비주의에서 특별한 위치를 차지하고 있다.[269] 그리고 보나벤투라는 프란치스코의 그리스도 중심적인 생애를 기술하고자 『대전기』에 자신의 십자가 신비주의를 적용하였다. 이 주제는 다음 장에서 세 가지 길과 함께 더 상세히 다룰 것이다.

2.3. 보나벤투라 신비주의의 삼중 구조

보나벤투라의 작품들에서 그의 신비주의가 지니는 특징을 살펴

---

267 참조: 『Brevil.』 IV, 9; 『Itin.』 VI, 2. 보나벤투라에 따르면, 겸손은 모든 덕의 기초이다. 겸손 없는 그리스도의 모방은 어떠한 열매도 맺을 수 없다. 참조: A. Nguyen Van Si, 『Seguire e imitare Cristo secondo san Bonaventura』, 126.
268 참조: I. Delio, 『Crucified Love』, 91.
269 참조: Ivi, 92.

보았으므로 이제 우리는 더 쉽게 삼중 도식을, 특히 『하느님께 나아가는 정신의 여정』과 『세 가지 길』에서 찾아볼 수 있다.

우리는 보나벤투라 신비주의의 핵심을 구성하는 삼중 도식을 다음과 같이 정리할 수 있다.

구조 (Struttura)	위계적 행위 (Atti gerarchici)	수단 또는 실천 (Mezzi o Esercizi)
우리 밖에서(extra nos)	정화(purgatio)	묵상(meditatio)
우리 안에서(intra nos)	조명(illuminatio)	기도(oratio)
우리 위에서(supra nos)	완덕/일치 (perfectio/unio)	관상 (contemplatio)

우리는 이 도식을 순서에 따라 하나씩 살펴볼 것이다.

2.3.1. 하느님을 향한 상승의 삼중 구조

보나벤투라는 『하느님께 나아가는 정신의 여정』에서 하느님께 올라가는 상승의 단계를 다음과 같이 설명하고 있다.

> 현재 우리가 처해 있는 상황과 조건을 보면 모든 실재는 하느님께 올라가는 사다리다. 어떤 것은 흔적이고, 어떤 것은 모상이고, 어떤 것은 물질적이고, 어떤 것은 영적이고, 어떤 것은 시간적이고, 어떤 것은 영속적이다. 따라서 어떤 것은 우리 밖에 있고 어떤 것은 우리 안에 있다. 최고로 영적이고 영원하시며, 우

리 위에 계신 제일 원리에 도달하려면 먼저 물질적이고 시간적이며, 우리 밖에 있는 흔적을 통해서 건너가야 한다. 이것은 우리 밖에서 추적하여 하느님의 길로 올라가는 것이다. 그다음은 하느님의 모상이고 불사불멸하며, 영적이고 내적인 우리 영혼 안으로 들어가야 한다. 마지막으로 우리 위에 있는 제일 원리를 바라보면서 영원하고 최고로 영적인 것을 향하여 올라가야 한다. 이것이 하느님을 인식하면서 기뻐하는 것이고 그분의 위엄을 경외하는 것이다.[270]

이것은 **우리 밖에서** 출발하여 **우리 안**을 지나 **우리 위에**까지 나아가는 과정이다. 우리 밖에 있는 것들은 물질적이고 시간적이며 **하느님의 흔적**이다. 이와 달리 우리 안에 있는 것들은 영적이고 불사불멸이며 **하느님의 모상**이다. 마지막으로, 우리 위에 있는 것은 영원하고 최고로 영적이며 **제일 원리**이다.[271] 여기서 하느님께 올라가는 상승의 삼중 구조가 잘 드러난다. **우리 밖에서 - 우리 안에서 - 우**

---

270 『Itin.』 I, 2. "Cum enim secundum statum conditionis nostrae ipsa rerum universitas sit scala ad ascendendum in Deum; et in rebus quaedam sint vestigium, quaedam imago, quaedam corporalia, quaedam spiritualia, quaedam temporalia, quaedam aeviterna, ac per hoc quaedam extra nos, quaedam intra nos: ad hoc, quod perveniamus ad primum principium considerandum, quod est spiritualissimum et aeternum et supra nos, oportet nos transire per vestigium, quod est corporale et temporale et extra nos, et hoc est deduci in via Dei; oportet, nos intrare ad mentem nostram, quae est imago Dei aeviterna, spritualis et intra nos, et hoc est ingredi in veritate Dei; oportet nos transcendere ad aeternum, spiritualissimum, et supra nos, aspiciendo ad primum principium, et hoc est laetari in Dei notitia et reverentia maiestatis."
271 참조: E. Mirri, 「Itinerarium」, in 『DB』, 503.

리 위에서. 여기에 실체의 삼중태(**물질 - 지성 - 영원한 학문**), 그리스도의 삼중 본질(**육체 - 영 - 신성**) 그리고 영혼의 주요 삼중 측면(**동물성** 또는 **감각성 - 영 - 정신**)이 연관되어 있다.[272]

하느님께 올라가는 단계 (Divinae ascensionis gradus)		실체(Esistenza)	본질 (Sostanza)	측면 (Visioni)
우리 밖에서 (extra nos)	흔적 (vestigium)	물질 (in materia)	육체 (corpus)	동물성 (animalitas)
우리 안에서 (intra nos)	모상 (imago)	지성 (in intelligentia)	영 (spiritus)	영 (spiritus)
우리 위에서 (supra nos)	제일 원리 (Principia prima)	영원한 학문 (in arte aeterna)	신성 (divinitas)	정신 (mens)

하느님께 올라가는 상승의 이러한 삼중 구조는 두 가지 고찰, 곧 거울을 통해서(per speculum)와 거울 안에서(in speculo)를 통해 두 배로 증가한다. 이러한 증가를 통해 이미 살펴보았듯이 이 삼중 구조는 하느님께 올라가는 상승의 여섯 단계로 발전한다.[273] 이는 분명 역동적인 구조이다. 삼중 구조에서 나뉘는 각 쌍마다 초월적인 움직임

---

272 참조: 『Itin.』 I, 3-4.
273 참조: 『Itin.』 I, 5.

(per)과 내재적인 움직임(in)이 존재한다. 전치사 per(통해서)에는 감각, 이성, 지성의 작용이 상응하고, 전치사 in(안에서)에는 상상, 오성, 양심의 작용이 상응한다. 그러므로 전자의 작용에서는 철학적인 가치가, 후자의 작용에서는 신비적인 가치가 더 우세하다.[274]

『하느님께 나아가는 정신의 여정』에서 하느님께 올라가는 상승의 여섯 단계를 설명할 때, 보나벤투라는 그들의 단계마다 여러 다양한 삼중 도식을 계속해서 활용한다.

2.3.1.1. 우리 밖에서(extra nos)

우리는 하느님을 향한 상승의 삼중 구조의 첫 단계에서 우리 외부의 감각 세계를 만난다.[275] 보나벤투라에 따르면, 모든 사물은 고유한 이데아idea를 지니고 있다. 만약 사물들이 이데아를 따라 창조되었다면, 그래서 신의 원형을 본땄다면, 그들은 자신 안에 신과 유사한 점을 지니게 된다. 『하느님께 나아가는 정신의 여정』의 첫 번째 목표는 이러한 사상에 기초한 것이다.[276] 우리는 흔적을 통해서(per vestigium) 그리고 흔적 안에서(in vestigio) 우리에게 창조주의 권능, 지혜, 선의를 전달하고, 모든 피조물 안에서 하느님을 관상할 수 있도록 이끌어 준다.[277] 창조주의 세 가지 특징을 이해하고자 보나벤투라

---

274 참조: V. C. BIGI, 『Studi sul pensiero di San Bonaventura』, Assisi 1988, 280.
275 참조: 『Itin.』 I, 9.
276 참조: R. GUARDINI, 『Bonaventura』, 394.395.
277 참조: 『Itin.』 I, 10; II, 1.

는 세 가지 내부적 감각을 활용한다. 관찰, 신앙 그리고 이성. 인간은 세 가지 내부적 감각의 세 요소를 통해 하느님의 세 가지 특징을 이해할 수 있다. 첫째, 사물 그 자체를 관찰함으로써 그것의 실체, 힘, 활동을 알게 된다. 둘째, 신앙의 눈으로 바라볼 때는 우리가 세 가지 법의 시대, 곧 자연과 성경과 은총의 시대라는 흐름에 따라 일어나고 흘러가고 있다고 믿게 된다. 그리고 셋째, 이성으로 탐구할 때 인간은 세 가지 존재 방식을 이해하게 된다. 어떤 곳은 단순하게 존재만 하고, 어떤 것은 존재하고 살아 있고, 어떤 것은 존재하고 살아 있고 분별력을 지니고 있다.[278]

그런 다음, 우리는 만물 **안에서** 하느님을 관상하게 된다. 감각적 사물을 파악하고 즐거움을 느끼고 판단하는 것을 통해 대우주라 불리는 감각 세계가 소우주라 불리는 우리의 영혼 안에 들어오게 된다. 대우주는 세 가지 실체로 구성된다. 생산하는 것, 생산되는 것 그리고 양쪽을 지배하는 것.[279]

우리는 이러한 첫 번째 단계를 다음과 같이 정리할 수 있다.

---

278 참조: 『Itin.』 I, 10-13.
279 참조: 『Itin.』 II, 1-2.

우리 밖에서(extra nos)				
흔적을 통해서(PER vestigium)			흔적 안에서(IN vestigio)	
관찰(Consideratio)	신앙(Fides)	이성(Rationabilitas)	대우주(Macrocosmus)	소우주(Minor mundus)
실체(substantia)	자연의 법(lex naturae)	존재하는 것(esse)	생산하는 것(generantia)	이해(apprehensio)
힘(virtus)	성경의 법(lex Scripturae)	존재하고 살아 있는 것(esse e vivere)	생산되는 것(generata)	즐거움(Oblectatio)
활동(operatio)	은총의 법(lex gratiae)	존재하고, 살아 있고, 분별력이 있는 것(esse, vivere et discernere)	양쪽을 지배하는 것(regentia haec et illa)	판단(diiudicatio)
⇩			⇩	
최고 권능(Summa potentia)	지혜(Sapientia)	하느님의 선의(Benevolentia di Dio)	인간 영혼 안에 담긴 모든 우주(Totus mundus in animam humanam)	

2.3.1.2. 우리 안에서(intra nos)

우리는 하느님을 향한 상승의 삼중 구조의 두 번째 단계에서 우리 자신 안으로, 곧 하느님의 모상이 밝게 빛나는 우리의 정신 안으로 들어간다.[280] 우리는 모상을 통해서(per imaginem) 그리고 모상 안에서(in imagine) 우리를 하느님의 모상으로 만든 지극히 복되신 삼위일체 하느님을 인식하고, 피조물들의 모상 안에서 하느님을 관상한다.[281] 보나벤투라는 정신의 눈을 통해 우리 영혼이 세 가지 능력, 곧 기억, 지성 그리고 의지를 가지게 된다고 설명한다.[282] 그리고 계속해서 각각의 활동과 작용을 통해서 기억은 영원으로 이끌고, 지성은 진리로, 의지는 최고선으로 이끈다고 설명한다.[283]

첫째, 기억의 작용을 통해 영원한 모상을 계시하고, 외부 세계의 단순 단위들을 자체 내에 받아들이면서 장악하며, 변하지 않는 빛 안에 변하지 않는 진리에 대한 기억을 간직한다. 둘째, 지성의 작용을 통해 우리는 용어들, 명제들, 추론들의 의미를 파악한다. 우리는 이러한 작용을 통해 우리를 가르치는 진리를 우리 자신에게서 볼 수 있다. 셋째, 의지의 활동은 숙고와 판단과 원의 안에서 표현된다. 우리는 이러한 활동을 통해 이것 또는 저것 가운데 어느 것이 더 좋은

---

280 참조: 『Itin.』 III, 1.
281 참조: 『Itin.』 III, 6; IV, 7.
282 참조: 『Itin.』 III, 1.
283 참조: 『Itin.』 III, 4.

것인지 찾고, 판단 내리며, 최고선을 원하게 된다. 최종적으로, 우리는 각각의 작용과 함께 영혼의 세 가지 능력을 통해 지극히 복되신 삼위일체 자체로 인도된다.[284]

그런 다음 우리는 우리 자신 **안에서** 제일 원리를 관조할 수 있다.[285] 보나벤투라에 따르면, 하느님의 모상인 우리의 영혼은 정화하고 조명하며 완전케 하는 세 가지 신학적 덕으로 옷을 갈아입어야 한다. 왜냐하면 바로 그 순간에 영혼이 그의 마음 안에 내려올 수 있기 때문이다. 그리고 또한 아홉 등급에 따라 순서대로 놓일 때 영혼은 자신 안으로 들어갈 수 있다.[286] 이러한 영혼의 원상 회복은 하느님의 섭리, 곧 믿음과 희망과 사랑의 활동을 통해 실현된다. 여기서 세 가지 법, 곧 자연의 법, 율법, 은총의 법이 정화와 조명과 일치의 길을 설명하고자 다시 한번 언급된다.[287]

우리는 이러한 두 번째 단계를 다음과 같이 종합할 수 있다.

---

284 참조: 『Itin.』 III, 2-5.
285 참조: 『Itin.』 IV, 1.
286 참조: 『Itin.』 IV, 3-4.
287 참조: 『Itin.』 IV, 5-6.

우리 안에서(intra nos)						
모상을 통해서(PER imaginem)			모상 안에서(IN imagine)		
기억 (Memoria)	지성 (Intelligentia)	의지 (Electiva potentia)	정화 (Purgatio)	조명 (Illuminatio)	완전/일치 (Perfectio/Unio)
영원한 모상 (effigiem aeternitas)	용어 (terminus)	숙고 (consilio)	선포 (nuntiatio))	순서 (ordinatio)	수락 (susceptio)
^	^	^	제안 (dictatio)	힘 (roboratio)	계시 (revelatio)
^	^	^	인도 (ductio)	명령 (imperatio)	도유 (unctio)
^	^	^	영혼의 본성 (mentis naturae)	영혼의 활동 (mentis industriae)	영혼의 은총 (mentis gratiae)
단순 단위 (simplices formas)	명제 (propositio)	판단 (iudicio)	믿음 (fides)	희망 (spes)	사랑 (caritas)
변하지 않는 진리 (invariabilium veritatum)	추론 (illatio)	원의 (desiderio)	자연의 법 (lex naturae)	율법 (lex Scripturae)	은총의 법 (lex gratiae)
⇩			⇩		
영원 (Aeternitas)	진리 (Veritas)	선 (Bonitas)	내부적 감각의 회복 (Reparatis sensibus interioribus)		

2.3.1.3. 우리 위에서(supra nos)

하느님을 향한 상승의 삼중 구조의 세 번째이자 마지막 단계에서 우리 영혼은 대사제와 함께 지성소에 들어간다.[288] 우리는 빛을 통해서(per lumen) 그리고 빛 안에서(in lumine) 신적 단일성과 그분의 이름인 선(bonum) 안에서 한 분이며 삼위인 하느님을 관조할 수 있다.[289]

보나벤투라에 따르면, 무엇보다도 먼저, 신적 본성의 단일성 안에서 하느님께 집중할 필요가 있다.[290] 우리는 신적 단일성을 통해 하느님이 — 순수 존재, 단순 존재 그리고 절대 존재 — 첫 존재이고, 영원하고, 지극히 단순하고, 가장 현실적이고, 최고로 하나인 존재임을 이해할 수 있다.[291] 그리고 우리는 만물의 기원이며 완성인 하느님을 직관할 수 있다.[292]

그런 다음, 우리는 삼위일체의 관계 안에서 완전한 일치에 도달하게끔 준비된다. 이것은 위격들의 특성에 주의를 기울임으로써 가능하다. 교류(la comunicabilità) — 위격들의 고유성(la proprietà personale), 동일 실체성(la consustanzialità) — 다수성(la pluralità), 동형성(la configurabilità) — 위격성(la personalità), 동일 동등성(la coeguaglianza) — 순서(l'ordine), 동일 영원성(la coeternità) — 유출(la produzione), 동일 친밀성(la cointimità) - 발출(l'emissione), 상호 내재성(la somma circuminsessione).[293]

---

288 참조: 『Itin.』 V, 1. 보나벤투라는 『하느님께 나아가는 정신의 여정』의 5장을 시작하면서 하느님을 향한 상승의 삼중 구조를 지성소에 들어가는 세 단계로 설명하고 있다. 현관(l'atrio) - 성소(il Tabernacolo) - 지성소(il Santo dei santi). 현관은 우리 밖에서를, 성소는 우리 안에서를 그리고 지성소는 우리 위에서를 의미한다.
289 참조: 『Itin.』 V, 1; VI, 1.
290 참조: 『Itin.』 V, 2.
291 참조: 『Itin.』 V, 5.
292 참조: 『Itin.』 V, 8.
293 참조: 『Itin.』 VI, 2; 5.

결과적으로 하느님께 올라가는 상승의 여섯 번째 단계를 지난 다음, 그분 빛의 완성은 영혼의 황홀경 안에서 하던 일을 마치고 쉬려는 인간 사고의 영민함에 동의하게 된다.[294]

우리는 세 번째이자 마지막 단계를 다음과 같이 정리할 수 있다.

우리 위에서(supra nos)					
빛을 통해서 (PER lumen)	빛 안에서(IN lumine)				
하느님의 본질 (Essentialia Dei)	하느님의 위격들의 고유성(Propria personarum Dei)				
신적 본성의 단일성 (Essentiae unitatem)	교류 (communicabilitas)	위격들의 고유성 (personarum proprietate)	동일 동등성 (coaequalitas)	순서 (ordine)	
순수 존재 (esse purum)	동일 실체성 (consubstantialitas)	위격들의 다수성 (personarum pluralitate)	동일 영원성 (coaeternitas)	유출 (emana-tione)	
단순 존재 (esse simpliciter)	동형성 (configurabilitas)	위격성 (discreta personalitate)	동일 친밀성 (cointimitas)	발출 (emis-sione)	
절대 존재 (esse absolutum)	상호 내재성(Circumincessione)				
⇩	⇩				
지복직관至福直觀 (Perfecte videre est esse beatum)	하느님과 함께 정신의 빛의 완성 (Perfectio illuminationis mentis cum Deo)				

---

294 참조: 『Itin.』 VI, 7.

앞서 이미 살펴보았듯이 보나벤투라는 『하느님께 나아가는 정신의 여정』에서 셋으로 구분하는 방법을 활용하고 있다. 그는 거의 모든 주제를 셋으로 나누었고, 이 세 가지는 언제나 성부의 권능, 성자의 지혜, 성령의 선을 의미하는 것이라 설명하였다.

2.3.2. 세 가지 위계적 행위

보나벤투라는 『세 가지 길』에서 하느님과 일치에 이르는 세 가지 길을 제시하고 있다. 그 길들은 하느님을 향해 올라가는 정신의 상승을 돕는 세 가지 길(la triplex via)을 구성하는 정화(purgatio), 조명(illuminatio), 완전 또는 일치(perfectio o unio)의 길이다.[295] 이 세 가지 길은 프란치스칸 영적 여정에서 특징적인 표지이다. 그는 이 길들을 이미 『하느님께 나아가는 정신의 여정』에서 세 가지 신학적 덕 또는 세 가지 영적 활동으로 제시하였다.[296] 세 가지 길을 통해 영혼은 완전에 이르고, 세 가지 특성, 곧 평화와 진리와 사랑을 얻을 수 있다.[297]

세 가지 위계적 행위인 세 가지 길에 대한 보나벤투라의 이러한 개념은 위-디오니시우스의 사상을 반영한 것이다. 자끄 귀 부제롤에 따르면, 실제로

---

295 참조: A. BLASUCCI, 「Contemplazione e santità in San Bonaventura」, in 『San Bonaventura maestro di vita francescana e di sapienza cristiana. Atti del Congresso Internazionale per il VII Centenario di San Bonaventura da Bagnoregio』, III, (a cura di) A. POMPEI, Roma 1976, 365-366.
296 참조: 『Itin.』 IV, 3.
297 참조: 『Tripl. via』 Prol., 1.

디오니시우스를 다시 취하는 [보나벤투라는], 삼위일체적 전망을 넓게 확장하고, 복음의 신비신학을 보다 깊이 뿌리내리게 함으로써 성령의 신적 활동이 드러나는 아래에서, 신학자가 다양한 측면에서 행하는 모든 식별에도 불구하고 위계적 활동은 은총이 하나인 것처럼 하나이다.[298]

"전통적인 단계들의 삼분법을 넘어 우리는 보나벤투라 안에서 단계들처럼 길마다 각각 평화의 안식, 진리의 빛, 사랑의 감미로움을 얻게 하는 칠분법을 보게 된다."[299] 이제 우리는 영적 성숙의 세 가지 길을 간략하게 살펴볼 것이다.

2.3.2.1. 정화

영적 여정은 자기 자신의 양심으로부터, 곧 하느님과 완전한 일치를 향한 여정의 첫걸음인 정화로부터 시작한다.[300] 영혼은 태만과 육욕과 악의라는 자신의 죄를 기억함으로써 양심의 가책(stimulus conscientiae)을 불러일으킨다. 이 세 가지로 지은 것과 물려받은 거의 모든 죄를 요약할 수 있다.[301] 태만과 관련하여 인간은 자신의 마음

---

298 J. G. Bougerol, 「La perfezione cristiana e la sua strutturazione delle tre vie della vita spirituale nel pensiero di S. Bonaventura」, in 『IB』, 6 (1970), 79.

299 A. Blasucci, 「Contemplazione e santità in San Bonaventura」, in 『San Bonaventura maestro di vita francescana e di sapienza cristiana. Atti del Congresso Internazionale per il VII Centenario di San Bonaventura da Bagnoregio』, III, 366.

300 참조: M. Scholosser, 「Triplex via」, in 『DB』, 829.

301 참조: 『Tripl. via』 I, 3-4.

을 잘 지키는 데 소홀하였는지, 시간을 허비하지는 않았는지, 목적에 맞게 행동하였는지 살펴보아야 한다. 그리고 기도와 독서와 선행을 실천하는 데 소홀하지 않았는지도 살펴보아야 한다. 어느 하나도 다른 것들 없이는 결코 충분하지 않다.[302] 육욕과 관련하여 인간은 자신 안에 모든 악의 근원들, 쾌락이나 호기심 또는 허영심에서 비롯된 욕심들이 살아 있는지 살펴보아야 한다.[303] 악의와 관련하여 인간은 자신의 마음 안에 영혼을 악하게 만드는 분노, 질투, 게으름, 정욕이 번성하거나 깊이 뿌리내리지 않았는지 살펴보아야 한다.[304]

정화의 길은 죄에서 벗어남, 덕들의 실천 그리고 그리스도의 수난에 대한 빈번한 인식을 통해 특징 지어진다.[305] 따라서 우리는 정화의 길이 영혼의 정화이고, 죄에서 벗어나는 것임을 강조하면서 결론지을 수 있다. "영적 생활을 시작하는 이들은 보통 은총의 상태에 머물면서 완전에 이르고자 하는 분명한 원의가 있지만, 경미한 죄의 영향을 계속 받고 있으며, 때때로 몇몇 중대한 잘못으로 인해 재차 쓰러지는 위험에 노출된 이들이다."[306]

---

302 참조: 『Tripl. via』 I, 4.
303 참조: 『Tripl. via』 I, 5.
304 참조: 『Tripl. via』 I, 6.
305 참조: B. MONDIN, 「Bonaventura da Bagnoregio」, in 『DT』, 138.
306 A. TANQUEREY, 『Compendio di Teologia Ascetica e Mistica』, Roma 1927, Parte II, Libro I, n. 635.

2.3.2.2. 조명

정화의 길 다음으로 영적인 상승 여정의 두 번째 걸음인 조명의 길이 이어진다.[307] 그 수와 엄중함에 따라 길고 어려운 보속으로 과거의 죄에서 한번 정화된 영혼은 묵상과 금욕 그리고 유혹과 악한 성향에 대한 저항에 힘입어 덕으로 단단해져서 조명의 길로 들어서게 된다.[308]

"인간은 다음 순서에 따라 지성의 빛(il raggio dell'intelligenza)을 통해 자신을 훈련시켜야만 한다. 먼저 죄를 용서받았다는 것을 드러낼 수 있도록 지성의 빛을 높이 들어 올려야 한다. 그런 다음 자신이 받은 은혜를 포함시킬 수 있도록 그 빛의 범위를 넓혀야 한다. 마지막으로 약속된 상급을 드러낼 수 있도록 지성의 빛을 되돌려 보내야 한다."[309] 여기에는 세 가지 종류가 있다. 본성의 완성을 나타내는 것과 은총의 도움을 나타내는 것 그리고 풍성한 선물을 나타내는 것.[310]

십자가에 못 박히신 그리스도는 조명의 길의 핵심이다. 십자가 그 자체가 진리의 열쇠요 문이며, 길이요 빛이 되기 때문이다.[311] 조

---

307 참조: 『Tripl. via』 I, 10.
308 참조: A. Tanquerey, 『Compendio di Teologia Ascetica e Mistica』, Parte II, Libro II, n. 961.
309 『Tripl. via』 I, 10. "Homo ad radium intelligentiae hoc ordine. Nam radius ille primo est protendendus ad mala dimissa, secundo, dilatandus ad beneficia commissa, tertio, reflectendus ad praemia promissa."
310 참조: 『Tripl. via』 I, 11.
311 참조: 『Tripl. via』 III, 5.

명의 길은 기도와 은총의 사용, 그리스도의 모방 그리고 성모님께 대한 신심을 통해 특징 지어진다.[312]

2.3.2.3. 일치

일치의 길에서 인간은 다음의 순서에 따라 지혜의 불꽃(la fiaccola della sapienza)을 통해 활동해야 한다. 불꽃을 모으고, 불타 오르게 하고, 높이 들어 올려야 한다.[313]

일치의 길은 신랑과의 일치로 이루어지는데, 모든 길은 계단의 아래에서부터 시작하여 세 계단을 포함하고 있으며, 정상에까지 오르고자 하는 경향을 띤다.[314] 이것의 목적은 예수 그리스도를 통해 하느님과 친밀하고 일상적인 일치를 이루는 데 있다. 이 최종 목표에서 세 가지 선물이 주어진다. 평화의 안식(soporem pacis), 진리의 빛(splendorem veritatis) 그리고 사랑의 감미로움(dulcorem caritatis). 이들은 천상의 세 천사에 해당한다. 좌품천사와 케루빔과 세라핌. 하느님은 이 세 가지 기쁨 안에서 쉬고 당신의 옥좌에서처럼 거한다. 인간이 이에 도달하려면 반드시 일곱 단계를 올라가야 한다. 수치심, 두려움, 아픔, 끊임없는 간청, 엄격함과 열정, 순교에 대한 열망을 통해

---

312 참조: B. Mondin, 「Bonaventura da Bagnoregio」, in 『DT』, 139.
313 참조: 『Tripl. via』 I, 15.
314 참조: L. Veuthey, 「L'itinerario dell'anima francescana verso Dio」, in 『Giustizia e virtù di religione nella spiritualità francescana, Quaderni di Spiritualità francescana』, XIV, Assisi 1967, 106-107.

그리스도의 그늘에서 고요의 상태에 이를 수 있다.[315] 안식의 비유는 언제나 하느님과 일치에 대한 갈망이나 체험이 있는 곳이라면 어디에서든지 다시 제시된다.[316]

일치의 길은 성체성사의 삶, 관상과 탈혼을 통해 특징 지어지며, 가장 높은 단계에서는 신비적인 죽음과 빛나는 어두움과 황홀경에 이를 수 있다. 신비의 절정은 모든 피조물을 초월하지만, 영적 생활 측면에서 성 프란치스코의 「피조물의 노래(Cantico delle creature)」에 담긴 조화를 애써 재현하면서 만물의 생명이 살아가게 한다. 그러므로 논리적인 사고에서 신학으로, 신비적 조명으로, 지복직관으로, 점차 그 지평을 넓히며 인식에 인식을 거치는 정신의 고된 훈련을 시작하는 것이다.[317]

일치의 길은 신비적 일치를 이루는 데 주요 요소이다. 이는 지성적 관상(contemplazione intellettuale)과 지혜적 관상(contemplazione sapienziale)으로 구성되어 있다. a) 지성적 관상은 우리 밖에서 시작하여 우리 안을 거친 다음 우리 위에 이르는 – 한 분이며 삼위인 하느님의 모상을 찾는 – 여섯 단계를 거친다. 하느님은 영혼을 유한에서 무한으로 고양시키는 순간을 통해 피조물들 안에서 관조된다. 그러나 하느님께 나아가기를 바라는 사람은 상승의 결정적인 순간에 모든 모상과

---

315 참조: 『Tripl. via』 III, 1-2.
316 참조: K. Ruh, 『Storia della mistica Occidentale. Mistica femminile e mistica francescana delle origini』, II, Milano 2002, 449.
317 참조: B. Mondin, 「Bonaventura da Bagnoregio」, in 『DT』, 139.

개념을 넘어 자신의 영혼 안에서 하느님을 찾기 위하여 피조물 자체를 버려야 한다.[318] 하느님께 대한 관상에 이르려면 감각들과 모상들 그리고 철학적 개념들을 초월하여 일어서야 할 필요가 있다.[319] 그리고 만약 하느님을 개념들과 모상들을 통해서가 아니라 사랑의 체험을 통해서 인식한다면, 빛나는 밤에 이르게 된다.[320] b) 지혜적 관상은 사랑과 지혜의 은총의 힘을 통해 도달된다. 이는 하느님께 대한 실제적인 인식이며, 이러한 의미에서 성령 칠은 가운데 하나이다. 인식의 고유한 활동은 신적인 감미로움이 주는 기쁨으로 이루어져 있다. 지혜는 지성과 사랑을 포함한다. 사실 그 누구도 인식 없이 사랑이라는 하나의 요소만으로는 지혜를 가질 수 없다. 그러나 하느님의 사랑 안에서 인식은 자신을 완전하게 만드는 사랑과 하나 된다. 하느님을 인식하는 가장 좋은 방법이 그분의 감미로움을 체험하는 것이기 때문이다.[321] 인식은 인식하는 것과 인식되는 것의 일치를 수반하지만, 지성이 인식하는 것과 인식되는 것을 일치시키는 것보다 사랑은 훨씬 더 완벽하게 사랑하는 것과 사랑받는 것을 일치시킨다. 사랑은 사랑받는 것을 사랑하는 것으로 변화시키기 때문이다.[322]

---

318 참조: L. Veuthey, 『La filosofia cristiana di San Bonaventura』, 269.
319 참조: 『I Sent.』 d. 2, dub. 1.
320 참조: 『Brevil.』 V, 6.
321 참조: 『III Sent.』 d. 35, a. un., q. 1, ad. 5.
322 참조: 『Tripl. via』 I, 17; 『III Sent.』 d. 26, a. 2, q. 1, ad. 2.

2.3.3. 세 가지 길에 필요한 세 가지 수단 또는 활동

앞서 우리는 세 가지 위계적 행위인 세 가지 길에 대해 간략하게 살펴보았다. 보나벤투라에게 그리스도교적 완덕은 하느님을 향해 자신을 들어 높이는 것과 우리 영혼을 다하고 마음을 다하고 힘을 다하여 그분을 사랑하는 것으로 이루어진다.[323] 하느님과 영혼의 일치는 은총과 은총이 알려주는 덕들에 의해 준비되고 수행된다. 이는 헌신적인 노력, 관상을 갈망하는 영혼이 묵상과 기도를 향하도록 이끄는 노력으로 계속된다.[324] 따라서 "보나벤투라에 의해 길마다 세 가지 수단 또는 활동이 부여된다. 묵상과 기도와 관상."[325] 이제 세 가지 길에 필요한 이 세 가지 수단 또는 활동을 간략하게 살펴보자.

2.3.3.1. 묵상

첫 번째 수단 또는 활동은 묵상이다. 자끄 귀 부제롤에 따르면, 보나벤투라의 사상에서 묵상은 묵상하는 독서, 렉시오 디비나lectio divina와 다른 것이 아니다.[326] 보나벤투라는 다음과 같이 주장하였다.

> 이 모든 것으로 정화와 조명과 완전의 길에 관한 묵상은 성경의 지혜를 얻게 해 준다는 것이 명백하다. 우리는 성경에 대해 묵

---

[323] 참조: J. G. Bougerol, 『Introduzione a S. Bonaventura』, 237.
[324] 참조: Ivi, 238.
[325] A. Blasucci, 『La spiritualità di San Bonaventura』, 45.
[326] 참조: J. G. Bougerol, 『Introduzione a S. Bonaventura』, 241.

상하든 아니면 다른 주제를 묵상하든 간에 이 세 가지 길을 염두에 두어야 한다.[327]

보나벤투라에 따르면, 우리는 다음의 세 가지를 묵상해야 한다. 인간의 행위, 하느님의 행위 그리고 이들 두 행위의 원리.[328] 이러한 묵상에 우리 영혼의 모든 능력을 사용하지만, 그 가운데 네 가지가 보다 우세하게 사용된다. 이성(ratio), 본심(synderesis), 양심(coscientia), 의지(voluntas).[329] 보나벤투라는 "이러한 묵상 안에서 이성은 탐색하여 제안하고, 본심은 그 문제를 판단하여 명확하게 하며, 양심은 동의하여 결론내리고, 의지는 선택하여 해결책을 이끌어" 낸다고 설명한다.[330] 이러한 논법은 세 가지 길 모두에 적용된다.[331]

보나벤투라는 『세 가지 길』에서 묵상의 결실들에 관해 서술한다. a) 영혼의 정화, b) 정신의 기쁨, c) 모든 선의 근원으로 되돌아감, d) 사랑 그 자체인 하느님의 현존.[332] 하지만 하느님과의 완전한 일치가 무엇보다 중요한 결실이다.

---

327 『Tripl. via』 I, 18. "Ex his igitur liquide patet, qualiter ad sapientiam sacrae Scripturae pervenitur, meditando circa viam purgativam, illuminativam et perfectivam. Et non solum sacrae Scripturae continentia, immo etiam omnis meditatio nostra versari debet circa ista."

328 참조: 『Tripl. via』 I, 18.

329 참조: 『Tripl. via』 I, 19.

330 『Tripl. via』 I, 19. "Nam in huiusmodi meditatione ratio percunctando offert propositionem, synderesis sentiando profert definitionem, conscientia testificando infert conclusionem, voluntas praeeligendo defert solutionem."

331 참조: 『Tripl. via』 I, 19.

332 참조: 『Tripl. via』 I, 9.14.16.

2.3.3.2. 기도

두 번째 수단 또는 활동은 기도이다. 보나벤투라의 글들에서 기도는 두 가지 기본적인 의미를 지니고 있다. 첫째, 기도라는 용어는 하느님과 소통하는 모든 활동을 의미한다. "한 사람이 주님을 향해 할 수 있는 모든 말, 질문, 태도 또는 몸짓, 모든 묵상, 간청하는 모든 대화 활동을 기도라고 정의할 수 있다."[333] 둘째, 기도라는 용어는 하느님과의 일치와 완전한 삶에 이르는 도구를 설명하고자 사용되고 있다. 보나벤투라는 『수녀들에게 보낸 완전한 삶』에서 기도를 다음과 같이 정의하고 있다. "기도란 정신을 하느님께로 향하는 것이다."[334] 『대전기』에서는 아씨시의 프란치스코를 모범으로 제시하고 있다. "… 그는 사랑하는 분께로부터 오는 위안을 놓치지 않도록 **끊임없이 그분에게 기도함으로써** 자신의 영혼이 하느님의 면전에 항상 있도록 노력하였다."[335] 보나벤투라에 따르면, 기도는 정화, 조명, 완전하게 되고자 실천해야 하는 세 가지 수단 가운데 두 번째 수단에 해당한다. "또한 이 세 가지 길에 나아가는 방법도 세 가지라는 것을 알아야 한다. 곧 묵상을 수반한 독서, 기도, 관상이 그것이다."[336] 기도는 "묵상을 수반한 독서의 두 번째 단계와 관상의 가장

---

333 R. S. Martignetti, 「Oratio」, in 『DB』, 572.
334 『Perf. vitae』 V, 5. "Oratio est conversio mentis in Deum."
335 「LegM」 X, 1; 『FF』 1176. "… ne foret absque consolatione Dilecti, sine intermissione orans, spiritum Deo contendebat exhibere praesentem."
336 『Tripl. via』 prol., 1. "Sciendum est igitur, quod triplex est modus exercendi se circa hanc triplicem viam, scilicet legendo et meditando, orando et contemplando."

신비적인 단계를 의미한다."³³⁷ 보나벤투라에게 기도는 단순히 말들을 암송하는 것이 아니었다. 그는 기도의 은총을 통해 예수 그리스도와 개인적인 관계를 성숙시키고 발전시키도록 권고하였다.³³⁸

보나벤투라의 기도는 예수 그리스도, 특히 십자가에 못 박히신 그리스도께 대한 묵상, 신심 그리고 공경을 바탕으로 한다. 보나벤투라의 기도는 개인적이고 내면적이며 그리스도 중심적인 특징이 있다. 그는 『영성 작품집(Opuscoli spirituali)』에서 자기 인식, 침묵, 고요에 대해 자주 언급하고 있다. 그의 그리스도 중심적인 사상은 그의 모든 작품, 특히 『하느님께 나아가는 정신의 여정』, 『생명의 나무』, 『신비의 포도나무』에서 찾아볼 수 있다.

보나벤투라는 『세 가지 길』에서 기도의 세 단계 또는 세 부분을 설명한다. 1) 비천한 처지를 슬퍼함(la deplorazione della miseria), 2) 자비를 간구함(l'invocazione della misericordia), 3) 흠숭(il culto latreutico). 그리고 계속해서 "모든 완전한 기도는 이러한 세 부분을 가져야 한다. 그 가운데 어느 것도 나머지 없이는 충분하지 않으며 최종 목표로 인도하지 못할 것이다. 그러므로 이 세 부분은 언제나 결합되어야 한다."³³⁹고 설명한다.

---

337 R. S. MARTIGNETTI, 「Oratio」, in 『DB』, 573.
338 참조: Ivi, 574.
339 『Tripl. via』 II, 1. "Nam omnis perfecta oratio debet habere istas tres partes; non enim sufficit una sine aliis nec perducit ad met am perfectam, et ideo haec tria semper sunt coniungenda."

보나벤투라에 따르면, 각 단계 또는 부분은 세 가지 요소와 목적을 수반한다.

단계 또는 부분 (Gradi o Parti)		세 가지 요소 (Tre elementi)	목적 (Obiettivi)
I	비천한 처지를 슬퍼함 (deploratio miseriae)	슬픔(dolorem)	정화 (purgatio)
		수치심(pudorem)	
		두려움(timorem)	
II	자비를 간구함 (imploratio misericordiae)	바람(affluentia desiderii)	하느님의 자비 (divina misericordia)
		희망(fiducia spei)	
		도움(diligentia)	
III	흠숭 (exhibitio latriae)	하느님을 향한 경외와 찬미 (Dei reverentiam et adorationem)	하느님을 향한 완전한 사랑 (perfectam dilectionem Dei)
		사랑과 감사의 행위 (benevolentiam et gratiarum actionem)	
		기쁨과 상호 친교 (complacentiam et mutuam allocutionem)	

또한 보나벤투라는 『수녀들에게 보낸 완전한 삶』에서 완전한 기도 행위의 세 가지 필수요건에 관하여 이야기한다. 먼저, 기도 안에서 "슬퍼하고 참회하는 마음으로 조용히 과거와 현재와 미래의 당신

의 모든 잘못을 성찰하여야 한다."[340] 두 번째로 "감사드려야 한다. 곧 모든 겸손을 다하여 이미 받은 은총과 앞으로 받을 은총에 대하여 창조주께 감사드려야 한다."[341] 그리고 세 번째 요건은 "당신이 기도하는 것 외에는 … 아무것에도 마음을 쓰지 않는 것이다."[342]

보나벤투라는 이러한 세 가지 분석을 통해 기도의 결실을 찾아낸다. a) 사악한 적의 유혹과 함정을 극복함(vincere le tentazioni e le astuzie del maligno), b) 하느님 나라(il regno dei cieli), c) 진리의 빛(lo splendore della verità), d) 관상(la contemplazione), e) 하느님을 향한 완전한 사랑(l'amore perfetto di Dio).[343] 하지만 무엇보다도 가장 큰 결실은 보나벤투라가 자신의 신학적이고 영성적인 사상 전체에서 설명하듯이 하느님과의 일치일 것이다.

2.3.3.3. 관상

보나벤투라는 『세 가지 길』에서 완전에 이르는 단계에 따른 세 가지 길에서 제시되는 세 가지 수단 또는 활동 가운데 하나로 관상

---

340 『Perf. vitae』 V, 2. "debes sine strepitu ex amaro et contrito corde de omnibus miseriis tuis cogitare, scilicet praesentibus, praeteritis et futuris."
341 『Perf. vitae』 V, 3. "est necessarium, est gratiarum actio, ut videlicet suo Creatori cum omni humilitate grates referat pro beneficiis ab eo iam receptis et adhuc recipiendis."
342 『Perf. vitae』 V, 4. "necessario requiritur, est, ut animus tuus nihil aliud … cogitet praeter id solum, quod precaris."
343 참조: 『Itin.』 I, 2.8; 『Perf. vitae』 V, 1; 『Tripl. via』 Prol., 1; II, 1-8; III, 7.

에 대해 말한다.[344]

보나벤투라는 자신의 모든 작품에서 관상이란 그리스도와 일치 안에서 체험하는 사랑과 지혜이고, 하느님을 향한 영적 여정에서 필수적인 체험이며, 그리스도교 생활의 목적 그 자체라고 계속해서 언급하고 있다. 『육일간의 창조에 관한 학술 강연집』에서 세라핌 박사는 **세 가지 말씀**이 관상으로 들어가는 열쇠라고 주장한다. 특히 그리스도는 **창조되지 않은 말씀**과 **육화하신 말씀**의 신비이기 때문에 그리스도의 인성은 관상의 가장 중요한 열쇠이다. 가장 높은 차원에서 우리는 신성과의 일치 안에서 그리스도의 인성을 묵상할 수 있다. 보나벤투라에게 예수 그리스도는 참된 관상의 유일한 스승(maestro)이다. 그는 관상의 가장 높은 차원을 무아無我의 일치, 곧 사랑 안에서 하느님과의 일치라고 설명한다. 보나벤투라는 그리스도를 영혼과 세계의 중심으로 이해한다. 그는 우리가 예수 그리스도와의 일치 안에서만 하느님을 깊이 관상할 수 있다고 주장한다.[345]

『세 가지 길』에서 세라핌 박사는 우리가 일곱 단계를 거쳐 평화의 안식, 진리의 빛, 사랑의 감미로움에 인도되고 도달할 수 있다고 상세히 설명하고 있다. 양심의 주의 깊음, 두려움, 슬픔, 탄원, 엄정함, 사랑에 대한 열망 그리고 마지막으로 안식, 곧 하느님 날개의 그

---

344 참조: A. BLASUCCI, 「Contemplazione e santità in San Bonaventura」, in 『San Bonaventura maestro di vita francescana e di sapienza cristiana. Atti del Congresso Internazionale per il VII Centenario di San Bonaventura da Bagnoregio』, III, 373.

345 참조: I. DELIO, 「Toward a New Theology of Franciscan Contemplation: The Mysticism of the Historical Event」, in 『The Cord』, vol. 46, no. 3 (1996), 131-140.

늘 아래 보호받는 사람에게 주어지는 평화.[346] 이와 마찬가지로 진리의 빛에 이르는 데 거쳐야 하는 일곱 단계가 있다. 이성의 동의, 동정심, 찬미의 눈길, 모든 제한을 넘어서는 봉헌, 그리스도를 닮고자 옷 입음, 십자가를 껴안음, 진리를 바라봄.[347] 그리고 사랑의 감미로움에 다다르려면 거쳐야 하는 일곱 단계가 있다. 격려하는 깨어있음, 위안을 주는 신뢰, 불타 오르는 갈망, 높이 솟아오르는 환희, 평화로운 기쁨, 기뻐하는 행복, 하나 되는 열정.[348]

이미 살펴보았듯이 관상의 형태는 **지성적 관상**과 **지혜적 관상** 두 가지이다. "지성적 관상은 지혜적 관상으로 나아가는 길을 연다."[349] 보나벤투라에 따르면, 우리는 관상을 통해 **하느님과 신비적 또는 영적 합일의 일치**에 이를 수 있다.[350]

맺음말

보나벤투라는 아씨시의 성인에게서 영감을 받아 총장 재임 동안 우리가 살펴 본 영성적이고 신비적인 작품들을 집필하였다. 이 작품들의 중심에는 한 분이며 삼위인 하느님과의 완전한 일치가 있다.

---

346 참조: 『Tripl. via』 III, 2.
347 참조: 『Tripl. via』 III, 3.
348 참조: 『Tripl. via』 III, 6.
349 M. Malaguti, 「Contemplatio」 in 『DB』, 264.
350 참조: A. Blasucci, 「Contemplazione e santità in San Bonaventura」, in 『San Bonaventura maestro di vita francescana e di sapienza cristiana. Atti del Congresso Internazionale per il VII Centenario di San Bonaventura da Bagnoregio』, III, 381.

보나벤투라는 하느님을 향한 영성적이고 신비적인 여정을 설명하면서 그리스도의 신비, 곧 그리스도의 육화, 여러 덕, 수난과 십자가에 집중한다. 왜냐하면 오직 그리스도 안에서만 인간은 자신을 부르는 하느님께 더 가까이 다가갈 수 있고, 피조물은 평화를 누리기 시작하기 때문이다.[351] 다시 말해, 보나벤투라는 그리스도를 하느님 안에 그리고 하느님 그 자체에 존재하는 이데아를 통해, 하느님으로부터 나와 하느님께로 돌아가는 움직임의 중심으로 본다.[352] 보나벤투라는 그의 신학에서 그리스도 중심주의를 설명하고자 **네 가지 말씀**을 활용한다. **창조되지 않은 말씀**, **육화하신 말씀**, **영으로 충만한 말씀** 그리고 **십자가에 못 박히신 말씀**.

우리는 보나벤투라의 사상에서 말씀의 근본적인 중심성을 쉽게 찾아볼 수 있다. 『육일간의 창조』에서 절대적인 그리스도 중심주의로 발전하게 되는 이러한 말씀의 중심성은 창조되지 않은 말씀, 육화하신 말씀, 영으로 충만한 말씀이라는 삼부작 안에서 최종적인 용어상의 발전을 이룬다.[353] 『보나벤투라 사전』에서 피에트로 마라네지는 자신의 논고를 결론지으면서 신비 여정에서 보나벤투라의 그리스도 중심주의와 **세 가지 말씀** 사이의 관계를 다음과 같이 요약한다.

실제로 그 안에서 보나벤투라는 사랑의 "유출(exitus)" 안에서

---

351 참조: A. Pompei, 「La centralità di Cristo」, in 『Lettura critica di San Bonaventura』, 57.
352 참조: Ivi, 60.
353 참조: Ivi, 854.

성부의 영원하고 일시적인 표현인 "말씀"의 신학과 사랑으로의 "환원(reditus)"인 성부를 향한 지성과 사랑의 여정을 질서정연하게 그리고 점진적으로 끝마칠 수 있게 하는 인간의 내적 조명의 중요성을 요약하고 압축한다. "세 가지 말씀" 안에서 보나벤투라에 의해 표현된 절대적인 그리스도 중심주의는 지성과 사랑, 이성과 신앙, 계시와 과학이 대립하는 상반된 긴장 사이의 대화를 시작하기 위한 그의 "해결책"을 구성한다. 보나벤투라는 그의 절대적인 그리스도 중심주의를 통해 모든 인간이 지성과 사랑으로 하느님께로 돌아가게 되는 하느님을 향한 영혼의 여정에 대한 가능성을 확인하기 위한 단일한 대답을 제시한다.[354]

그리고 **육화하신 말씀**과 연관된 십자가에 못 박히신 말씀은 보나벤투라의 신비주의 안에서 특별한 위치를 차지하는데, 십자가에 못 박히신 그리스도가 하느님을 향한 정신 여정의 절정이기 때문이다.

보나벤투라는 삼중 구조, 특히 세 가지 위계적 행위와 그 세 가지 수단 또는 활동을 사용하여 하느님을 향한 상승의 여정을 설명한다. 우리 영혼은 **우리 밖에서** 출발하여, **우리 안을** 거쳐, **우리 위까지** 나아가고, 마침내 하느님께로 돌아간다. 이러한 과정에서 영혼은 정화, 조명, 일치의 길을 경험하게 된다. 이 길들은 연속적인 것이 아니라 평행적인 것이지만, 영성 생활의 시기별로 하나가 나머지 길들보다 우세할 수는 있다. 정화의 길로 시작한다면 그것은 죄에 대한 투쟁이 그리스도와의 일치의 조건이기 때문이다. 그러나 이것이 그리

---

354 P. Maranesi, 「Verbum (Jesus Christus)」, in 『DB』, 854.

스도를 모방하고 그분과 일치를 이루고자 시도하기 전에 반드시 일정한 시간을 보내야 하는 것을 의미하지는 않는다. 죄의 정화와 유혹에 맞서 싸우는 것은 힘을 주는 일치 안에서 그리고 불완전함과 죄를 더 잘 깨닫는 사람이 되게 해 주는 조명과 그리스도의 모방 안에서, 점점 커지는 완전함과 거룩함에 대한 열망을 함께 지님으로써 전 생애에 걸쳐 계속될 수 있다.[355]

각 길은 십자가에 못 박히신 그리스도께 그 초점의 중심을 두고 있다. 그리스도의 수난을 관조함으로써 인간은 자신이 죄인임을 깨닫고 회개를 시작한다. 그런 다음 그리스도를 모방하고자 자극되고, 마침내 그분을 닮게 된다. 프란치스코에게는 오상이 새겨지는 것으로 실현될 것이다.[356]

이러한 세 가지 요소는 인간을 위해 그의 영적 상승 전체에 대한 용어, 개별 과정의 행위와 일치하고 있는 추구해야 할 세 가지 위계적 행위를 형성한다. 죄를 쫓아 버리는 정화의 길, 그리스도를 본받는 조명의 길, 임과 일치하는 완전 또는 일치의 길.[357] 그리고 보나벤

---

355 참조: L. Veuthey, 「L'itinerario dell'anima francescana verso Dio」, in 『Giustizia e virtù di religione nella spiritualità francescana, Quaderni di Spiritualità francescana』, XIV, 107-108.
356 참조: G. Frasca, 『Dal mistero di Cristo alla mistica di Francesco d'Assisi. Un percorso per giungere all'unione con Dio che il Santo propone a tutti i fedeli』, Roma 2012, 19-20.
357 참조: 『Tripl. via』 III, 1; A. Blasucci, 「Contemplazione e santità in San Bonaventura」, in 『San Bonaventura maestro di vita francescana e di sapienza cristiana. Atti del Congresso Internazionale per il VII Centenario di San Bonaventura da Bagnoregio』, III, 365-366.

투라는 각 길에 세 가지 수단 또는 활동, 곧 묵상, 기도, 관상을 적용한다. 이들이 각 행위를 실행에 옮기게 하고 영적인 열매를 맺게 해 주기 때문이다.[358]

---

358 참조: A. Blasucci, 『La spiritualità di San Bonaventura』, 45.

3장
『대전기』: 하느님을 향한 상승의 전기문학

머리말

    탁월한 프란치스칸 스승, 보나벤투라는 우리에게 예수 그리스도를 하느님께 인도하는 삶의 중심으로 제시하고, 또한 수덕-신비 생활의 역동성과 함께 그의 가르침을 펼침으로써 우리를 그분과 하나되게 하는 구체적인 방법으로 가르친다.[01] 매우 프란치스칸다운 보나벤투라는 자신의 수덕-신비 여정 안에서, 십자가에 못 박히신 분의 모습을 띤 날개 달린 세라핌의 오상의 환시를 통해 세라핌 사부를 본보기로 삼고 있다.[02]

    아씨시의 빈자의 생애는 보나벤투라에게 한 분이며 삼위인 하느님과의 일치를 목적으로 하는 매력적인 이상이다. 보나벤투라는 프란치스코의 체험이 참으로 유일무이하고 특별한 것임을 알아보았다. 세라핌 박사는 프란치스코의 생애를 묵상하고자 자신의 마음과 정신을 활용한다. 보나벤투라는 묵상을 통해 모든 이들이 프란치스코가 하느님께 나아가려고 걸었던 것과 같은 여정을 걸을 수 있다는

---

01   참조: M. Ciccarelli, 『S. Bonaventura maestro di vita spirituale』, 119.
02   참조: 『Itin.』 Prol., 2; M. Ciccarelli, 『S. Bonaventura maestro di vita spirituale』, 143.

것을 가르치고자 프란치스코의 영적 여정을 모든 신자에게 소개하는 『대전기』를 집필하였다.[03] 보나벤투라의 천재성은 그가 프란치스코의 체험을 이해하고, 그것을 철학적이고 신학적으로 표현하는 과정에서 드러난다.[04]

이 장에서는 보나벤투라가 『대전기』에서 프란치스코의 생애를 서술하고자 자신의 신비신학을 어떻게 적용하였는지 살펴볼 것이다. 먼저, 보나벤투라가 왜 그리고 어떻게 이 전기문학적인 성인전(legenda)을 집필하였는지 살피고, 그 가치를 제시할 것이다. 그런 다음, 세라핌 박사가 『대전기』에서 자신의 신비신학 특징을 어떻게 사용하였는지 살펴볼 것이다.

1. 성 프란치스코의 『대전기』

성 프란치스코에 관한 전기문학 연작물을 구성하는 보나벤투라의 작품은 셋이다. 『대전기』로 알려진 『복된 프란치스코의 생애(Vita beati Francisci)』, 『기적들에 관한 소고(Tractatus de miraculis)』, 『소전기(Legenda minor)』로 더 잘 알려진 『복된 프란치스코의 약전(Vita minor beati Francisci)』이 그것이다.[05] 이 전기문학 작품들은 1260년 나르본 총회 참석자들의 요청에 의해 집필되었고, 3년 뒤 피사 총회에서 인준되

---

03 참조: 폴 루트, 『프란치스코와 보나벤투라』, 109-110.
04 참조: Ivi, 84-85.
05 참조: F. Uribe, 『Introduzione alle fonti agiografiche di san Francesco e santa Chiara d'Assisi (secc. XIII-XIV)』, Assisi 2002, 229.

었다. 그리고 파리 총회에서(1266년) 『대전기』는 성인의 공식 전기로 선언되었다.[06]

세라핌 박사의 엄정한 정신 안에서 『대전기』의 작성은 우연적이거나 즉흥적인 사건이 아니었다.[07] 이러한 사실은 1255-1267년 사이의 기간에 쓰인 다섯 개의 성 프란치스코에 대한 설교에서 잘 드러나고 있다.[08] 실제로 이 설교들은 우리를 『대전기』가 쓰여지는 글방으로 데려다준다.[09] 자끄 달라룬은 "적어도 1257년 총장이 되었을 때부터 보나벤투라는 이미 프란치스코의 모습을 다시 기록해야 한다는 것을 알고 있었으며, 1255년의 설교는 그가 그런 일을 할 준비가 되었음을 우리에게 증명해 준다."[10]고 주장한다. 비록 단일한 원천사료를 사용한 것은 아니지만, 보나벤투라가 사용한 주요 원천사료들은 토마스 첼라노의 전기들, 『세 동료가 쓴 성 프란치스코 전기』, 율리아노 다 스피라가 쓴 『성 프란치스코의 생애』이며, 이 자료들은 다양한 비중으로 사용되었다. 가장 많이 사용된 원천사료는 토마스 첼라노의 『2생애』이다. 저자는 이 본문들을 자유자재로 사용한다.[11]

---

06 참조: F. Uribe, 「Franciscus」, in 『DB』, 416.
07 참조: J. Dalarun, 『La Malavventura di Francesco d'Assisi. Per un uso storico delle leggende francescane』, Milano 1996, 155.
08 참조: F. Uribe, 「Franciscus」, in 『DB』, 417; J. Dalarun, 『La Malavventura di Francesco d'Assisi』, 155.
09 참조: J. Dalarun, 『La Malavventura di Francesco d'Assisi』, 156.
10 Ivi, 157.
11 상세하고 정확한 설명은 F. Accrocca, 『Un santo di carta. Le fonti biografiche di san Francesco d'Assisi』, Milano 2013, 366-370; F. Uribe, 『Introduzione alle fonti

가능한 가장 확실한 방법으로 진실 안에서 성인의 생애를 더 분명하게 이해하고자 보나벤투라는 프란치스코가 살았던 장소들을 방문하였고, 아직 살아있던 초기 동료들, 에지디오 형제나 아씨시의 빈자가 이집트의 술탄에게 갔을 때 동행한 일루미나토 형제에게서 증언을 청취하였다.[12]

우리의 관심사는 본문의 편집 과정이 아니라 성인의 새로운 전기에 대한 영성적이고 수덕-신비적인 배경이다. 이제 저자의 의도와 목적, 『대전기』의 구조와 평가에 중점을 두고 살펴보자.

1.1. 저자의 의도와 『대전기』의 목적

모범이요 많은 공경을 받아 마땅한 한 인물의 삶을 기록하는 데 부족하고 능력이 없다고 느낀 보나벤투라는 머리말에서 성 프란치스코의 새로운 전기를 쓰게 된 세 가지 동기를 직접 밝히고 있다. a) 형제들의 열렬한 갈망, b) 총회의 만장일치된 요청, c) 성 프란치스코에 대한 신심.[13] 또한 저자는 집필의 주된 이유를 다음과 같이 말하고 있다.

---

agiografiche di san Francesco e santa Chiara d'Assisi (secc. XIII-XIV)』, 243-252; L. PELLEGRINI, 「Introduzione」, in 『Opuscoli francescani/1, Opere di San Bonaventura, XIV/1』, Roma 1993, 43-59; P. MESSA, 「Introduzione」, in 『Vita di Francesco. Legenda maior』, (a cura di) P. MESSA, Milano 2009, 55-73을 보라.

12 참조: A. VAUCHEZ, 『Francesco d'Assisi』, 212; 「LegM」 Prol., 4: 『FF』 1024.
13 참조: 「LegM」 Prol., 3: 『FF』 1023.

나는 그를 통해서 하느님이 나를 구해 주셨다는 것을 깨닫고 있으며, 나 자신의 체험으로 그의 중재의 능력을 알았으니 내가 지금 그의 생애를 쓰는 주요한 이유는 여기저기 흩어져 있고 부분적으로 잊혀져 있는 그의 덕과 그가 말하고 행한 모든 것에 관한 여러 가지의 기록을 한데 모으고자 함이다. 그렇게 하지 않으면 이 모든 것들은 그와 함께 살았던 형제들이 죽을 무렵이면 다 잃어버릴 것이다.[14]

『대전기』의 본문은 이러한 동기들 외에 다른 명시적인 정보를 제공하지 않는다.[15] 하지만 이들로는 저자의 의도와 새로운 전기의 목적을 되짚어보기에 부족하다. 보나벤투라가 자신의 후대를 위해 성인의 새로운 전기를 쓴다고 밝혔지만, 당시 이미 같은 목적으로 쓰인 전기들이 존재했다. 예를 들어, 토마스 첼라노 형제의 전기들, 율리아노 다 스피라의 『성 프란치스코의 운문 성무일도』와 『성 프란치스코의 생애』 등이 있었다.[16]

---

14 「LegM」 Prol., 3: 『FF』 1023. "Et haec penes me causa praecipua hunc assumendi laborem, ut ego, qui vitam corporis et animae a Deo mihi conseruatam recognosco per ipsum et virtutem eius in me ipso expertus agnovi, vitae illius virtutes, actus et verba quasi fragmenta quaedam, partim neglecta partimque dispersa, quamquam plene non possem, utcumque colligerem, ne, morientibus his qui cum famulo Dei convixerant, deperirent."

15 참조: F. Uribe, 『Introduzione alle fonti agiografiche di san Francesco e santa Chiara d'Assisi (secc. XIII-XIV)』, 257.

16 참조: E. Cousins, 「Introduction」, in 『Bonaventure: The Soul's Journey into God, The Tree of Life, The Life of St. Francis』, 38; R. Pompei, 「Francesco - ≪speculum virtutum≫ per i francescani negli scritti bonaventuriani」, in 『DS』, 50 (2008), 103.

따라서 역사적인 배경 또한 함께 고려해야 할 필요가 있다. 일련의 역사적인 사건들을 살펴보는 것은 보나벤투라의 의도와 목적을 이해하는 데 매우 중요하다. 1257년 2월 2일, 파르마의 요한이 해임되고, 로마 총회에서 보나벤투라가 작은형제회의 총장으로 임명되었다.[17] 그가 새로운 총장으로 선출되고 두 달이 조금 지난 1257년 4월, 보나벤투라는 참으로 준비된 개혁가로서 그의 면모를 보여주는, 형제들에게 보내는 첫 번째 편지 「비록 제가 부족하지만(Licet insufficientiam meam)」을 쓴다.[18] 여기서 보나벤투라는 참된 프란치스칸 삶을 요청하고, 수도회의 명예에 해를 끼치는 열 가지 악행, 곧 돈의 사용, 형제들의 게으름, 방랑벽, 형제들의 무례한 요구들, 호화롭고 화려한 건물의 건축, 이성과 의심스러운 교제, 장상들의 무능력, 신자들의 장례와 유언에 대한 관여, 불필요하고 값비싼 주거지 이동, 과도한 지출을 근절하도록 권고하고 있다.[19]

"3년 뒤 보나벤투라는 - 우리에게 전달된 - 앞선 11번의 총회 결정들을 모아 하나로 엮고 완성하여 1260년 나르본 총회에서 인준받았다."[20] 『나르본 회헌(Constitutiones Narbonenses)』으로 불리는 보나벤투라의 이러한 법규정은 오랫동안 진행되어 온 발전, 곧 중앙집중화와

---

17 참조: J. G. BOUGEROL, 「Francesco, guida alla perfezione evangelica secondo la Legenda Major di Bonaventura」, in 『DS』, 30 (1983), 16-17.
18 참조: F. ACCROCCA, 『Un santo di carta』, 335; J. DALARUN, 『La Malavventura di Francesco d'Assisi』, 153.
19 참조: 『Epist. offic.』 I.
20 J. DALARUN, 『La Malavventura di Francesco d'Assisi』, 153.

성직화를 마무리 짓고 있다.[21]

　새로운 회헌(Constitutiones)을 인준받은 다음, 보나벤투라는 그가 『대전기』의 머리말에 적었듯이 창립자의 공식 전기를 집필할 책임을 총회로부터 위임받았다.[22] 당시 이탈리아 중부를 벗어나서는 형제들이 프란치스코에 대해 많이 말하지 않았다. 그의 모습은 그가 이룬 업적에 가려져 있었다. 총회는 회칙에 대한 형제들의 충실성을 회복시키고 프란치스코가 어떤 인물인지 그들에게 알려주고자 회헌과 함께 수도회에 프란치스코의 모습을, 모범을 제시하고자 하였다.[23] 이렇게 하여 보나벤투라는 『대전기』라 불리는 새로운 전기를 1260년과 1263년 사이에 집필한다.[24] 이 새로운 전기는 이어지는 총회(1263)에서 만장일치로 인준될 정도로 나르본 총회의 바람에 완벽히 부응하는 것이었다.[25] "피사 총회(1263)에서는 『대전기』와 『소전기』 모두 34부의 필사본(수도회의 관구마다 한 부씩)이 편찬되었다. 각

21　테오필 디보넷은 **나르본 회헌** 안에 프란치스코의 모습이 희박稀薄하다고 강조하였다. 참조: T. Desbonnets, 『Dalla instuizione alla istituzione』, Milano 1986, 171-178.
22　참조: J. G. Bougerol, 『Introduzione a S. Bonaventura』, 257.
23　참조: Ivi, 257-258.
24　참조: J. Freyer, 「Schede delle opere di san Bonaventura」, in 『DB』, 123.
25　참조: J. G. Bougerol, 『Introduzione a S. Bonaventura』, 258. 1257년, 로마 총회에서 보나벤투라가 총장으로 선출되었을 당시, 수도회에는 3만 내지 3만5천 명의 형제들이 32개 관구에 분포되어 있었다. 시작한 지 불과 50년이 지난 수도회로서는 분명 괄목할만한 수이다. 그리고 겨우 6년이 지난 1263년, 『대전기』는 당시 수도회를 구성하던 34개 관구에 배포되었다. 참조: J. G. Bougerol, 『Opere di San Bonaventura, Introduzione Generale』, Roma 1990, 31; P. Messa, 「Introduzione」, in 『Vita di Francesco. Legenda maior』, 58.

관구는 이 필사본을 수도원 수에 따라 필사하여야 했다."[26] 그리고 파리에서 열린 이어지는 총회는 『대전기』를 궁극적이고 독점적인 유일한 공식 전기로 선언하고, 앞선 모든 전기를 수도회 외부로 유포된 것들까지 모두 파기하도록 명령하였다.[27] "그리고 이렇게 『대전기』는 1768년까지 수 세기 동안 형제들이 프란치스코의 모습과 영혼을 찾던 성 프란치스코의 공식 전기였다."[28]

이러한 일련의 역사적인 사건들 안에는 『대전기』를 집필하는 데 영향을 미친 세 가지 요소가 존재한다. a) 수도회 외부와의 대립 - 요아킴주의에 대한 비난, b) 수도회 내부의 상황 - 수도회 안에 존재하는 다른 두 흐름(영성주의 형제들과 공동체 중심 형제들), c) 프란치스코에 관한 문학 작품의 증가와 다양화.[29]

보나벤투라는 당시 수도회 총장으로서 수도회의 대내외적인 어려움을 극복하려고 새로운 회헌과 공식 전기를 집필하였다. 『대전

---

26 F. Uribe, 「Introduzione alle fonti agiografiche di san Francesco e santa Chiara d'Assisi (secc. XIII-XIV)」, 242.

27 참조: Ibidem. 하지만 10년 뒤인 1276년, 파도바 총회에서 후에 니콜라오 4세라는 이름으로 교황에 선출된 보나벤투라의 후계자, 아스콜리의 지롤라모는 성 프란치스코와 다른 거룩한 형제들에 관해 쓰인 모든 작품을 찾아 총장인 그에게 보내도록 명령하였다. 참조: A. Little, 「Definitiones Capitulorum generalium Ordinis Fratum Minorum 1260-1282」, in 『AFH』, 7 (1914), 681.

28 J. G. Bougerol, 「Francesco, guida alla perfezione evangelica secondo la Legenda Major di Bonaventura」, in 『DS』, 30 (1983), 18.

29 세 가지 역사적인 요소에 대한 상세하고 정확한 설명은 F. Uribe, 「Introduzione alle fonti agiografiche di san Francesco e santa Chiara d'Assisi (secc. XIII-XIV)」, 234-243을 보라.

기』의 목적은 프란치스코에 대한 참되고 단일한 모습을 제시함으로써 외부의 비난으로부터 수도회를 보호하고, 수도회 내부의 일치를 유지하려는 것이다. 이러한 목적은 호교적인 동시에 교육적인 것으로 여겨질 수 있다. 보나벤투라는 호교-교육적인 목적 외에 그리스도에 대한 자신의 고유한 신학-신비적 개념을 통해서 그리스도를 모방하는 인간의 탁월한 모범으로 프란치스코를 제시하고자 하였다. 이 또한 저자의 특별한 의도를 나타내는 것이다.[30]

1.2. 『대전기』의 구조

『대전기』는 하나의 머리말과 15개의 장으로 구성되어 있다.[31] 작품의 끝부분에는 10개의 장으로 나누어진 『기적들에 관한 소고』가 부록처럼 덧붙여져 있다. 거룩한 오상이 지닌 기적의 힘, 되살아난 죽은 사람들, 죽을 위험에서 구해진 사람들, 난파선에서 구조된 사람들 등.[32]

보나벤투라는 프란치스코의 생애를 시작(initium)과 성장(progressus)과 완성(consummatio)이라는 순서에 따라 서술하고자 한다고 밝히고 있다.[33] "그의 생애의 시작과 성장 그리고 완성은 이 순서로 15개

---

30 참조: F. Uribe, 『Introduzione alle fonti agiografiche di san Francesco e santa Chiara d'Assisi (secc. XIII-XIV)』, 258-259.
31 참조: J. G. Bougerol, 『Introduzione a S. Bonaventura』, 258-259.
32 참조: F. Uribe, 『Introduzione alle fonti agiografiche di san Francesco e santa Chiara d'Assisi (secc. XIII-XIV)』, 253.
33 참조: F. Accrocca, 『Un santo di carta』, 371.

의 장에 서술되었다."³⁴ 이러한 삼중 구조에 따르면, 우리는 내용에 따라 두 유형으로 나누어진 장들에서 세 부분을 구분할 수 있다. a) 연대순으로 기술된 몇몇 장, b) 주제별로 기술된 다른 장들.³⁵

연대순으로 기술된 장들 (capitoli cronologici)	I - IV	프란치스코의 회개부터 수도회의 시작까지
	XIII - XV	오상받음부터 시성까지
주제별로 기술된 장들 (capitoli tematici)	V - XII	프란치스코의 덕들 또는 거룩함(겸손, 순명 등)

몇몇 학자들에 따르면, 보나벤투라는 수덕-신비 생활의 세 가지 길에 관한 전통적인 가르침에 따라 프란치스코의 완전을 향한 여정을 발전시켰다. 다시 말해, 성인은 **정화의 길**을 거쳐(I-IV), **조명의 길**로 나아가며(V-XII), **완전의 길** 또는 **일치의 길**에서 마침내 완성에 이르게 된다(XIII-XV).³⁶ 하지만 우리는 또한 세 가지 길에 관한 가르침을 두 번째 부분에 특수한 형태로, 곧 중앙부의 장들을 첫 번째와 세 번째 부분과 연관지어 적용할 수 있다:³⁷ **정화의 길**(I-II 그리고 V-VII),

---

34 「LegM」 Prol., 5: 『FF』 1026. "Initium autem vitae ipsius, progressus et consummatio quindecim distincta capitulis describuntur inferius adnotatis."

35 참조: F. URIBE, 『Introduzione alle fonti agiografiche di san Francesco e santa Chiara d'Assisi (secc. XIII-XIV)』, 253.

36 참조: Ibidem.

37 참조: F. ACCROCCA, 『Un santo di carta』, 370-371.

조명의 길(III-IV 그리고 VIII-X), **완전의 길** 또는 **일치의 길**(XIV-XV 그리고 XI-XIII).[38]

이와는 달리, 다른 학자들은 잘 드러나지는 않지만 오상에 이르기까지 프란치스코의 업적과 생애를 담고 있는 『대전기』의 다른 구조에 관해 설명한다. 일곱 가지 그리스도의 십자가 발현이 그것이다.[39] 일곱 가지 발현은 다음과 같다. a) 그리스도의 십자가가 새겨진 갑옷으로 가득 찬 궁전에 관한 밤의 환시(I, 3: 『FF』 1031), b) 완전히 새롭게 기술된 십자가에 못 박히신 그리스도의 발현(I, 5: 『FF』 1035), c) 성 다미아노 성당에서 있었던 십자가에 못 박히신 그리스도와의 대화(II, 1: 『FF』 1038), d) 프란치스코의 입에서 황금 십자가가 나오는 것을 본 실베스트로 형제의 환시(III, 5: 『FF』 1056), e) 프란치스코가 십자가 형태를 띤 두 개의 검 모양의 표지를 지닌 것을 본 파치피코 형제의 환시(IV, 9: 『FF』 1078), f) 아를에서 안토니오가 십자가에 대해 설교하고 있을 때 프란치스코가 두 팔을 십자가 모양으로 펼치고 공중에 뜬 채로 회의실 문 위에 나타난 것을 본 모날도 형제의 환시(IV, 10: 『FF』 1081), g) 마지막 환시는 십자가에 못 박히신 그리스도의 겸손한 형상으로 나타난 세라핌의 환시이다(XIII, 3: 『FF』 1225).[40] 클라우

---

38 참조: F. URIBE, 「Introduzione alle fonti agiografiche di san Francesco e santa Chiara d'Assisi (secc. XIII-XIV)』, 253-254; R. J. ARMSTRONG, 「Towards an unfolding of the structure of St. Bonaventure's Legenda Major」, in 『The Cord』, vol. 39, no. 1 (1989), 7-9.

39 참조: C. LEONARDI, 「Introduzione」, in 『LF IV』, 20.

40 참조: Ivi, 20-21; F. ACCROCCA, 『Un santo di carta』, 358-359.

디오 레오나르디에 따르면, 십자가에 못 박히신 그리스도와 연관된 구조는 **전기**의 연대순으로 기술된 부분과 주제별로 기술된 부분 사이에 강한 접점을 만들어내고자 보나벤투라에 의해 사용되었다.[41]

이러한 사실에 비추어 『대전기』의 구조를 살펴볼 때 우리는 보나벤투라가 체계적인 저자임을 알게 된다.[42]

1.3. 『대전기』에 대한 평가

"『대전기』에 대한 최선의 평가는 아마도 각 장을 신중하고 분석적으로 읽은 다음에야 우리 스스로 내릴 수 있을 것이다."[43] 우선 보나벤투라의 이 작품을 둘러싸고 격렬한 논쟁이 전개되었다는 점을 상기할 필요가 있다. 이러한 논쟁은 영성주의 형제들과 고통스러운 충돌이 있었던 시기(13세기 말과 14세기 초)에 처음 생겨났고, 지난 100년간 프란치스칸 원천을 연구하는 여러 학자들 사이에서 재현되었다.[44]

영성주의 형제들은 앞선 **전기들**에서 언급된 몇몇 일화들에 대해 침묵하고 축소하였다는 이유로 보나벤투라의 이 작품을 공개적으로 비판하였다.[45] 예를 들어, "카살레의 우베르티노는 이 점을 분

---

41 참조: C. Leonardi, 「Introduzione」, in 『LF IV』, 21.
42 참조: F. Uribe, 『Introduzione alle fonti agiografiche di san Francesco e santa Chiara d'Assisi (secc. XIII-XIV)』, 255.
43 Ivi, 261.
44 참조: Ibidem.
45 참조: F. Accrocca, 『Un santo di carta』, 339; F. Uribe, 『Introduzione alle fonti agiografiche di san Francesco e santa Chiara d'Assisi (secc. XIII-XIV)』, 261.

명히 하였다."⁴⁶ 이처럼 몇몇 현대 학자들은 『대전기』가 지닌 역사적 가치를 부정하거나 이에 의문을 제기한다. 이들은 정치적인 분명한 목적으로 역사적인 사실을 다루고 있다고 보나벤투라의 의도를 평가한다.⁴⁷ 예를 들어, 존 R. H. 무어먼은 보나벤투라가 프란치스코의 이상을 참되게 이해하지 못하였다고 주장하며 그를 강하게 비판한다.⁴⁸ 헝가리의 학자인 에디트 파스즈토르는 보나벤투라의 전기 작품은 전기의 참되고 고유한 원천이라 말할 수 없다고 주장한다.⁴⁹ 그녀에게 보나벤투라는 성 프란치스코의 전기작가가 아니다. 왜냐하면 그는 우리에게 성인의 인간적인 실제 모습을 축소하고, 역사적인 참된 모습에서 벗어난 인물상을 제시한다고 보기 때문이다.⁵⁰ 파스즈토르의 주장은 앞서 미콜리가 발표한 논문들의 주장과 일치하는 것이다.⁵¹ 그는 『대전기』가 신학-영성적인 작품일 뿐만 아니라 역

---

46 F. Accrocca, 『Un santo di carta』, 339-340. 사실 보나벤투라에 대한 우베르티노의 태도는 매우 복합적이다. 우베르티노의 태도에 대해서는 L. Potestà, 「San Bonaventura nell'≪Arbor vitae crucifixae Jesu≫ di Ubertino da Casale」, in 『San Bonaventura maestro di vita francescana e di sapienza cristiana. Atti del Congresso Internazionale per il VII Centenario di San Bonaventura da Bagnoregio』, I, (a cura di) A. Pompei, Roma 1976, 187-196을 보라.

47 참조: F. Uribe, 『Introduzione alle fonti agiografiche di san Francesco e santa Chiara d'Assisi (secc. XIII-XIV)』, 261-262.

48 참조: J. R. H. Moorman, 『The Sources for the Life of St. Francis of Assisi』, Manchester 1940, 141.

49 참조: F. Accrocca, 『Un santo di carta』, 344.

50 참조: F. Uribe, 『Introduzione alle fonti agiografiche di san Francesco e santa Chiara d'Assisi (secc. XIII-XIV)』, 264.

51 참조: F. Accrocca, 『Un santo di carta』, 344-345.

사적인 특징을 강하게 유지하고 있음을 인정한다.[52] 미콜리는 『대전기』를 수도회의 재창립에 관한 문헌으로, 새로운 세대의 형제들을 위한 일종의 생활 본보기로 평가한다.[53] 마지막으로, 키아라 프루고니는 보나벤투라가 (실제와는) 다른 프란치스코를 창조해 냈다고 비난한다.[54]

그러나 다른 학자들은 무슨 일이 있어도 세라핌 박사의 이 작품이 지닌 가치를 격찬한다. 그 중에서도 보나벤투라에 대한 전문가들 가운데 한 명인 에티엔 질송은 우리가 역사적인 기록들을 삭제하고자 했다고 비난하였던 그곳에서 세라핌 박사가 도덕적인 일련의 오류들을 바로잡기를 바랐다고 썼다.[55] 그들의 관점에서, 콰라키의 편집자들과 소포로니우스 클라센은 프란치스코의 새로운 전기를 평가하기에 앞서 당시 수도회의 상황을 고려하고, 보나벤투라의 전 작품의 내용을 연구해야 한다고 주장한다.[56] "로자린드 브룩은 보나벤투라에 의해 중세 양식들에서 취한 방법론으로 쓰인 성인의 생애에서 어떠한 거짓도 찾을 수 없다는 의견을 제시한다."[57] 그녀의 입장과

---

52 참조: F. URIBE, 『Introduzione alle fonti agiografiche di san Francesco e santa Chiara d'Assisi (secc. XIII-XIV)』, 264.
53 참조: G. MICCOLI, 『Francesco d'Assisi. Realtà e memoria di un'esperienza cristiana』, Torino 1991, 300.
54 참조: C. FRUGONI, 『Francesco e l'invenzione delle stimmate. Una storia per parole e immagini fino a Bonaventura e Giotto』, Torino 2010, 25-26.
55 참조: E. GILSON, 『The philosophy of St. Bonaventure』, NJ 1965, 21.
56 참조: F. URIBE, 『Introduzione alle fonti agiografiche di san Francesco e santa Chiara d'Assisi (secc. XIII-XIV)』, 265.
57 Ibidem.

마찬가지로 스타니슬라오 다 캄파뇰라는 보나벤투라를 성 프란치스코라는 사람에 대한 충실한 해석가로 평가한다.58

하지만 자끄 달라룬은 이 논쟁에서 특별한 위치를 점하고 있다.59 그는 분명하게 왜곡에 대해 말한다. "보나벤투라에 의한 프란치스코의 천사적인 모습은 성인전 작가가 만들어 낸 왜곡이고 너무나 단순한 것이다."60 그러나 이러한 왜곡은 "순수한 허구와는 다른 것으로, 무엇보다도 프란치스코의 참된 잠재력을 요청해야 하는 경우를 맞닥뜨렸을 때 그 기능을 수행한다."61 실제로 달라룬은 역설적인 연구 과정을 제안한다. 다시 말해서,

> 총장에 의해 서술된 성인의 "행운" 맞은편에 프란치스코의 "불운"이 재구성된다. 곧 전기작가가 빈자에 관해 남기지 않기로 선택하고, 결과적으로 파리 총회에서 파기하기로 조용히 투표하였던 모든 것이다. 이 '불운한' 프란치스코는 보나벤투라가 다시 고쳐 쓰기 전에 선택했던 것보다 더 역사적이지는 않았을 것이다. 그러나 믿음직스러운 증언에 따르면, 이 "불운한" 프란치스코는 그의 죽음에서 한 세대가 지난 시점에 이르러서는 프란치스코라고 받아들이기에 어려운 부분이 있었을 것이다.62

---

58 S. Da Campagnola, 『L'Angelo del sesto sigillo e l'Alter Christus. Genesi e sviluppo di due temi francescani nei secoli XIII-XIV』, Roma 1971, 171.
59 참조: F. Accrocca, 『Un santo di carta』, 345.
60 J. Dalarun, 『La Malavventura di Francesco d'Assisi』, 175.
61 Ibidem.
62 J. Dalarun, 『La Malavventura di Francesco d'Assisi』, 168.

최종적으로, 달라룬은 권고한다. "프란치스코에 대한 역사적인 연구에서 이 '불운한' 프란치스코가 더 가공되지 않은 것이고, 더 생생하고, 더 감미롭고, 무한히 더 매력적이라는 것은 중요하지 않다."[63]

달라룬의 견해는 보나벤투라의 이 작품이 지닌 복합성을 강조하며, 더불어 존 무어먼과 스타니슬라오 다 캄파뇰라의 평가와 같은 정반대되는 평가들로 검증한다. 하지만 이 작품이 지닌 이러한 어려움과 의심할 여지 없는 복합성은 페르난도 우리베가 『보나벤투라의 프란치스코』라는 연구논문에서 본문을 완전히 주석하는 대담하고 위대한 시도를 막지 못하였다.[64] 1900년대 역사기록의 대부분과 거리를 두면서 결론적으로 스타니슬라오 다 캄파뇰라의 평가를 다시 제시함으로써 그는 "다른 어떤 전기작가도 그보다 잘할 수 없을 것이라며 아씨시 프란치스코의 정신을 해석하고 이해할 수 있는 보나벤투라의 능력"[65]을 분명하게 재확인한다. 그의 눈에는 『대전기』가 프란치스코의 체험에 대한 "오늘날까지 존재하는 가장 적절한 설명"[66]으로 확실하게 보이는 것이다.[67] 우리베는 『대전기』가 지닌 가치에 대해 다음과 같이 주장한다.

---

63   J. DALARUN, 『La Malavventura di Francesco d'Assisi』, 175.
64   참조: F. ACCROCCA, 『Un santo di carta』, 346.
65   F. URIBE, 『Il Francesco di Bonaventura. Lettura della Leggenda Maggiore』, Assisi 2003, 541.
66   Ibidem.
67   참조: F. ACCROCCA, 『Un santo di carta』, 346.

『대전기』의 가장 큰 가치는 특별히 프란치스코의 인격, 그의 영적 여정, 십자가에 못 박히신 그리스도와의 일치라는 절정에까지 이르는 그의 신비적 상승에 대해 전해 주는 훌륭한 전기라는 데 있다. … 앞서 언급된 모든 특징은 적지 않은 학자들이 "중세 전기문학 가운데 탁월한 문학 작품" 또는 전기문학과 신비가 조화를 이룬 최고의 걸작이라 할 정도로 매우 큰 찬사를 『대전기』에 안겨주었다. 『대전기』는 성 프란치스코의 정신과 열정에 일치를 이루어 낸 보나벤투라의 내적 세계와 신비체험을 반영하고 있다.[68]

『대전기』는 실제로 보나벤투라의 프란치스코 삶에 대한 체험의 결과이자 프란치스코의 이상과 삶에 관한 신학적이고 신비적인 고찰의 결과이다. 이러한 기본 요소들 가운데 하나 또는 다른 요소들을 소홀히 할 경우 이 중세 전기문학 작품의 풍요로움을 쉽게 잃어버리게 될 위험이 있다. 『대전기』는 결정적으로 프란치스코의 이상을 훼손하지 않는다.[69]

2. 『대전기』 안에서 성 프란치스코의 영적 성숙

"프란치스코, 수도회(형제회), 그리스도, 이들은 보나벤투라의 사

---

68 F. Uribe, 『Introduzione alle fonti agiografiche di san Francesco e santa Chiara d'Assisi (secc. XIII-XIV)』, 268.

69 참조: N. Muscat, 『The life of Saint Francis in the light of Saint Bonaventure's theology on the "Verbum crucifixum"』, 171-172.

상 안에서 제거할 수 없는 세 가지 용어이다."[70] 이 용어들은 보나벤투라의 전기문학 작품들에서도 분명히 나타난다.

보나벤투라는 『대전기』에서 "의심할 여지 없이 유효한 프란치스코의 초상(肖像)을 구현함으로써 수도회를 괴롭히는 내적, 외적인 다양한 문제에 필요한 답을 제시하는 자신의 신학적 능력을 드러내고 있다."[71] 그는 프란치스코의 초상을 "우리에게 [그의 형제들에게] 모범이 되고 세상에서 칭송받을" 가치가 있는 것으로 제시한다.[72] 다시 말해, 이 **전기**는 성인이 살았던 모든 영성을 서술하고, 각 형제들에게 권위를 지니고 창립자의 충실한 제자의 모습, 무엇보다도 그리스도 안에서 하느님과 일치를 향한 그들의 영성 생활의 본보기와 모범과 안내자를 비추어 볼 수 있는 '거울'로서 제공된다.[73]

보나벤투라는 프란치스코를 모범적인 그리스도 신비가로 제시하고자 『대전기』에 자신의 신비신학을 적용하고 있다.[74] 그러므로 여기에서도 앞 장에서 살펴본 그의 신비주의가 지닌 전형적인 특징들을 따라갈 것이다. 그리스도 중심주의, 십자가 신비주의 그리고 세 가지 길.

---

70   J. Dalarun, 『La Malavventura di Francesco d'Assisi』, 155.
71   F. Accrocca, 「Presentazione」, in 『FF, Leggenda maggiore』, 594.
72   참조: 「LegM」 Prol., 2: 『FF』 1922. 이러한 묘사와 유사하게 군중들은 프란치스코를 본받기보다는 칭송해야 할 인물이라고 말한다. 참조: 「LegM」 VI, 2: 『FF』 1104.
73   참조: R. Pompei, 「Francesco - «speculum virtutum» per i francescani negli scritti bonaventuriani」, in 『DS』, 50 (2008), 105.
74   참조: Delio, 『Simply Bonaventure』, 63.

2.1. 『대전기』 안에서 그리스도 중심주의

보나벤투라는 총장으로 선출된 다음 계속해서 자신의 그리스도 중심적인 사상을 발전시켰다. 그리고 프란치스코를 그리스도가 인격화한 것처럼 이해하였다. **세라핌 박사**는 프란치스코의 신앙 체험 안의 그리스도 중심성에서 시작하여 자신의 형이상학을 정교하게 발전시킨다.[75] 보나벤투라 사상의 가장 큰 특징은 그리스도 중심주의이며, 이러한 그리스도 중심성이 성 프란치스코 영성의 영향 아래 발전되었다는 것은 분명하다. "프란치스코의 크리스천 삶 안에서 변함없었던 원천과 지향점은 복음 속의 예수와 집요하리 만큼 철저히 일치하는 것이었다."[76]

『대전기』에서, 프란치스코는 그리스도를 탐구하고 찾는 것에서 시작하여 라 베르나의 환시를 통해 그분과 일치를 이룬 사람으로 제시되고 있다. 이 과정의 마지막에 이르러 프란치스코는 그리스도의 살아있는 모상이 되며, 오상으로 구세주와 하나 되었음을 증명하게 된다. 그 순간에 이르기까지 그는 이러한 특권을 얻은 최초이자 유일한 사람이었다.[77] 이렇듯 보나벤투라에게 프란치스코의 덕과 생애는 그가 그리스도화되는(cristiforme) 성숙의 역사인 것이다.[78] 그러므로 보나벤투

---

75 참조: Z. HAYES, 「The Life and Christological Thought of St. Bonaventure」, in 『Franciscan Christology』, (Edited by) D. MCELRATH, NY 1980, 63.
76 G. 얌마로네, 『프란치스칸 영성』, 47.
77 참조: A. VAUCHEZ, 『Francesco d'Assisi』, 215.
78 참조: I. BRADY, 「La teologia della imitazione di Cristo secondo san Bonaventura」, in 『IB』, 3 (1967), 103.

라는 프란치스코의 삶을, 머리말의 첫 문장에서 언급하고 있듯이 그리스도와 **일치하여 살아가라**는 요청에 응답하는 것으로 제시함으로써 그의 주인공을 그리스도와 항구한 관계에 놓이게 하는 기회를 결코 잃지 않는다.[79] 이러한 이유로 페르난도 우리베는 "이 작품 전체가 '세라핌의 거룩한 환시'(13,10)를 통해 이루어진 빈자의 변모로 절정에 이르는 여정에 대한 묘사 외에 다른 것이 아니다."라고 주장한다.[80] 『대전기』가 『소전기』와 함께 세라핌 사부와 그리스도의 모방에 대한 보다 깊은 전망으로 우리를 이끈다는 것은 의심의 여지가 없다.[81]

무엇보다도 보나벤투라의 그리스도 중심주의는 『대전기』에서 프란치스코의 신원을 밝히는 호칭들을 통해 드러난다. 작품 전반에 걸쳐 프란치스코에게 부여된 성경적이고 그리스도론적인 64개의 호칭이 존재한다.[82] 전체 가운데 다섯 개의 명사가 특별히 중요하다. vir(사람), servus(종), pauper(빈자), praeco(전령) 그리고 dux(사령관).[83]

『대전기』에서 프란치스코를 지칭하는 데 가장 많이 반복되는 용어는 자주 다양한 형용사를 수반하는 명사 vir(uomo; 사람)이다.[84] 그러

---

79 참조: F. URIBE, 「Franciscus」, in 『DB』, 428.
80 Ibidem.
81 참조: I. BRADY, 「La teologia della imitazione di Cristo secondo san Bonaventura」, in 『IB』, 3 (1967), 102.
82 참조: F. URIBE, 「Franciscus」, in 『DB』, 424.428.
83 참조: Ivi, 424-425.
84 『대전기』에서는 명사 vir와 함께 사용된 hierarchicus, humilis, sanctus, mitis, devotus, pius, simplex et purus, beatus, novus, venerabilis, mirabilis, christianissimus, angelicus와 같은 형용사들을 보게 된다. 참조: Ivi, 424.

나 이러한 모든 호칭 가운데 세 가지 이유에서 vir Dei(하느님의 사람)이라는 호칭은 특별한 관심을 기울일 만한 가치가 있다. 가장 잦은 빈도(74번 등장함),[85] 보나벤투라가 꼽은 중요성, 작품의 문맥 안에서 가지는 의미에서 그러하다.[86] 보나벤투라는 자신의 전기들에서 이 호칭을 프란치스코에게만 독점적으로 적용한다.[87] vir Dei라는 표현은 더욱 초월적인 호칭들이 사용되는 머리말과 15장을 제외한 보나벤투라의 전기들의 모든 장에 등장한다.[88] 이 호칭은 두 요소, 곧 내재적인 것(사람)과 초월적인 것(하느님)으로 구성되어 있다.[89] 이 요소들은 그리스도를 뒤따름, 그의 사도적 활동, 하느님께 대한 전적인 믿음, 수덕 생활, 모든 피조물과의 형제적 관계와 같은 프란치스코의 생애 모든 순간과 그의 성소와 사명이 지닌 모든 특징이 서술되는 가운데 신학적 균

---

85 또한 『소전기』에서도, vir Dei라는 호칭은 22번 등장한다. 참조: L. L. LAJAR, 『"Franciscus Vir Dei". Indagine analitico-teologico sulla figura di S. Francesco come "uomo-di-Dio" in S. Bonaventura, nel contesto dell'agiografia precedente』, Roma 1980, 100.

86 참조: F. URIBE, 「Franciscus」, in 『DB』, 424.

87 토마스 첼라노와 세 동료들은 vir Dei 또는 homo Dei라는 호칭을 프란치스코뿐 아니라 그의 동료들에게도 적용한다. 예를 들어, 「1첼라노」 33, 「2첼라노」 103, 「3첼라노」 3, 4, 145, 『세동료』 37. 율리아노 다 스피라와 보나벤투라만이 이 호칭을 프란치스코에게만 독점적으로 적용한다. 참조: L. L. LAJAR, 『Franciscus Vir Dei』, 100.

88 이러한 호칭들은 다음과 같다. vir hierarchicus (Prol., 1), venerabilis vir (Prol., 3), vir beatus (XV, 1.6.9) e vir mirabilis (XV, 1). 참조: F. URIBE, 『Il Francesco di Bonaventura』, 501.

89 이러한 두 요소는 대전기에서 58번 등장하는 vir sanctus(거룩한 사람)라는 호칭에서도 찾아볼 수 있다. 이 호칭은 인격과 결합한 거룩함 뿐만 아니라 암묵적으로 그의 인간성 또한 강조한다. 참조: Ibidem.

형을 표현한다.⁹⁰ **vir Dei**라는 표현이 등장하는 문맥들을 분석해 보면, 우리는 세 가지 신학적 요소가 관련되어 있음을 발견하게 된다. a) 그리스도와의 일치, b) 하느님을 향하는 성향 그리고 마지막으로 c) 하느님께로부터 파견된 존재. 그래서 보나벤투라는 프란치스코를 **vir Dei**(uomo-di-Dio; 하느님의 사람), 곧 십자가를 지고 십자가에 못 박히신 그분 안에서 변화되는 사람이요, 그의 사명을 완수하고자 주님의 교회를 고치려고 모든 피조물에게 복음적 완덕의 모방자로 하느님께로부터 파견된 사람으로 정의한다.⁹¹

"『대전기』에서 프란치스코를 지칭하려고 여러 번 등장하는 또 다른 호칭은 라틴어 명사 **servus**(50번)와 동의어 **famulus**(26번) 모두에 해당하는 'servo(종)'이라는 호칭이다."⁹² 『대전기』에서 프란치스코에게 적용된 "servo"라는 용어는 매우 초월적이고 신비적인 의미를 지니며, 언제나 신성과 결합하여 등장한다. 명사 **servus**는 하느님(servus Dei: 23번), 그리스도(servus Christi: 17번), 주님(servus Domini: 4번), 지극히 높으신 분(servus altissimi: 2번), 임금(sevus Regis altissimi: 1번)과 결합하여 등장하며, 명사 **famulus**는 그리스도(famulus Christi: 12번), 하느님(famulus Dei: 10번) 그리고 주님(famulus Domini: 2번)과 연관되어

---

90 참조: F. Uribe, 「Franciscus」, in 『DB』, 424. 『대전기』의 여러 문맥에서 vir Dei라는 호칭의 사용에 대해서는 L. L. Lajar, 『Franciscus Vir Dei』, 102-132을 보라.
91 참조: C. Leonardi, 「Introduzione」, in 『LF IV』, 23; L. L. Lajar, 『Franciscus Vir Dei』, 132-139.
92 F. Uribe, 「Franciscus」, in 『DB』, 424.

등장한다.[93]

다른 세 명사, 곧 **pauper, preaco** 그리고 **dux**는 그리스도의 인성(pauper Christi: 6번, pauperculus Christi: 4번), 수도회와 세상 그리고 프란치스코의 성소와 복음적 사명과의 관계 안에서 그 정체성을 드러낸다.[94] 보나벤투라에게 프란치스코는 "그리스도의 가난과 겸손 안에서의 삶에 대한 완전하고 논쟁의 여지가 없는 본보기(**exemplum**)",[95] "그분 아들이 재림할 때 사람들을 준비시키도록 하느님께로부터 파견된 전령"[96] 그리고 또한 악마와의 전투에서 승리하기 위한 그리스도의 군대 또는 기사단의 지도자이다.[97]

성경적이고 그리스도론적인 호칭들을 통해 보나벤투라는 프란치스코를 그리스도의 살아있는 본보기로 그리고 역사상 존재한 적이 없는 가장 강한 그리스도 중심적인 인간으로 제시한다.[98]

이미 언급했듯이 프란치스코의 그리스도 중심적인 여정의 절정은 라 베르나에서 받은 오상이다. 그리스도 안에서 살아가는 인간은 필연적으로 십자가를 통해 그리스도와 하나 된다. 『대전기』에서 보나벤투라는 오상이라는 체험을 불러일으키는 프란치스코의 영적 성

---

93 참조: F. Uribe, 『Il Francesco di Bonaventura』, 502. 나병 환자와 두 차례의 결합은 제외된다(servus leprosorum: 2번).
94 참조: Ivi, 503.
95 P. Rivi, 「Paupertas」, in 『DB』, 589.
96 J. Poulenc, 「Conformità」, in 『DF』, 243.
97 참조: F. Uribe, 『Il Francesco di Bonaventura』, 504.
98 참조: F. Uribe, 「Franciscus」, in 『DB』, 423.

숙의 과정을 설명하려고 십자가 신비주의와 정화, 조명 그리고 일치의 위계적 행위들의 삼중 구조를 활용한다.[99]

2.2. 『대전기』 안에서 십자가 신비주의

성 프란치스코 이후 "그리스도와의 일치(conformità a Cristo)"라는 표현은 영성신학과 전기문학, 특히 프란치스칸 영성신학과 전기문학의 언어 체계 안에 들어간다. 그 의미는 그리스도의 모방(imitazione di Cristo)과 비슷한 의미를 지니지만, 완벽하게 일치하는 것은 아니다. 그리스도가 모든 덕의 최고의 모범임을 고려하면, 모방을 통해 인간은 완전에 이르고자 그리스도처럼 겸손하고 가난하며 온화하고 순종적인 사람이 되고자 노력한다. 반면에 일치는 온전히 그리스도의 모든 것 — 사상과 갈망, 사랑과 고통 — 을 공유하려는 바람에서 비롯되며, 그분과 하나 되고자 하는 열망과 그분을 향한 사랑의 갈망에 응답하는 것이다. 따라서 모방은 수덕적인 실천의 영역 안에 더 많이 드는 반면, 일치는 신비의 영역 안에 들어간다.[100]

보나벤투라의 전기작품에서 프란치스코의 일치의 고유한 특징은 주로 겸손과 가난을 통해 나타나고, 영혼의 상태로 이해되며, 그리스도와 그분의 어머니를 향한 애정 어린 사랑에 의해 야기되지만

---

99 참조: N. Muscat, 『The life of Saint Francis in the light of Saint Bonaventure's theology on the "Verbum crucifixum"』, 205-206.
100 참조: O. Montevecchi, 「La conformità a Cristo negli opuscoli mistici di S. Bonaventura」, in 『IB』, 3 (1967), 116.

(VI, 1; VII, 1), 무엇보다도 십자가에 못 박히신 분께 대한 열렬한 사랑을 통해 드러난다(IX, 2).[101]

결정적으로 보나벤투라는 라 베르나의 사건에서 성령에 의해 프란치스코가 십자가에 못 박히신 그리스도의 모상, 곧 하느님의 사람으로 변화되었다고 말한다.[102] 보나벤투라는 십자가에 못 박히신 그리스도와 일치에 이르는 여정 안에서 프란치스코의 성숙을 다음과 같이 종합하고 있다.[103]

> 일곱 번에 걸친 그리스도의 십자가에 대한 환시가 기적적으로 당신 안에서, 혹은 당신과 관련해서 나타났던 것입니다. 그리고 이런 것들은 당신 일생의 여러 단계에서 그토록 많은 전조처럼 나타났던 것입니다. 처음 여섯 번은 당신이 방금 얻었고, 또 그 안에서 모든 것이 마침내 완성된 일곱 번째의 것으로 나아가는 무수한 발걸음과 같은 것이었습니다. 당신의 수도생활 시초에 그리스도의 십자가는 당신 앞에 놓여졌고, 당신은 나무랄 데 없이 생활함으로써 항상 그것을 지니고 다녔으며, 또 다른 사람들에게 따르도록 모범을 보였습니다. 그 십자가는 당신이 복음적 완덕의 높은 경지를 얻었다는 것을 너무도 명백히 증거하고 있

---

101 참조: O. Montevecchi, 「La conformita Cristo negli opuscoli mistici di S. Bonaventura」, in 『IB』, 3 (1967), 116.

102 참조: N. Muscat, 『The life of Saint Francis in the light of Saint Bonaventure's theology on the "Verbum crucifixum"』, 185; O. Montevecchi, 「La conformità a Cristo negli opuscoli mistici di S. Bonaventura」, in 『IB』, 3 (1967), 121.

103 참조: J. G. Bougerol, 「Francesco, guida alla perfezione evangelica secondo la Legenda Major di Bonaventura」, in 『DS』, 30 (1983), 20.

기 때문에, 신실한 사람이면 그 누구도 당신이 가난한 당신 인격 안에 쌓아 올린 크리스천의 거룩함의 표양을 결코 일축해 버릴 수 없었던 것입니다.[104]

이렇게 프란치스코는 연속되는 여섯 단계인 여섯 환시를 거쳐 그리스도께 대한 관상에 다다르게 된다(일곱 번째 환시).[105] 보나벤투라는 이 여섯 환시로 이중 삼면화를 구성하였다. 먼저 성 프란치스코가 본 세 가지 환시(두 환시는 「3첼라노」와 비교하여 볼 때 새로운 것이다), 이어서 다른 형제들이 본 세 가지 환시.[106]

2.2.1. 첫 번째 삼면화: 성 프란치스코의 세 가지 환시

보나벤투라는 첫 번째 삼면화에서 독자들에게 그리스도의 십자가가 새겨진 갑옷이 가득 찬 궁전의 환시(I, 3), 십자가에 못 박히신 그리스도의 환시(I, 5) 그리고 산 다미아노 성당에서 있었던 십자가에

---

104 「LegM」 XIII, 10; 『FF』 1236. "Ecce, iam septem apparitionibus crucis Christi in te et circa te secundum ordinem temporum mirabiliter exhibitis et monstratis, quasi sex gradibus ad istam septimam, in qua finaliter requiesceres, peruenisti. Christi namque crux in tuae conuersationis progressu per uitam probatissimam baiulata in te ipso continue et in exemplum allis demonstrata, tanta certitudinis claritate ostendit euangelicae perfectionis apicem te finaliter conclusisse, ut demonstrationem hanc christianae sapientiae in tuae carnis pulvere exaratam nullus vere devotus abiciat, nullus vere fidelis impugnet, nullus vere humilis parvipendat, cum sit vere divinitus expressa et omni acceptione condigna."
105 참조: F. Accrocca, 『Un santo di carta』, 362.
106 참조: Ivi, 359.

못 박히신 그리스도와의 대화(II, 1)를 소개한다.[107] 첫 두 장에서, 이 세 가지 환시는 하느님이 십자가의 신비 안에서 영적 여정을 시작하도록 어떻게 프란치스코를 부르는지 보여 주는 중요한 역할을 하고 있다.[108] 피에트로 마라네지에 따르면, 『대전기』에서 프란치스코의 회개는 세 순간으로 이루어져 있다. 첫 순간은 두 개의 꿈을 꾼 순간이고(I, 3), 두 번째 순간은 결정적인 행동을 취하기 전까지 아씨시에서 체험한 사건들의 순간이며(I, 4-6), 세 번째 순간은 성 다미아노 성당을 수리하기로 결정한 순간이다(II, 1).[109]

프란치스코의 꿈속에서 십자가에 관한 첫 번째 환시는 십자가의 군대에서 얻게 될 그의 미래의 기사 직위를 예언하는 것이다.[110] 그러나 보나벤투라에 따르면, 프란치스코는 이 평범하지 않은 환시가 자신에게 영광의 전조를 의미한다는 것을 깨달았다.[111] 왜냐하면 "사실 그는 아직 하느님의 신비를 자세하게 살펴보는데 능숙한 영혼을 지니지 못하였고 눈에 보이는 것들의 모습 너머, 눈에 보이지 않는 진실을 이해하는 법은 아직 알지 못했"[112]기 때문이다. 이는 『하느님께

---

107 참조: C. Leonardi, 「Introduzione」, in 『LF IV』, 20-21; F. Accrocca, 『Un santo di carta』, 359.
108 참조: N. Muscat, 『The life of Saint Francis in the light of Saint Bonaventure's theology on the "Verbum crucifixum"』, 186.
109 참조: P. Maranesi, 『Facere misericordiam. La conversione di Francesco d'Assisi: confronto critico tra il Testamento e le Biografie』, Assisi 2007, 219.
110 참조: N. Muscat, 『The life of Saint Francis in the light of Saint Bonaventure's theology on the "Verbum crucifixum"』, 190.
111 참조: 「LegM」 I, 3: 『FF』 1031.
112 「LegM」 I, 3: 『FF』 1031. "… cum nondum haberet exercitatum animum ad diuina

나아가는 정신의 여정』의 두 번째 장과 동일한 신학이다.[113] 이러한 프란치스코의 오해로 인해, 하느님은 이어지는 꿈 속에서 그리스도의 십자가가 새겨진 갑옷들의 꿈이 지닌 영성적인 의미를 설명한다. 이 두 꿈을 꾼 다음 프란치스코는 이제 하느님의 뜻이 드러나기를 기다리는 순명의 모범이 되었다.[114]

십자가의 두 번째 환시, 곧 십자가에 못 박히신 그리스도의 발현은 13세기 프란치스칸 원천들의 본문 가운데 유일한 것이다. 보나벤투라만이 이 발현에 대해 우리에게 이야기해 준다. 몇몇 비판적인 의문들이 존재하지만, 십자가에 못 박히신 그리스도의 발현은 신비적 관점에서 중요한 의미가 있다.[115] 나병 환자와 예기치 않은 만남 뒤, 프란치스코는 길고 끈질긴 기도에 집중하려고 외딴곳을 찾곤 하였다. 그렇게 기도하던 어느 날, 십자가에 못 박히신 그리스도가 그에게 나타났다.[116] 발현의 효과는 프란치스코의 마음속에 그리스도

---

perscrutanda mysteria nesciretque per uisibilium species transire ad contuendam inuisibilium ueritatem, …"

113 참조: 『Itin.』 II, 11.
114 참조: 「LegM」 I, 3: 『FF』 1031.
115 예를 들어 옥타비아노 슈무키는 역사적인 진실성에 대한 심각한 의문을 제기한다. 그는 세라핌 박사가 일곱 번의 **십자가 발현** 목록을 작성하고자 이 발현을 『대전기』에 포함한 것이라고 주장한다. 참조: N. Muscat, 『The life of Saint Francis in the light of Saint Bonaventure's theology on the "Verbum crucifixum"』, 190.
116 참조: 「LegM」 I, 5: 『FF』 1034-1035. 이 십자가에 못 박히신 그리스도의 발현은 산 다미아노의 일화(II, 1)에서도 동일하게 전개된다고 할 수 있다. 이러한 점은 이 일화의 원천인 「2첼라노」 10-11: 『FF』 593-595에도 존재한다. 그러나 보나벤투라는 여섯 발현을 요약하여 제시할 때에도(XIII, 10: FF 1235), 이 발현에 독립적인 위치를 부여하고 있다.

의 수난에 대한 생생한 기억을 각인시키는 것이었다. 보나벤투라는 십자가의 길을 통해 그리스도를 따르고자 하는 그의 결정을 묘사하기 위해 이 일화를 영성적으로 해석한다.[117] 보나벤투라의 묘사 안에서 프란치스코와 사라진 나병 환자의 만남은 새로운 빛으로 그리스도와의 만남을 조명한다. 나병 환자는 프란치스코가 십자가를 더 잘 이해하도록 도움을 준다. 이 두 만남은 함께 첫 번째 장의 "절정"을 이룬다.[118] 이 십자가에 못 박히신 그리스도의 발현은 전혀 추상적인 것이 아니라 지성을 일깨우고, 열정을 되살리며, 가장 깊은 감정들을 자극하는 것이다.[119]

보나벤투라는 『대전기』의 두 번째 장을 세 번째 십자가의 환시, 곧 산 다미아노에서 있었던 십자가의 일화로 시작한다.[120] 이 십자가와 프란치스코의 대화를 통해 보나벤투라는 우리의 관심을 끌만한 두 번째 장의 가장 중요한 주제들을 제시하고 있다. a) 그리스도는 프란치스코의 회개 과정에서 그의 안내자이다. b) 프란치스코는 교회를 쇄신하도록 부름 받았다.[121] 다시 말하자면, 보나벤투라는 이 일화를 프란치스코의 복음적 삶으로의 완전한 회개와 교회론적 사명

---

117 참조: N. Muscat, 『The life of Saint Francis in the light of Saint Bonaventure's theology on the "Verbum crucifixum"』, 191-192.
118 참조: F. Uribe, 『Il Francesco di Bonaventura』, 77.
119 참조: A. Nguyen Van Si, 『Seguire e imitare Cristo secondo san Bonaventura』, 147.
120 참조: 「LegM」 II, 1: 『FF』 1038-1039.
121 참조: F. Uribe, 『Il Francesco di Bonaventura』, 106-108.

에 이르는 이정표로 본다.[122] 이 환시를 통해 보나벤투라는 십자가에 못 박히신 그리스도께 대한 사랑으로 인해 프란치스코를 하느님의 사람으로 제시하고 있다. 초기 공동체 또한 이렇게 교회를 수리하는 프란치스코의 모범에서 십자가에 못 박히신 그리스도를 사랑하는 법을 배웠다.[123]

우리는 첫 세 가지 환시에서 하느님 섭리의 의지 안에서 이루어지는 프란치스코의 영적인 발전을 볼 수 있다. 오해 - 열망 - 완전한 회개. 보나벤투라는 『대전기』의 두 번째 장 결말에서 다음과 같이 적고 있다.

> 이러한 방법으로 그는 감각적인 실재에서 지성적인 실재로, 작은 것에서 위대한 것으로 자신을 고양시킴으로써 조화로운 영적 진보를 이룩하였을 뿐만 아니라, 또한 실제적인 활동을 통해 미래에 이루어질 일들을 상징적으로 보여 주고 예언하였다.[124]

2.2.2. 두 번째 삼면화: 다른 형제들의 세 가지 환시

보나벤투라는 두 번째 삼면화에서 독자들에게 실베스트로, 파치피코 그리고 모날도 형제가 본 환시들을 소개한다(III, 5; IV, 9; IV, 10).

---

122 참조: N. Muscat, 『The life of Saint Francis in the light of Saint Bonaventure's theology on the "Verbum crucifixum"』, 193.

123 참조: Ivi, 194.196.

124 「LegM」 II, 8: 『FF』 1050. "Ut non solum a sensibilibus ad intelligibilia, a minoribus ad maiora ordinato progressu conscenderet, uerum etiam, ut quid esset facturus in posterum, sensibili foris opere mysterialiter praesignaret."

실베스트로 형제[125]의 꿈, 네 번째 십자가의 환시는 초기 동료들의 성소에 관한 일화의 일부이다. 특히 3장에서 보나벤투라는 퀸타발레의 베르나르도, 에지디오 그리고 실베스트로의 이름을 언급하고 있다.[126] 꿈속에서 실베스트로는 거대한 용과 프란치스코의 입에서 나오는 황금 십자가의 환시를 보았다. 이 환시는 세 번이나 그에게 보였다. 얼마 지나지 않아 그는 세속을 떠났으며, 인내로써 그리스도의 발자취를 따르게 되었다.[127] 이 환시에서 보나벤투라는 은유적인 역할을 하는 세 가지 요소를 활용한다. a) 용 – 적그리스도, b) 프란치스코 – 적그리스도에 대항하는 보호자요 방어자, c) 황금 십자가의 확장 – 온 세상을 향한 프란치스코의 복음화 사명에 대한 상징.[128] 특히 전 세계적인 십자가는 십자가에 못 박히신 말씀을 통해 세상의 구원을 선포하는 프란치스코의 사도적 사명에 대한 명백한 증거이다.[129] 따라서 실베스트로의 성소에 대한 보나벤투라의 설명

---

125 우리가 「2첼라노」 109를 통해 회개한 것을 알고 있는 실베스트로 형제는 수도회의 첫 사제이다. 그의 합류는 앞으로 이루어질 성장이 시작되었음을 암시한다. 그의 회개에 대한 설명에서 우리는 『대전기』와 다른 전기작품들 사이에서 흥미로운 차이점을 발견할 수 있다. 세라핌 박사는 이 사제가 프란치스코에게 성 다미아노 성당을 수리하는 데 필요한 석재를 팔면서 돈에 대한 욕심 때문에 갑절의 돈을 받았다는 다른 전기들에서 언급된 부끄러운 일화를 다루지 않는다. 참조:「2첼라노」 109, 『익명페루』 12-13, 『세동료』 30-31.
126 참조:「LegM」 III, 3-5: 『FF』 1053-1056.
127 참조:「LegM」 III, 5: 『FF』 1056.
128 참조: F. Uribe, 『Il Francesco di Bonaventura』, 122.
129 참조: N. Muscat, 『The iife of Saint Francis in the light of Saint Bonaventure's theology on the "Verbum crucifixum"』, 198.

은 "보나벤투라가 머리말에서 언급하였던 역사적 계획에 따른 프란치스코의 종말론-묵시론적인 역할을" 확인시켜 주는 역할을 한다.[130]

4장은 남은 두 환시, 곧 파치피코와 모날도 형제가 본 환시를 전해 주고 있다. 보나벤투라는 1223년 인준받은 회칙(Regula Bullata)의 승인을 향한 수도회의 점진적인 발전을 소개하면서 이 두 환시를 설명한다.[131]

보나벤투라는 4장에서 그리스도의 모범을 따라 모든 사람을 위해 살기로 선택한 프란치스코와 그의 동료들의 사도적 사명을 강조한다.[132] 프란치스코는 그리스도의 십자가라는 책을 읽고 또 읽도록 그리고 그 지혜를 설교하도록 그의 동료들을 가르쳤다.[133] 이렇게 보나벤투라는 십자가에 못 박히신 말씀의 신비에 비추어 프란치스코 동료들의 제자직을 설명한다.[134]

복음 안에서 그리스도의 말씀에 중심을 둔 초기 공동체의 사도적 소명은 마지막 두 환시의 계기를 마련해 준다.

---

130 E. PÁSZTOR, 「San Bonaventura, biografo di San Francesco?」, in 『DS』, 27 (1980), 99. 이와 달리, 다른 전기작품들에서 이 꿈은 그리스도와 프란치스코의 친밀한 관계와 새로운 수도회의 정당성을 실베스트로에게 확신시키는 역할을 한다. 참조: F. URIBE, 『Il Francesco di Bonaventura』, 121.

131 참조: N. MUSCAT, 『The life of Saint Francis in the light of Saint Bonaventure's theology on the "Verbum crucifixum"』, 199.

132 참조: 「LegM」 IV, 2: 『FF』 1066.

133 참조: 「LegM」 IV, 3.5: 『FF』 1067-1069.1072.

134 참조: 「LegM」 IV, 7: 『FF』 1075-1076; N. MUSCAT, 『The life of Saint Francis in the light of Saint Bonaventure's theology on the "Verbum crucifixum"』, 201.

파치피코 형제에게 나타난 다섯 번째 십자가의 환시는 두 부분으로 구성된다. 먼저, 프란치스코가 그리스도의 십자가에 관하여 설교하는 동안 파치피코 형제는 환시에서 십자가 형태로 놓인, 빛나는 두 칼이 새겨진 프란치스코를 보았다. 둘째, 프랑스의 관구장이 되기 전에 파치피코 형제는 여러 빛깔로 그의 얼굴을 밝게 비추는, 아름답고 커다란 **타우** 십자가를 프란치스코의 이마에서 다시 보았다.[135] 이 일화는 그리스도론적인 의미와 수도회의 성장이라는 관점에서 매우 중요하다. 파치피코 형제의 환시는 보나벤투라의 프란치스코를 요약해 주고 있다. 곧 그 사람은 이마에 **타우** 십자가가 찍혀있을 뿐만 아니라 그의 입에서 나온 성령의 칼과 그리스도의 십자가로 완전히 꿰뚫려 있었기 때문이다.[136]

여섯 번째 십자가의 환시는 모날도 형제에게 나타났다. 아를에서의 관구회의 동안 안토니오가 "유다인들의 임금 나자렛 사람 예수"(요한 19,19)라는 십자가 위에 쓰인 명패를 주제로 삼아 형제들에게 설교하고 있을 때, 복된 프란치스코는 공중에서 손을 십자가 모양으로 펼친 채 모날도 형제와 모든 회의 참석자들에게 나타났다. 이 환시는 안토니오의 설교, 특히 그리스도의 십자가에 관한 그의 설교가 진실하다는 타당성을 확인해 주는 프란치스코를 보여 준다.[137] 십자가의 환시들에 관한 단락은 **인준받은 회칙**의 승인에 관한

---

135 참조:「LegM」IV, 9:『FF』1078-1079.
136 참조: F. URIBE,『Il Francesco di Bonaventura』, 167.
137 참조:「LegM」IV, 10:『FF』1080-1081.

일화로 마무리된다. 보나벤투라는 이 사건을 약 10개월 뒤 프란치스코가 라 베르나에서 오상을 받게 되는 일화와 연결하고 있다. 왜냐하면 프란치스코의 오상이 십자가에 못 박히신 그리스도와의 완전한 일치에 대한 승인을 의미하기 때문이다.[138]

3장과 4장에서 보나벤투라는 이 세 가지 환시를 프란치스코와 그의 초기 공동체 복음적 삶의 발전 과정을 설명하고자 서술한다. 이 과정에서 우리의 관심은 **십자가에 못 박히신 말씀**으로서 그리스도의 신비를 선포하는 예언자적 소명으로 표현되는 프란치스코의 사도적 사명의 계시적 차원으로 이끌린다. 우리는 이 세 가지 환시가 십자가 모양을 지닌 프란치스코를 주제로 삼고 있으며, 육화하시고 십자가에 못 박히신 말씀의 신비를 중심으로 하는 여섯 영적 환시의 구조를 완성하고 있다는 것을 고려해야 한다.[139]

2.2.3. 십자가 신비주의의 절정: 십자가에 못 박히신 세라핌의 환시

이러한 이중 삼면화 다음에 보나벤투라는 독자들에게 마지막이자 일곱 번째 십자가의 환시, 곧 십자가에 못 박히신 겸손한 그리스도의 형상을 한 세라핌의 환시(XIII)를 소개한다. 이미 언급하였듯이 라 베르나 사건을 통해 하느님의 사람인 프란치스코는 십자가에 못

---

138 참조: N. Muscat, 『The life of Saint Francis in the light of Saint Bonaventure's theology on the "Verbum crucifixum"』, 202.
139 참조:Ivi, 197.

박히신 그리스도와 일치에 이르게 된다.[140] 13장에서 보나벤투라는 독자들에게 인간 삶의 종말론적 마침의 암시들을 제공하고자 이 신비적 관상의 절정에 이르는 체험을 제시한다. 또한 여기에 인간 삶에 관한 보나벤투라의 그리스도 중심적인 시각이 존재한다.[141] 그리스도와의 일치는 모든 사람에게 궁극적인 목표이기 때문이다.

십자가에 못 박히신 세라핌의 환시 일화에서 하느님의 말씀은 프란치스코에게 십자가에 못 박히신 말씀으로 완전하게 계시된다.[142] 프란치스코는 성 미카엘의 사순 시기[143]를 홀로 보내고자 하느님의 섭리에 인도되어 라 베르나로 갔다. 이 기간 동안 프란치스코의 마음은 천상적 갈망으로 불타올랐다.[144] 성 십자가 현양 축일 무렵의 어느 날 아침, 산등성이에서 기도하는 가운데 그는 화려하게 빛나는 여섯 날개가 달린 세라핌을 보았다. 이 환시는 사라지면서 그의 마음에 경이로운 열정을 남겼으며, 그의 몸에 그리스도의 다섯

---

140 참조: F. Accrocca, 『Un santo di carta』, 362; J. G. Bougerol, 「Francesco, guida alla perfezione evangelica secondo la Legenda Major di Bonaventura」, in 『DS』, 30 (1983), 20; N. Muscat, 『The life of Saint Francis in the light of Saint Bonaventure's theology on the "Verbum crucifixum"』, 185; O. Montevecchi, 「La conformità a Cristo negli opuscoli mistici di S. Bonaventura」, in 『IB』, 3 (1967), 121.

141 참조: N. Muscat, 『The life of Saint Francis in the light of Saint Bonaventure's theology on the "Verbum crucifixum"』, 233-234.

142 참조: Ivi, 235.

143 성 미카엘의 사순 시기는 성모 승천(8월 15일)과 대천사 축일(9월 29일) 사이에 성 미카엘 대천사를 기념하여 단식과 기도를 봉헌하는 40일 간의 기간을 말한다. 참조: A. Vauchez, 『Francesco d'Assisi』, 136.

144 참조: 「LegM」 XIII, 1: 『FF』 1223.

상처 (손에 둘, 발에 둘, 오른쪽 가슴에 하나)를 새겨 놓았다.[145] 오상 사건을 설명하면서 보나벤투라는 오상을 통해 그의 몸에 새겨진 구원의 **타우**, 그리스도의 십자가 인장으로 서명된 프란치스코를 묘사하고자 한다. 이렇게 함으로써 보나벤투라는 프란치스코를 십자가에 못 박히신 사람(homo crucifixus),[146] 살아있는 십자가(crucifix)가 된 사람으로 제시한다.[147] "따라서 세라핌 박사에게 그리스도의 십자가는 복음적 완덕의 길이요 정점이며, 프란치스코는 가장 훌륭한 모범이다."[148]

요약하자면, 보나벤투라는 공적이든 사적이든 프란치스코의 모든 노력은 그리스도의 십자가를 중심에 두는 것이었다고 말한다.[149] 보나벤투라는 프란치스코의 체험에 대한 "십자가 중심의(staurocentrica)" 독서를 제안한다. "십자가의 영광스러운 기수(glorioso alfiere della croce)"인 성인은 그리스도의 십자가에 의해 인도되었다. 그는 그리스도의 십자가로부터 시작하여 그리스도의 십자가 안에서 발전하고 성취를 이룬다. 『기적들에 관한 소고』 10장에서, 보나벤투라는 "십자가의 영광스러운 기수"로서 성인의 궁극적인 모습을 그의 독자와 청자들에게 전해주고 있다.[150]

---

145 참조: 「LegM」 XIII, 3: 『FF』 1225-1226.
146 참조: L. L. LAJAR, 『Franciscus Vir Dei』, 155-165; 175-177.
147 참조: N. MUSCAT, 『The life of Saint Francis in the light of Saint Bonaventure's theology on the "Verbum crucifixum"』, 239.
148 F. URIBE, 『Il Francesco di Bonaventura』, 456.
149 참조: 「LegM mir.」 I, 1: 『FF』 1256.
150 참조: F. ACCROCCA, 『Un santo di carta』, 363-364.

그리고 참으로 십자가의 이 위대하고 놀라운 신비는 … 그리스도의 이 작은 자에게 충만하게 드러났다. 그래서 그의 온 생애는 언제나 십자가의 자취만을 따랐으며, 언제나 그 감미로움만을 맛보았고, 언제나 십자가의 영광만을 설교하였다.[151] 그러므로 이제 확실하게 십자가의 영광 안에서 기뻐하십시오, 오 그리스도의 영광스러운 기수여. 당신은 십자가로부터 시작하여 십자가의 규칙을 따름으로써 진보하였으며, 십자가 안에서 당신의 노력을 완성으로 이끌었습니다…. 백성의 참된 지도자요 구세주이신 십자가에 못 박히신 예수 그리스도는 당신 종 프란치스코의 공로를 통해 **영원히 살아계시며 다스리시는 삼위이시며 한 분이신 하느님**을 찬양하도록 우리를 인도하소서. 아멘.[152]

이렇게 보나벤투라는 프란치스코의 신비 여정의 십자가 중심적인 측면을 강조하고자 자신의 십자가 신비주의를 활용한다. 따라서 우리는 십자가의 일곱 환시에서, 특히 십자가에 못 박히신 세라핌의 발현에서 『대전기』와 『하느님께 나아가는 정신의 여정』 사이 큰 연

---

151 「LegM mir.」 X, 8: 『FF』 1328. "Hoc quippe crucis mysterium magnum et mirum, … tam plene fuit huic Christi paruulo reuelatum, ut omnis uita ipsius non nisi crucis uestigia sequeretur, non nisi crucis dulcedinem saperet, non nisi crucis gloriam praedicaret."

152 「LegM mir.」 X, 9: 『FF』 1329. "Gloriare igitur iam secure in crucis gloria, Christi signifer gloriose, quoniam a cruce incipiens, secundum crucis regulam processisti et tandem in cruce perficiens. … Quo nos introducat uerus populi ductor et saluator, Christus Iesus crucifixus, per merita serui sui Francisci, ad laudem et gloriam unius Dei et trini, qui uiuit et regnat in saecula saeculorum. Amen."

관성을 발견할 수 있다.[153] 또한 구조적인 관점에서, 십자가의 일곱 환시는 보나벤투라에 의해 『대전기』의 연대순으로 기술된 부분들(I-IV; XIV-XV)과 주제별-신학적인 부분들(V-XII) 사이의 강력한 연결점을 만드는 데 사용되었다. 특히 일곱 번째 십자가의 환시, 곧 십자가에 못 박히신 세라핌의 발현은 주제별로 기술된 부분들, 프란치스코의 죽음(XIV)과 그의 시성과 유해 이전(XV)을 묘사하지만, 오상 사건으로 인해 강하게 주목하게 되는 마지막 두 장에 연결된다.[154]

2.3. 『대전기』안에서 세 가지 길

『대전기』는 프란치스코 체험의 신학적 표현이다. 보나벤투라는 이 새로운 전기에서 사유(speculazione)와 프란치스칸주의(francescanesimo)를 하나로 녹여내었다.[155] 이미 언급했듯이 보나벤투라는 프란치스코를 영적 성숙의 모범으로 제시하고자 하였다. 따라서 그는 『세 가지 길』[156]이라는 디오니시우스의 학설을 받아들여 『대전기』에 실제로 적용하고 프란치스코의 생애를 재해석한다. 세 가지 신비적인 상태, 곧 세 가지 길.[157] "모든 길은 그리스도의 십자가에 그 초점의 중심을

---

153 참조: 『Itin.』 Prol., 3.
154 참조: C. Leonardi, 「Introduzione」, in 『LF IV』, 21.
155 참조: G. Frasca, 『Dal mistero di Cristo alla mistica di Francesco d'Assisi』, 17.
156 참조: A. Pompei, 『Bonaventura da Bagnoregio』, 239-240.
157 참조: R. Pompei, 「Francesco - «speculum virtutum» per i francescani negli scritti bonaventuriani」, in 『DS』, 50 (2008), 107.

두고 있다. 그리스도의 수난에 주의를 기울일 때, 인간은 죄인으로서 존재를 이해하고 회개를 시작하며, 이어서 그리스도를 닮고자 하는 자극을 느끼게 되고, 결국 그분을 향해 방향 지어진다."[158] 그리고 프란치스코 안에서 이 세 가지 길은 오상을 받음으로써 완성된다.[159]

앞서 말한 것처럼, 『대전기』는 디오니시우스의 학설에 따라 하느님을 향해 상승하는 단계를 밟아 나간다. 이러한 연결점은 알폰소 폼페이에 의해 제안된 해석 안에서 찾을 수 있다.[160] "정화의 단계는 회개에 관한 이야기에서, 조명의 단계는 덕들에 관한 설명 안에서, 완전의 단계는 그의 육신이 부활의 영광에 둘러싸여 나타나는 오상과 죽음 안에서 나타난다."[161] 곧 『대전기』에서 프란치스코의 영적인 성숙 과정은 정화와 조명과 일치라는 삼중 구조로 이루어진다. 이렇게 하여 연대순으로 기술된 1-4장과 13-15장은 세 가지 길에 상응한다. 정화(I-II), 조명(III-IV), 일치(XIII-XV). 그리고 이와 같은 구조가 세 가지 길에 따라 5장에서 12장까지 중앙부의 장들에서 프란치스코의 덕들을 분석하는 가운데 나타난다. 정화(V-VII), 조명(VIII-X), 일치(XI-XIII).[162]

---

158 G. Frasca, 『Dal mistero di Cristo alla mistica di Francesco d'Assisi』, 19.
159 참조: E. Cousins, 「Introduction」, in 『Bonaventure: The Soul's Journey into God, The Tree of Life, The Life of St. Francis』, 45.
160 참조: G. Frasca, 『Dal mistero di Cristo alla mistica di Francesco d'Assisi』, 21.
161 A. Pompei, 『Bonaventura da Bagnoregio』, 233.
162 참조: E. Cousins, 「Introduction」, in 『Bonaventure: The Soul's Journey into God, The Tree of Life, The Life of St. Francis』, 43-44; F. Uribe, 『Introduzione alle fonti agiografiche di san Francesco e santa Chiara d'Assisi (secc. XIII-XIV)』, 253-254.

이렇게 프란치스코는 세 가지 길에 따라 덧없는 세상을 떠나 천상의 영원한 진리 안으로 옮겨갔다. 정화와 회개, 조명과 그리스도를 닮음, 하느님과의 일치. 프란치스코의 오상과 죽음은 회개로 시작된 그의 영적 여정의 절정이다. 보나벤투라에게 프란치스코는 하느님을 향한 여정의 완벽한 모범이다.

2.3.1. 정화

"정화의 시기(정화의 길)는 세속의 허영으로부터 프란치스코를 조금씩 떼어놓는 하느님의 특별한 축복의 순간이다."[163] 1-2장과 5-7장은 정화와 연관되어 있다. 이 장들에서 보나벤투라는 회개 이전의 프란치스코의 삶(I)과 회개(II) 그리고 성인의 금욕적인 세 가지 덕, 곧 엄격한 생활(V), 겸손한 순명(VI), 가난(VII)을 보여 준다. 이것들은 성과 권력과 소유를 포기하는 세 가지 덕이다.[164] 또한 정화의 이 세 가지 덕은 수도 생활의 세 가지 서원과 일치한다.[165]

『대전기』는 먼저 1-2장에서 어떻게 프란치스코가 세상을 떠났는지 묘사한다. 마침내 성 다미아노의 십자가 사건 때에 프란치스코는 완전한 회개에 도달한다.[166] 회개한 다음 5장부터 덕들을 실천하여

---

163 G. FRASCA, 『Dal mistero di Cristo alla mistica di Francesco d'Assisi』, 22.
164 참조: C. LEONARDI, 「Introduzione」, in 『LF IV』, 12.
165 참조: E. COUSINS, 「Introduction」, in 『Bonaventure: The Soul's Journey into God, The Tree of Life, The Life of St. Francis』, 43.
166 참조: 「LegM」 I-II: 『FF』 1027-1050.

그리스도와 일치를 이룸으로써 하느님을 향한 프란치스코의 상승에 대한 이야기가 시작된다.[167]

프란치스코는 엄격한 고행으로, 무엇보다도 하느님 나라를 향한 열망으로 육욕의 자극을 물리쳤다. 보나벤투라는 5장에서 성인의 엄격한 생활을 통해 마음이 하느님 나라를 향한 열망으로 타오른다면 고행들을 참아내는 데 아무런 어려움도 있을 수 없다고 주장한다.[168] 이에 따라 보나벤투라는 다양한 기적적인 사건들을 소개한다. 예를 들어, 사르테아노 은둔소의 유혹자(V, 4), 성 우르바노 은둔소에서의 포도주 기적(V, 10), 천사의 비파 연주(V, 11) 등이 그것이다. 이러한 기적적인 사건들은 종종 십자가 표시가 지닌 힘과 관련되어 있다.[169] 프란치스코의 엄격한 생활의 결과는 그의 성화와 무죄한 그의 원상태를 재발견하는 피조물의 보편적인 화해이다.[170]

> 우리는 성인이 성취한 양심의 순결성과 높은 미덕을 깨닫도록 노력해야만 할 것이다. 성인이 원하는 데 따라 불은 타는 것을 잃고, 물은 그 맛을 잃었으며, 천사도 그의 빛이 되어 그를 협력하러 왔던 것이다. 이는 모든 피조물이 그의 물질적 요구를 시중들었다는 것을 나타내는 것으로 이처럼 그는 거룩하게 되었

---

167 참조: G. Frasca, 『Dal mistero di Cristo alla mistica di Francesco d'Assisi』, 22.
168 참조: Ibidem.
169 참조: N. Muscat, 『The life of Saint Francis in the light of Saint Bonaventure's theology on the "Verbum crucifixum"』, 211.
170 참조: Ivi, 210.

던 것이다.[171]

그런 다음 6장에서 보나벤투라는 프란치스코의 겸손한 순명을 묘사한다. 이 덕에는 프란치스코의 두 가지 특성, 겸손과 순명이 존재하는데,[172] 이를 통해 보나벤투라는 독자들에게 그리스도의 겸손과 순명을 상기시킨다. 그리고 마지막으로 보나벤투라는 그리스도의 이 두 가지 덕을 통해 특별히 육화하시고 십자가에 못 박히신 말씀 안에 드러난 자신의 그리스도 중심적인 사상을 제시한다.[173] 6장에서 세라핌 박사는 하느님의 성자가 우리에게 말과 모범으로 겸손을 가르치려고 성부를 떠나 하늘 높은 곳에서 우리의 비참함까지 내려왔다고 프란치스코가 말한 것을 증언한다.[174] 보나벤투라는 프란치스코의 두 가지 특성을 통해 프란치스칸 영성, **작음**을 제시한다.[175] "겸손의 모범인 프란치스코는 그의 형제들이 '작은 형제'로 불리길 원했고, 또 형제회의 장상들은 '봉사자'라는 호칭으로 불리길 원하

---

171 「LegM」 V, 12: 『FF』 1102. "Perpende, quam mirandae fuerit uir iste munditiae quantaeque uirtutis, ad cuius nutum suum ignis ardorem contemperat, aqua saporem commutat, angelica praebet melodia solatium, et lux diuina ducatum, ut sic sanctificatis uiri sancti sensibus omnis probetur mundi machina deseruire."

172 참조: C. Leonardi, 「Introduzione」, in 『LF IV』, 13.

173 참조: N. Muscat, 『The life of Saint Francis in the light of Saint Bonaventure's theology on the "Verbum crucifixum"』, 211-212.

174 참조: 「LegM」 VI, 1: 『FF』 1103.

175 참조: N. Muscat, 『The life of Saint Francis in the light of Saint Bonaventure's theology on the "Verbum crucifixum"』, 213.

였다."[176] 이렇게 보나벤투라는 작은 형제로서 모든 사람에게 봉사하고 순종하고자 하는 프란치스코의 근본적인 선택을 설명한다.[177]

겸손한 순명의 덕부터 가난 부인과의 혼인까지, 가난은 하느님의 성자의 친밀한 벗이었다.[178] 7장에서 보나벤투라가 밝히고 있듯이 프란치스코에게 가난은 구원의 특별한 수단이며, 겸손의 근원이고, 완전의 뿌리이며, 복음서에 나오는 밭에 숨겨진 보화이다.[179] 프란치스코는 그의 수도회가 가난의 기초 위에 세워졌으므로 이것이 부족하게 된다면 수도회도 무너질 것이라고 말하곤 하였다. 그는 순례자로 살아가면서 그가 가졌던 몇 안 되는 것들을 가장 가난한 사람들과 함께 나누었다. 그는 남의 집 지붕 아래에서 잠자고 하느님 나라을 목말라 하며 평화롭게 옮겨 다니는 것이 순례자의 법이라고 말하였다.[180] 보나벤투라는 프란치스코의 가난에 관한 말들을 통해 그의 그리스도 중심적인 측면을 드러낸다.

> "'완전한 가난을 실천하고자 하는 사람은 누구나' 하고 그는 말했다. 모든 세속적인 지혜와 심지어 세상의 지식마저도 어느 정도까지는 포기해야 합니다. 이러한 소유물을 다 벗어버리면 비

---

176 「LegM」 VI, 5: 『FF』 1109. "Humilitatis forma Franciscus fratres suos uoluit uocari Minores, et praelatos sui Ordinis dici ministros."
177 참조: C. LEONARDI, 「Introduzione」, in 『LF IV』, 13.
178 참조: 「LegM」 VII, 1: 『FF』 1117.
179 참조: 「LegM」 VII, 1: 『FF』 1118.
180 참조: 「LegM」 VII, 2: 『FF』 1120.

로소 그는 하느님께서 이루신 크신 일들을 이야기할 수 있게 되어 십자가에 못 박히신 이의 품속으로 자신을 완전히 벌거벗은 채로 봉헌할 수 있게 되는 것입니다. 자신의 마음 깊숙이 있는 자신의 의견에 집착하는 사람은 누구나 세상을 완전히 포기하지 않은 것입니다."[181]

이렇게 프란치스코에게 가난의 신비는 시작부터 그리스도 중심적이다. 그는 가난한 그리스도를 사랑하기 때문에 가난을 사랑한다. 그는 더는 그리스도와 분리되는 것을 원하지 않기 때문에 절대 가난에서 벗어나지 않을 것이다.[182] 보나벤투라는 프란치스코의 가난과 더불어 프란치스칸 삶의 특징인 탁발에 대해 말한다.[183] "따라서 그는 의인들의 영원한 상급에 대한 동기로 진리의 스승(il Maestro della verità)께서 복음에서 너무도 분명하게 언급한, 작은 형제들이란 이름으로 구걸하러 가는 것은 아름다운 일이라 결론을 내렸다."[184] 7장의 중심에 위치한 여섯 번째 단락에서, 보나벤투라는 우리에게 가난에

---

181 「LegM」 VII, 2: 『FF』 1119. "«Ad huius» inquit, «culmen qui cupit attingere, non solum mundanae prudentiae, uerum etiam litterarum peritiae renuntiare quodam modo debet, ut, tali expropriatus possessione, introeat in potentias Domini et nudum se offerat brachiis Crucifixi. Nequaquam enim saeculo perfecte renuntiat qui proprii sensus loculos intra cordis arcana reseruat»."

182 참조: L. CANONICI, 「La povertà negli scritti e nella vita di san Francesco」, in 『Quaderni di Spiritualità francescana』, 19 (1971), 81.

183 참조: N. MUSCAT, 『The life of Saint Francis in the light of Saint Bonaventure's theology on the "Verbum crucifixum"』, 216.

184 「LegM」 VII, 8: 『FF』 1128. "Iucundum proinde dicebat sub Fratum minorum titulo mendicare, quem in retributione iustorum euangelicae ueritatis Magister ore suo tam signanter expressit."

관한 그의 개념이 지닌 두 가지 특징을 제공한다. 하나는 신비적인 것이고 다른 하나는 사회적인 것이다.[185] 신비적인 특징은 키와 나이와 외모가 완전히 똑같은 가난한 세 여인의 등장에서 드러난다. 이 세 여인은 프란치스코에게 전혀 들어본 적 없는 인사를 건넨다. "환영합니다, 가난 부인이여!"[186] 보나벤투라는 세 여인을 가난 안에서 그들의 아름다움을 발견하는 세 가지 서원(순명과 청빈과 정결)의 상징으로 해석한다.[187] 클라우디오 레오나르디에 따르면, 보나벤투라는 세 여인의 일화를 정화의 기능에서 가난의 특권이 지닌 고유한 영광을 제시하고자 활용하고 있다.

> 정결은 감각의 성화로 이끌고, 겸손한 순명은 하느님이 프란치스코의 소망들을 들어주게 하고, 가난은 역사적인 삶에 기여하는 여분의 생산을 통한 풍요로움이다. 세 가지 덕-비움은 발전 과정의 단계로 존재하는 것이 아니라 오히려 필연적인 동시성 안에 존재한다. 세 가지 비움은 완전한 사랑으로 죽은 십자가에 못 박히신 그리스도(V, 1 그리고 VII, 2)라는 목적 안에 존재하지만, 특별히 풍요로움의 비움은 프란치스코 안에서 커다란 자유와 기쁨을 낳는다. 그는 시에나로 향해 여행하던 도중 캄필리아와 산 퀴리코 사이에서 이를 체험하였다. 그는 "키와 나이와 외모가 닮은" 세 여인을 만났다(VII, 6). 그들은 프란치스코 안에서 "완벽하게 똑같이 빛났으며…, 비록 그가 자신의 어머

---

185 참조: F. URIBE, 『Il Francesco di Bonaventura』, 282.
186 「LegM」 VII, 6: 『FF』 1125.
187 참조: F. URIBE, 『Il Francesco di Bonaventura』, 282.

니, 자신의 신부, 자신의 아가씨라고 부르는 가난의 특권을 자신의 특별한 자랑거리로 삼았다 하더라도" 드러나는 정결, 순명, 청빈이다(VII 6,5). 이 때문에 세 여인이 그를 "가난 부인"이라 부르며 인사하였을 때 그는 "형언할 수 없는 기쁨으로 가득 찼다"(VII 6,2-3). 이렇게 보나벤투라는 비록 정화의 역할 안에서 다른 두 가지 덕과 "닮았지만", 특별히 프란치스코가 가려내는 가난의 덕을 강조한다.[188]

사회적인 특징은 우리에게 가난한 그리스도를 자신의 가난의 삶의 가장 큰 동기로 생각하면서도, 거리에서 만난 실제 가난한 사람들을 기준으로 삼아 그들과 경쟁하는 방법으로 언제나 그들보다 더 가난하기를 원하였던 프란치스코를 보여 준다.[189]

이러한 방법으로 1-2장과 5-7장에서 보나벤투라는 정화의 금욕적인 세 가지 덕, 곧 엄격한 생활과 겸손한 순명과 가난을 아씨시의 빈자의 완전한 회개에 적용한다.

2.3.2. 조명

"보나벤투라는 정화에서 조명으로 나아간다."[190] 프란치스코의 영적 성숙의 두 번째 단계인 조명의 길은 3-4장과 8-10장에서 찾아볼 수 있다. 이 장들에서 보나벤투라는 수도회의 설립과 회칙의 승

---

188 C. Leonardi, 「Introduzione」, in 『LF IV』, 14.
189 참조: 「LegM」 VII, 6: 『FF』 1126.
190 C. Leonardi, 「Introduzione」, in 『LF IV』, 15.

인(III), 수도회의 발전과 회칙의 인준(IV) 그리고 성인의 초자연적인 세 가지 덕, 곧 자애로움(VIII)과 사랑(IX)과 기도의 삶(X)을 서술한다.[191] 이 세 가지 덕은 그의 영적 여정의 첫 단계인 정화의 과정을 거친 다음, **십자가에 못 박히신 말씀**의 신비 안에 더 깊이 들어가고자 프란치스코의 영혼을 조명한다.[192] 또한 이 세 가지 덕은 프란치스코의 감성(affectus)에 상응한다. 피조물을 향한 사랑, 인간을 향한 사랑, 하느님을 향한 사랑.[193]

『대전기』는 3-4장에서 주로 프란치스코가 어떻게 작은 형제들의 수도회를 설립하고 발전시켰는지 묘사한다. 그런 다음 8장부터 보나벤투라는 독자들에게 ― 보나벤투라에 의해 그리스도의 십자가인 생명 나무의 열매들로 묘사된 ― 그리스도 안에서 찬연히 빛나는 중요한 덕들을 닮고자 하였던 프란치스코를 소개한다.[194]

---

191 참조: F. Uribe, 『Introduzione alle fonti agiografiche di san Francesco e santa Chiara d'Assisi (secc. XIII-XIV)』, 254.

192 참조: N. Muscat, 『The life of Saint Francis in the light of Saint Bonaventure's theology on the "Verbum crucifixum"』, 218.

193 참조: C. Leonardi, 「Introduzione」, in 『LF IV』, 15; F. Uribe, 『Introduzione alle fonti agiografiche di san Francesco e santa Chiara d'Assisi (secc. XIII-XIV)』, 254; L. Pellegrini, 「Introduzione」, in 『Opuscoli francescani/1, Opere di San Bonaventura, XIV/1』, 63.

194 참조: R. Pompei, 「Francesco - «speculum virtutum» per i francescani negli scritti bonaventuriani」, in 『DS』, 50 (2008), 108. 『생명의 나무』에서 보나벤투라는 프란치스코처럼 윤리적인 덕들의 본보기로 여겨지는 그분의 지상 삶의 구체적인 실재 안에서 역사의 예수에 대한 관상에 이르기까지 내려가면서, 프란치스코가 지닌 신심의 핵심 대상에 대해 묵상한다. 생명의 나무인 그리스도의 인성과 수난에서 겸손과 자애로움과 인내와 항구함과 다른 윤리적인 덕들이 피어나고, 이러한 덕들을 모방함으로써 영혼은 그리스도와 조화와 일치를 이룬다.

첫 번째 덕은 자애로움이다. 세라핌 박사는 그의 『성령칠은에 관한 학술강연집』의 강연 III을 자애로움(pietas)의 은총에 대해 할애한다.[195] 강연 III은 세 부분으로 나누어진다. 자애로움의 실천, 그 근원과 유용성.[196] 보나벤투라에 따르면, 자애로움은 거룩한 성령을 통해(per Spiritum sanctificata) 창조되지 않은 삼위일체(Trinitas increata), 육화하신 지혜(Sapientia incarnata) 그리고 거룩한 어머니 교회(sancta matre Ecclesia)로부터 흘러나온다.[197] 따라서 자애로움은 삼위일체의 활동이지만 육화하시고 십자가에 못 박히신 말씀 안에서 하느님 선하심의 성사로써 완전히 드러난다.[198] 자애로움은 필연적으로 육화하시고 십자가에 못 박히신 하느님 성자의 인성에 기초한다. 우리가 『대전기』에서 자애로움의 참된 의미를 이해하기 원한다면, 이러한 그리스도론적인 관점을 통해 프란치스코에게서 그것을 보아야 한다.[199] 자애로움의 덕은 "파리의 학자에게 하나의 덕이거나 여러 덕의 총합이 아니라 존재의 모든 차원에서 표현되는 중요한 태도이다."[200]

『대전기』 8장에서 보나벤투라는 프란치스코의 자애로움을 그의 신학적, 그리스도론적, 인간학적 그리고 우주론적인 차원에 따라 정

---

195 참조: N. Muscat, 『The life of Saint Francis in the light of Saint Bonaventure's theology on the "Verbum crucifixum"』, 218.
196 참조: 『De donis』 III.
197 참조: 『De donis』 III, 10.
198 참조: 『De donis』 III, 12.
199 참조: N. Muscat, 『The life of Saint Francis in the light of Saint Bonaventure's theology on the "Verbum crucifixum"』, 218.
200 F. Uribe, 『Il Francesco di Bonaventura』, 285-286.

의한다.

> 참된 자애로움은 사도 바오로가 말하듯이 모든 면에서 유익하고, 프란치스코의 마음을 가득 채웠으며, 이 하느님의 사람이 완전히 그의 지배 아래 놓인 것처럼 여겨질 정도로 깊이 스며들었다. 자애로움은 신심을 통해 그를 하느님께로 고양시켰고, 동정심을 통해 그를 그리스도로 변화시켰으며, 겸손을 통해 그가 이웃을 향하게끔 하였다. 그리고 그를 모든 피조물과 화해시켜 태초의 무죄한 상태로 되돌려주었다.[201]

이 서론적 구절에서 우리는 앞서 언급한 차원들에 상응하는 자애로움의 네 가지 특성을 발견할 수 있다. 신심(devotio), 동정심(compassio), 겸손(condescensio), 화해(conciliatio). 보나벤투라는 이 네 가지 특성을 통해 프란치스코를 육화하시고 십자가에 못 박히신 말씀의 신비 안에서 자애로움의 가장 뛰어난 모범으로 제시한다.[202] 8장의 중심에 위치한 여섯 번째 단락에서, 보나벤투라는 십자가에 못 박히신 하느님의 어린양의 신비를 강조하고자 독자들에게 잔인한 암퇘지

---

201 「LegM」 VIII, 1: 『FF』 1134. "Pietas uera, quae secundum Apostolum ad omnia ualet, adeo cor Francisci repleuerat ac penetrauerat uiscera, ut totum uideretur uirum Dei in suum dominium uindicasse. Haec est, quae ipsum per deuotionem sursum agebat in Deum, per compassionem transformabat in Christum, per condescensionem inclinabat ad proximum et per uniuersalem conciliationem ad singula refigurabat ad innocentiae statum."

202 참조: N. Muscat, 『The life of Saint Francis in the light of Saint Bonaventure's theology on the "Verbum crucifixum"』, 219-220.

일화를 소개한다.[203]

페르난도 우리베에 따르면, 8장에서 자애로움의 주제와 연결된 그리스도론적인 주제를 발견할 수 있다.

예상한 것처럼 여기서 그리스도론적 주제는 자애로움이라는 주제와 연관되어 나타난다. 언제나 그렇듯이 프란치스코에게 그리스도는 궁극적인 기준점이다. 가장 자주 사용되는 용어는 Christus라는 용어이다(1번 사용된 Jesus Chirstus라는 용어까지 포함하여 총 13번). 자애로움은 동정심, 특히 "예수 그리스도의 고귀한 피로" 구원된 이들을 향한 연민을 통해 프란치스코를 그리스도로 변화시킨다(1,2); 이와 같은 동정심으로 인해 그는 죄인들을 위하여 울었고 "그리스도 안에서 어머니와도 같이" 그들을 낳았다(1,3). 그리스도는 그의 구원 사명과 죄인들의 회개와 관련되어 나타난다(1,4; 2,4; 3,2). 프란치스코는 다른 이들의 육체적인 고통과 물질적인 필요를 그리스도에게 맡겼으며, 모든 가난한 이들 안에서 그리스도의 형상을 보았다. 자애로움은 그 안에 있는 타고난 연민의 감정을 두 배로 증가시켰다. 그리고 그는 그리스도가 작은 이들의 고통을 그분 자신 위에 지웠기 때문에 가난한 이가 "주님과 그분의 가난한 어머니의 거울"이라고 말하였다(5,6-7). 어린양의 온유함은 그를 "죄인들을 구원하기 위하여 스스로 죽고자 한 천주의 어린양", 그리스도에게로 이끈다(6,3; 7,8). 마리아는 어린양의 어머니이다(7,6). 그리스

---

203 참조: 「LegM」 VIII, 6: 『FF』 1145-1146.

도는 그의 영광 가운데 악한 행동들로 거룩한 교회를 모독한 이들을 심판할 심판관으로(2,4) 그리고 라 베르나에서 프란치스코에게 나타난 세라핌 천사로도 제시되고 있다(10,13).[204]

8장의 마지막 구절에서는 시작 부분에서 설명된 효과들을 완성하는 자애로움에 대한 묘사가 제시된다.[205] "이것이야말로 참된 자애로움이며, 이 자애로움은 모든 피조물을 사랑이라는 하나의 계약으로 뭉쳐 주기에 **모든 면에서 유익하다. 현재와 미래의 생명을 약속해 주는 덕**이다."[206] 이렇게 자애로움은 모든 가난한 이들 안에서 그리스도를 보게 해 주었다. 이제 모든 피조물들은 그에게 하느님의 형상이 새겨져 있는 존재였다. 그는 실제로 그들을 형제와 자매로 불렀는데, 이는 그들이 같은 기원에서 유래되었기 때문이다.[207] 보나벤투라는 『대전기』에 다음과 같이 적고 있다. "그는 **온전히 바라마지 않을** 그분께 오르고 그분을 껴안기 위해 모든 피조물을 **사다리**로 삼았다."[208]

---

204 F. Uribe, 『Il Francesco di Bonaventura』, 318-319.
205 참조: Ivi, 317. 8장은 자애로움의 효과들을 4개의 동사로 제시하면서 시작된다. a) 신심을 통해 하느님께로 "고양시킨다(elevare)", b) 고통을 통해 그리스도로 "변화시킨다(trasformare)", c) 겸손을 통해 이웃을 "향하게끔 한다(piegare)", d) 모든 피조물과 화해시켜 태초의 무죄한 상태로 "되돌려 준다(riportare)". 참조: 「LegM」 VIII, 1: 『FF』 1134.
206 「LegM」 VIII, 11: 『FF』 1160. "Vere haec est, quae cunstas sibi creaturas confoederans, ualet ad omnia, promissionem habens uitae, quae nunc est et futurae."
207 참조: G. Frasca, 『Dal mistero di Cristo alla mistica di Francesco d'Assisi』, 24.
208 「LegM」 IX, 1: 『FF』 1162. "De omnibus sibi scalam faciens, per quam conscenderet ad apprehendendum eum qui est desiderabilis totus."

그런 다음 9장에서 보나벤투라는 프란치스코의 사랑에 대한 열정을 묘사한다.[209] 우리는 이 장에서 완전히 균등한 두 부분을 구분할 수 있다. 첫 번째 부분(1-4)은 그의 신심적인 표현들을 통해 프란치스코의 사랑에 대한 열정을 다룬다. 십자가에 못 박히신 그리스도와 성체성사에 대한 신심(2), 성모님과 천사들과 성인들에 대한 신심(3) 그리고 모든 사람을 향한 빈자의 사도적 열성에 대한 일반적인 설명으로 마무리된다(4). 두 번째 부분(5-8)은 프란치스코의 선교 열정, 특히 순교에 대한 그의 열망 안에서 구체화된 같은 열정을 제시한다. 두 부분은 사랑이라는 주제를 같은 안내자로 삼음으로써 아름다운 조화를 보여 준다. 이러한 관점에서 9장은 중요한 단일성을 제시한다고 말할 수 있다. 마지막 단락(9)은 프란치스코의 순교에 대한 열망과 오상 사이를 신비롭게 결합하는 참된 결말이다.[210] 보나벤투라는 프란치스코의 사랑에 대한 열정을 통해 우리에게 세 가지 요소를 제공한다. a) 사랑의 근원인 십자가에 못 박히신 그리스도 예수, b) 신심을 통한 이러한 열정에 대한 표현들, c) 순교에서의 동일한 절정.[211] 프란치스코의 사랑에 대한 열정 안에서 세라핌 박사는 십

---

209 이 장을 더 잘 이해하려면 보나벤투라에 의해 사용된 언어, 특히 유사한 세 단어에 주의를 기울일 필요가 있다. amor, dilectio 그리고 caritas. 이 세 단어는 세라핌 박사에게 특별한 신학적 함의含意를 지닌다. 실제로 amor는 사랑하는 이에 대한 헌신의 감정이다. dilectio는 사랑하는 대상의 선택을 표현한다. caritas는 최대의 공감을 나타낸다. 그리고 순교의 주제는 그 가운데 가장 높은 표현인 caritas에 밀접히 연관되어 있다. 참조: F. Uribe, 『Il Francesco di Bonaventura』, 321.

210 참조: Ivi, 322.

211 참조: Ivi, 346-348.

자가에 못 박히신 그리스도의 인성 안에서 빈자의 인성을 변화 또는 변모시키는 힘을 보았다.[212] 이러한 이유로 프란치스코는 보나벤투라에 의해 "배우자의 연인(Sponsi amicus)"과 "그리스도의 연인(Christi amicus)"이라고 불렸다.[213] 이 두 호칭을 통해 우리는 신비적 차원을 발견할 수 있다. "합일(혼인)의 그리스도 중심주의".[214] 거룩한 사랑에 대한 열정은 프란치스코를 십자가에 못 박히신 그리스도와 친밀한 일치, 곧 오상으로 이끈다.[215]

마지막으로 10장에서 보나벤투라는 조명의 덕들 가운데 마지막 덕에 관하여 이야기한다. 프란치스코의 기도에 대한 열성과 그의 기도의 효력. 이 장은 『대전기』에서 가장 짧은 장들 가운데 하나이긴 하지만 주님과 프란치스코 간의 대화의 신비를 자세히 살펴보고 밝혀낼 수 있기 때문에 중요하다.[216] 이 장에서 세라핌 박사는 프란치스코를 기도의 사람이며, "수도자들"이라고도 불리는 형제들을 가르치는 스승으로서 제시하고 있다. 프란치스코는 항구한 기도 안에 머무른다.[217] 그는 한숨과 눈물로 그곳을 가득 채우기 위해 심판자에게 대

---

212 참조: N. Muscat, 『The life of Saint Francis in the light of Saint Bonaventure's theology on the "Verbum crucifixum"』, 222.
213 참조: 「LegM」 IX, 1; 4; 9: 『FF』 1161; 1168; 1175.
214 참조: F. Uribe, 『Il Francesco di Bonaventura』, 324. 합일(혼인)성 또는 합일(혼인)의 그리스도 중심주의에 대해서는 R. Di Muro, 『La mistica di santa Chiara』, 24-25; 77을 보라.
215 참조: N. Muscat, 『The life of Saint Francis in the light of Saint Bonaventure's theology on the "Verbum crucifixum"』, 224.
216 참조: F. Uribe, 『Il Francesco di Bonaventura』, 349.
217 참조: 「LegM」 X, 1-2: 『FF』 1176-1178.

답하고, 성부께 간청하며, 연인과 함께 대화하기 위해 숲과 같은 외딴곳을 찾곤 하였다.[218] 그는 정성을 다해 시선을 고정하고 소리의 흐트림없이 **전례** 기도를 충실히 바쳤다.[219] 이러한 엄격함에도 불구하고 **베들레헴**의 아기의 이름을 말하는 가운데 감미로움과 하나 되었다.[220] 프란치스코의 기도 생활의 목적은 예수 그리스도의 신비, 곧 육화와 십자가에 못 박힘이다. 기도는 육화하시고 십자가에 못 박히신 그리스도 신비의 빛 안에서 프란치스코라는 인물을 변화시키는 힘이 있다. 이러한 점은 특별히 오상 사건 이후 분명해진다.[221]

이러한 방법으로 3-4장과 8-10장에서 보나벤투라는 조명의 초자연적인 세 가지 덕(자애로움과 사랑과 기도)을 아씨시 성인의 그리스도의 덕을 닮으려 하는 삶에 적용한다.

2.3.3. 일치

보나벤투라는 정화와 조명의 길을 지난 다음 일치의 길을 제시한다.[222] 프란치스코 영적 성숙의 이 세 번째 단계는 11-13장과 14-15장에서 볼 수 있다. 세라핌 박사는 죽음(XIV), 시성과 유해 이전(XV)

---

218 참조: 「LegM」 X, 3-4: 『FF』 1179-1181.
219 참조: 「LegM」 X, 6: 『FF』 1184-1185.
220 참조: 「LegM」 X, 7: 『FF』 1186.
221 참조: N. Muscat, 『The life of Saint Francis in the light of Saint Bonaventure's theology on the "Verbum crucifixum"』, 224-225.
222 참조: G. Frasca, 『Dal mistero di Cristo alla mistica di Francesco d'Assisi』, 46.

그리고 초자연적인 세 가지 은총, 곧 성경을 이해하는 능력(XI)과 설교의 효력(XII)과 거룩한 오상(XIII)에 대해 이야기한다.[223] 이러한 일치의 세 가지 은총은 하느님의 말씀과 연결되어 있다. 기록된 말씀(Verbum scriptum), 선포된 말씀(Verbum praedicatum) 그리고 십자가에 못 박히신 말씀(Verbum crucifixum).[224]

"프란치스코의 일치의 길 도입부는 성경을 이해하는 능력과 예언의 능력에 대한 주제로 적절하게 시작한다."[225] 11장의 제목은 두 가지 주제를 담고 있다. 성경을 이해하는 능력과 예언의 능력.[226] 11장의 첫 문장은 조명의 덕들과 일치의 은총들 사이의 다리 역할을 하고 있다.[227]

> 지치지 않고 기도에 전념함과 덕을 끊임없이 실천한 것이 그의 영적 안목을 정화시켰으며, 따라서 그의 예리한 지성은 영원한 빛의 광휘에 가득찼으며 성경의 깊은 뜻을 꿰뚫었다. 그의 뛰어난 재주는 그 신비들의 중심을 꿰뚫었으며 애정에 가득찬 사랑으로 신학자들이 그들의 지식으로도 들어갈 수 없었던 영역으

---

223 참조: F. Uribe, 『Introduzione alle fonti agiografiche di san Francesco e santa Chiara d'Assisi (secc. XIII-XIV)』, 254.
224 참조: N. Muscat, 『The life of Saint Francis in the light of Saint Bonaventure's theology on the "Verbum crucifixum"』, 226.
225 F. Uribe, 『Il Francesco di Bonaventura』, 375.
226 참조: Ibidem.
227 참조: N. Muscat, 『The life of Saint Francis in the light of Saint Bonaventure's theology on the "Verbum crucifixum"』, 226.

로 들어갔던 것이다.[228]

이 구절에서는 거룩한 신비의 비밀을 꿰뚫는 프란치스코의 능력을 이해하게끔 "영원한 빛"을 중요한 주제로 다루고 있다. "영원한 빛"의 주제는 11장의 마지막 단락에서 다시 다루어진다.[229]

이것이 섭리의 특별한 뜻으로 나타난 것이란 사실에 대해서는 의심의 여지가 없다. 사람의 모양으로 그가 기적적으로 나타난 것은 그의 영혼이 얼마나 영원한 지혜의 빛에 가까이 있고 화응하는가를 보여 주고자 함이었다. 지혜는 어떠한 움직임보다 재빠르고 그 순수함으로 모든 것을 통달하고 통찰한다. 지혜는 거룩한 영혼들 안으로 들어가 그들을 하느님의 벗과 예언자로 만든다.[230]

보나벤투라에게 프란치스코는 다윗 임금과 사도 베드로처럼 하느님의 벗과 예언자들 가운데 한 명이다.[231] 아씨시의 빈자는 사람이

---

228 「LegM」 XI, 1: 『FF』 1187. "Ad tantam autem mentis serenitatem indefessum orationis studium cum continua exercitatione uirtutum uirum Dei perduxerat, ut, quamuis non habuerit sacrarum litterarum peritiam per doctrinam, aeternae tamen lucis irradiatus fulgoribus, Scripturarum profunda miro intellectus scrutaretur acumine."
229 참조: F. URIBE, 『Il Francesco di Bonaventura』, 377.401.
230 「LegM」 XI, 14: 『FF』 1202. "Quod factum esse diuina dispositione credendum est ut ex praesentiae corporalis apparitione mirabili patenter claresceret, quam praesens et peruius spiritus eius luci sapientiae foret aeternae, quae omnibus mobilibus mobilior est et ubique attingens propter sui munditiam, per nationes in animas sanctas se transfert et Dei amicos et prophetas constituit."
231 참조: F. URIBE, 『Il Francesco di Bonaventura』, 401-402.

된 말씀이신 예수 그리스도께 대한 그의 충실한 모방과 성령의 충만한 도유를 통해 하느님께로부터 성경을 이해하는 능력과 예언의 영을 허락하는, 영원한 빛의 은총을 받는다.²³² 기도와 덕 — 곧 관상의 체험은 — 프란치스코를 성경에 대한 깊은 이해로 이끌었다. 그는 계속해서 성경을 묵상함으로써 강렬한 사랑으로 하느님의 신비들을 이해하게 되었다.²³³ 성경에 대한 그의 이해는 그리스도 중심적이다. 이는 육화하시고 십자가에 못 박히신 말씀의 신비에 중심을 둔 그의 사도적 삶 속에서 잘 드러난다.²³⁴ 보나벤투라에게 프란치스코는 그의 인격과 행동을 통해 성경의 살아있는 주석으로 여겨졌다.²³⁵ 그리고 예언의 초자연적인 은총을 통해 하느님께로부터 보상받았다. 프란치스코의 예언의 능력은 관상적 일치의 결과이며, 기도를 통한 그의 친밀한 관계와 십자가의 권능에 대한 믿음을 통해 은총을 중재하는 힘을 지닐 수 있었다.²³⁶ 영원한 빛의 은총이 지닌 그리스도 중심적인 특징은 그리스도께 주어진 호칭과 프란치스코에게 주어진 호칭들에서 드러난다.²³⁷ 세라핌 박사는 프란치스코와 그의 제자들의

---

232 참조: F. Uribe, 『Il Francesco di Bonaventura』, 381.402; N. Muscat, 『The life of Saint Francis in the light of Saint Bonaventure's theology on the "Verbum crucifixum"』, 227.
233 참조: G. Frasca, 『Dal mistero di Cristo alla mistica di Francesco d'Assisi』, 25.
234 참조: N. Muscat, 『The life of Saint Francis in the light of Saint Bonaventure's theology on the "Verbum crucifixum"』, 227.
235 참조: G. Frasca, 『Dal mistero di Cristo alla mistica di Francesco d'Assisi』, 25.
236 참조: N. Muscat, 『The life of Saint Francis in the light of Saint Bonaventure's theology on the "Verbum crucifixum"』, 227-228.
237 참조: F. Uribe, 『Il Francesco di Bonaventura』, 402.

대화를 통해 형제들이 비둘기의 단순함과 뱀의 조심성을 함께 지니는 법을 배워야 하는 탁월한 스승(Magister eximius)으로 그리스도를 제시한다.[238] "또한 그리스도는 학문보다는 기도의 스승으로 더 많이 나타난다."[239] 그리고 11장의 세 번째 단락에서 우리는 프란치스코에게 주어진 그리스도론적인 다양한 호칭을 볼 수 있다. 하느님의 사람(vir Dei), 그리스도의 종(servus Christi) 그리고 그리스도의 전령(praeco Christi).[240] 보나벤투라는 이 호칭들을 통해 우리에게 프란치스코를 하느님의 말씀과 관상적 일치를 이루는 모범으로 제시한다.

12장에서 보나벤투라는 프란치스코의 삶이 지닌 사도적 측면에 할애한다. 페르난도 우리베는 이 장의 구조를 다음과 같이 설명한다.

> 전반적으로 살펴보았을 때 이 장은 세 부분으로 나눌 수 있다. 첫 번째 부분(1-2)은 프란치스코의 복음 선포 사명의 근원에 할애되고 있다. 두 번째 부분(3-8)은 설교자로서 성인이 활동한 다양한 상황을 소개하는 몇몇 일화를 담고 있다. 세 번째 부분(9-11)은 성인의 중재를 통해 일어난 총 14개의 기적적인 치유들을 담고 있다. 이 기적들은 어느 모로 보나 특별한 기준 없이 배열되어 있지만, 그의 활동의 효과를 증명하기 위한 목적을 가지고 있다. 마지막 단락(12)은 장 전체의 결말 역할을 한다.[241]

---

238 참조: 「LegM」 XI, 1; 『FF』 1188.
239 F. URIBE, 『Il Francesco di Bonaventura』, 402.
240 참조: 「LegM」 XI, 3; 『FF』 1190.
241 F. URIBE, 『Il Francesco di Bonaventura』, 405.

페르난도 우리베에 따르면, 12장의 주요 주제는 네 가지이다. a) 프란치스칸 소명의 근본요소로서 설교(사도적 삶), b) 프란치스코의 사도적 봉사 안에서 궁극적인 기준점인 그리스도, c) 그리스도의 전령인 프란치스코의 선교가 지닌 복음적 특징, d) 프란치스코의 식별 안에서 성령의 활동.[242]

12장의 첫 번째 단락은 장 전체를 소개하는 역할을 한다. 이 단락은 보나벤투라가 프란치스코의 입을 빌린 대화를 통해 기도에 전적으로 헌신하는 것과 설교에 전념하는 삶 사이의 세 가지 차이점을 제시하는데, 후자보다는 전자의 이점들을 강조하고 있다.[243] 기도함으로써 은총을 얻고 쌓는다. 기도는 감각을 정화시키고, 덕들을 새롭게 하여 조명하며, 참으로 유일하고 최고선인 분과 일치하도록 해 준다. 마지막으로, 기도 안에서 하느님과 이야기를 나누고, 말씀을 들으며 천사들 가운데 살아가게 된다. 이와 반대로, 설교함으로써 하늘로부터 받은 은총들을 나누어 주어야 한다. 설교는 정신을 산만하게 만들고 해이하게 한다. 설교는 사람들에게 많이 적응하고, 인간적인 방법으로 생각하고, 보고, 말하고 들을 필요가 있다. 이어서 세라핌 박사는 영혼을 구원하고자 성부의 품을 떠나 내려온 그리스도를 모범으로 제시한다.[244] 그리스도의 사명은 네 가지 동사로 제시되

---

242 참조: F. URIBE, 『Il Francesco di Bonaventura』, 427-430.
243 참조: Ivi, 407.
244 참조: 「LegM」 XII, 1: 『FF』 1204.

는데, 그 가운데 세 가지는 "피(sangue)"라는 용어를 통해 구원 개념에 결합되어 나타난다.[245] 그리스도는 사람들에게 구원의 말씀을 선포하고자(parlare/annuciare), 당신 거룩한 피의 대가로 그들을 구속하고자(riscattare/redimere), 당신 피로 그들을 씻겨 정화하고자(lavare/purificare), 당신 피를 그들에게 마시게 하여 힘을 주고자(fortificare/sostenere) 이 세상으로 내려왔다.[246] 구원의 말씀(Verbum salutis)의 신학, 곧 십자가에서 생명을 주는 말씀의 신학 안에서, 보나벤투라는 설교라는 프란치스칸 직무의 근원을 밝히고 있다. 보나벤투라에 따르면, 육화하시고 십자가에 못 박히신 하느님의 성자는 프란치스코와 작은 형제들의 사도적 카리스마의 본보기이며 결정적인 기준점이다. **육화하시고 십자가에 못 박히신 말씀**의 힘은 모든 사람을 죄로부터 정화하고 영적인 생활을 유지하는 데 자양분이 되는 것이다.[247] 두 번째 단락에서 보나벤투라는 프란치스코가 하느님의 뜻을 알고 싶어한 일화를 서술한다. 프란치스코는 "오랫동안 오로지 관상에만 전념해야 하는지 아니면 관상과 설교를 균형있게 수행해야 하는지 확실하게 결정하지 못하였다. 그는 사제 형제인 실베스테르와 관상 수녀인 클라라에게 조언을 구하였고, 그들의 응답은 동일하였다."[248] "그리고 존경할만한 사제와 하느님께 봉헌된 동정녀는 — 성

---

245 참조: F. Uribe, 『Il Francesco di Bonaventura』, 408.
246 참조: 「LegM」 XII, 1: 『FF』 1204.
247 참조: N. Muscat, 『The life of Saint Francis in the light of Saint Bonaventure's theology on the "Verbum crucifixum"』, 228.
248 G. Frasca, 『Dal mistero di Cristo alla mistica di Francesco d'Assisi』, 25.

령이 계시하여 주었기에 — 놀랍게도 같은 답에 이르렀다. 하느님의 뜻은 프란치스코가 그리스도의 전령으로서 설교하러 나가야 한다는 것이었다."[249]

12장의 첫 두 단락에서 우리는 앞서 언급한 네 가지 주요 주제를 볼 수 있다. 이 두 단락에 뒤이어 보나벤투라는 즉시 아씨시 성인의 복음화 활동(3-8)과 그의 사목 활동의 효력(9-11)을 소개하기 시작한다. 보나벤투라에게 프란치스코는 그리스도의 구원 사업에 참여하여 구원의 말씀을 선포하는, 복음적 완전의 선구자이다.[250]

마지막으로, 15장은 프란치스코의 영적이며 신비적인 여정의 절정을 묘사한다. 거룩한 오상. **회칙**의 인준과 그레초의 구유 일화 뒤 1년이 채 안 되었을 때 일어난 프란치스코의 거룩한 오상(1224)은 그리스도 중심적인 그의 삶을 증명하는 표지이다.[251] 십자가에 못 박히신 세라핌 천사의 발현이 있은 다음, 프란치스코는 살아 있는 하느님의 손끝으로 그의 육신에 새겨진 십자가에 못 박히신 그리스도의 형상을 자신 안에 지니게 되었다.[252] 기쁨과 슬픔을 함께 받아들이는

---

249 「LegM」 XII, 2; 『FF』 1205. "Concordauerunt autem mirabiliter in id ipsum, superno eis reuelante Spiritu, uenerabilis sacerdos et uirgo Deo dicata, benepalciti scilicet esse diuini, quod Christi praeco ad praedicandum exiret."

250 참조: N. Muscat, 『The life of Saint Francis in the light of Saint Bonaventure's theology on the "Verbum crucifixum"』, 229-230.

251 참조: C. Vaiani, 『Storia e teologia dell'esperienza spirituale di Francesco d'Assisi』, Milano 2013, 428-429; N. Muscat, 『The life of Saint Francis in the light of Saint Bonaventure's theology on the "Verbum crucifixum"』, 230.

252 참조: 「LegM」 XIII, 5; 『FF』 1228.

프란치스코의 체험은 그리스도의 죽음과 부활의 신비에 대한 이해를 새롭게 하는 것이다.[253] 이것이 프란치스코와 보나벤투라에게는 그리스도 안에서 하느님과 충만한 일치를 이루는 순간이다.[254] 거룩한 오상을 통해 세라핌 박사는 십자가에 못 박히신 그리스도의 형상으로 프란치스코의 완전한 변형을 제시한다.[255] 아씨시의 성인은 지고한 평화에 이르고, 진리를 맛보고, 사랑을 즐기고, 오상으로 그의 천상 신랑과 일치를 이룬다. 이러한 성인의 영적 여정의 최고 단계는 그의 경건한 죽음으로 완결되었다.[256] 보나벤투라는 다음과 같이 말한다.

> 그가 세상을 떠났을 때 그의 거룩한 영혼은 **생명의 샘**에서 실컷 마심으로써 영광을 받는 곳인 **영원의 숙소**로 들어갔으며, 또한 그의 육신에는 **미래 영광의 분명한 표시**가 남아 있었다. **정욕과 함께 십자가에 못 박혔던 그의 육체는 새로운 창조물이 되어** 독특한 특권에 의해 그리스도의 수난의 상을 지니고 있었으며, 일찍이 들어본 적 없는 이 기적에 의해 다가올 부활을 넌지시 암시해 주었다.[257]

---

253 참조: C. Vaiani, 『Storia e teologia dell'esperienza spirituale di Francesco d'Assisi』, 429.
254 참조: G. Frasca, 『Dal mistero di Cristo alla mistica di Francesco d'Assisi』, 26; R. Pompei, 「Francesco - «speculum virtutum» per i francescani negli scritti bonaventuriani」, in 『DS』, 50 (2008), 110.
255 참조: C. Leonardi, 「Introduzione」, in 『LF IV』, 20.
256 참조: R. Pompei, 「Francesco - «speculum virtutum» per i francescani negli scritti bonaventuriani」, in 『DS』, 50 (2008), 110.
257 「LegM」 XV, 1: 『FF』 1246. "Beato namque uiro migrante a saeculo, spiritus ille sa-

이러한 방법으로 11-13장과 14-15장에서 세라핌 박사는 일치의 초자연적인 세 가지 은총, 곧 성경을 이해하는 능력과 설교의 효력과 거룩한 오상을 프란치스코의 하느님과의 충만한 일치에 적용한다.

맺음말

"『대전기』는 **복된 프란치스코의 생애**, 곧 성 프란치스코의 체험에 관하여 서술한 작품으로 태어났다."[258] 폼페이에 따르면,

> 이러한 『대전기』는 준수해야 할 규칙, 형제적이며 공동체적인 삶, 엄격함, 가난의 준수, 작음을 따름, 선교 소명에 대한 충실성, 내부적 분열에 대항하여 마음을 모으는 것을 형제들에게 보여 주고자 한다. 형제 개개인이 하느님의 결정적인 도움으로 창립자의 체험을 그리스도 안에서 하느님과 완전히 그리고 충만히 하나 되고자 하는 끊임없이 커가는 열망을 다시 체험하고자 진심으로 바란다면 이것이 수도회를 다스릴 것이다.[259]

그러나 무엇보다도 우리는 저자의 수덕적이고 영성적인 의도에

---

cer domum aeternitatis ingrediens fontisque uitae haustu plenario gloriosus effectus, expressa quaedam in corpore futurae gloriae signa reliquit, ut caro illa sanctissima quae, crucifixa cum utiis, in nouam iam creaturam transierat, et passionis Christi effigiem priuileggii singularitate praeferret et nouitate miraculi resurrectionis speciem praemonstraret."

258 P. Messa, 「Introduzione」, in 『Vita di Francesco. Legenda maior』, 10.
259 R. Pompei, 「Francesco - «speculum virtutum» per i francescani negli scritti bonaventuriani」, in 『DS』, 50 (2008), 111.

주의를 기울여야 한다. 보나벤투라는 창립자의 새로운 전기에서 그의 세라핌 사부를 그리스도 안에서 하느님과 일치를 향한 신비적 상승의 영원하고 유일하며 참된 모범으로 형제회에 제시한다.[260] 이를 위해 세라핌 박사는 그의 신비신학을 활용한다.

우선 우리는 보나벤투라의 신학이 유출(exitus)과 환원(reditus) 안에, 곧 모든 것이 하느님께로 환원된다는 이론 안에 중심점을 둔다는 것을 고려해야 한다.[261] 루이지 쟈코메티는 로마노 과르디니가 설명한 바에 따라, 이러한 사상의 전체적인 이해는 "유출 - 환원"의 도식을 통해 표현될 수 있다고 주장할 만큼 보나벤투라의 사상에서 이 도식이 가지는 중요성을 강조한다.[262] 예외 없이 보나벤투라는 『대전기』 전체에 이 도식을 적용한다. 곧 프란치스코는 하느님께로부터 나와 하느님께로 되돌아간다.[263]

프란치스칸 스승은 그리스도 안에서 하느님을 향한 프란치스코의 여정을 묘사하고자 자신의 작품들을 활용한다. 그 가운데 첫 번째는 『하느님께 나아가는 정신의 여정』이다.[264] 『대전기』에서 아씨시 빈자의 영적 여정은 자기 자신의 바깥(세상 또는 피조물)에서 출발하

---

260 참조: R. Pompei, 「Francesco - «speculum virtutum» per i francescani negli scritti bonaventuriani」, in 『DS』, 50 (2008), 111.
261 참조: P. Messa, 「Introduzione」, in 『Vita di Francesco. Legenda maior』, 69.
262 참조: L. Giacometti, 『«È disceso agli inferi». Saggio tematico sulla soteriologia bonaventuriana』, Assisi 1990, 42.48.
263 참조: P. Messa, 「Introduzione」, in 『Vita di Francesco. Legenda maior』, 69.
264 참조: Ivi, 68.

여 자기 자신의 안(인간)을 지나 최종적으로 자기 자신의 위(하느님)에 그의 눈을 고정하는 것이다. 여기서 하느님을 향한 상승의 본질적인 삼중 구조를 찾아볼 수 있다. **우리 밖에서 - 우리 안에서 - 우리 위에서.** 이 삼중 구조를 발전시키면서 "보나벤투라는 어떻게 『하느님께 나아가는 정신의 여정』의 일곱 단계가 프란치스코를 완덕의 절정으로 이끌었는지 십자가의 일곱 환시를 통해 설명한다."[265]

그런 다음 세라핌 박사는 위계적 행위 또는 영적인 길의 개념을 사용하고자 『신비 작품집』, 특히 『세 가지 길』과 『생명의 나무』를 활용한다.[266]

위-디오니시우스의 영향을 받은 세 가지 길을 통해, 보나벤투라는 위계적 차원 안에서 프란치스코의 수덕-신비적 체험을 더 상세히 설명한다. 알폰소 폼페이에 따르면, 이 영적인 삼중 단계는 『대전기』 전체, 곧 연대순으로 기술된 시작하는 부분과 마치는 부분 그리고 덕들에 관해 다루는 중앙 부분에서 재발견할 수 있다. 정화의 단계는 회개(I-II)와 수덕적인 세 가지 덕에 대한 묘사(V-VII)에서, 조명의 단계는 수도회의 발전(III-IV)과 초자연적인 세 가지 덕에 대한 묘사(VIII-X)에서, 일치의 단계는 죽음(XIV-XV)과 초자연적인 세 가지 은총에 대한 묘사(XI-XIII)에서 제시된다.[267] 이렇게 저자는 중앙의 9개 장(V-XIII)에서 복음적인 아홉 가지 덕을 제시하고 있다. 엄격한 생활,

---

265 A. Pompei, 『Bonaventura da Bagnoregio』, 234.
266 참조: P. Messa, 『Introduzione, in Vita di Francesco. Legenda maior』, 68.
267 참조: A. Pompei, 『Bonaventura da Bagnoregio』, 233.

겸손한 순명, 가난, 자애로움, 사랑, 기도의 삶, 성경을 이해하는 능력, 설교의 효력 그리고 마지막으로 거룩한 오상. 이러한 프란치스코의 아홉 가지 덕은 『생명의 나무』에서 그리스도께 적용되는 것들이다.[268] 여기서 우리는 그의 삶이 그리스도의 복음적인 덕들과 사명을 따르는 것 또는 모방하는 것임을 알 수 있다.

마지막으로, 『대전기』에서 네 가지 말씀(Quadruplex Verbum)의 개념, 특히 **육화하시고 십자가에 못 박히신 말씀**의 개념을 볼 수 있다. 프란치스코는 하느님의 사람으로 변화되었고, 육화하시고 십자가에 못 박히신 그리스도와 일치를 이루었다. 보나벤투라 신학의 그리스도 중심주의를 통해 우리는 프란치스코의 모든 수덕-신비적 체험이 그리스도화되는 성숙의 역사인 것을 알 수 있다.[269]

이미 언급했듯이 보나벤투라는 세라핌 사부의 삶을 서술하고자 자신의 그리스도 중심적이며 영성적인 신학을 활용한다. 종합하면, 신학적이고 영성적인 다시 읽음을 통해, 우리는 『대전기』에서 프란치스코의 삶이 하느님께로부터 나와 하느님께로 되돌아가는 여정으로 설명된다고 말할 수 있다. 보나벤투라 또한 육화하시고 십자가에 못 박히신 그리스도를 따름 또는 모방함 안에서 그리고 최종적으로 하느님의 사람으로 변화됨 안에서 이를 표현한다. 보나벤투라에게 프란치스코는 하느님을 향한 상승의 영원한 모범이다. 실제로 펠

---

268 참조: 『Lign. vitae』 Prol., 4.
269 참조: I. BRADY, 「La teologia della imitazione di Cristo secondo san Bonaventura」, in 『IB』, 3 (1967), 103.

리체 아크로카는 다음과 같이 주장한다. "과거보다는 현재와 미래에 주의를 기울이기에 보나벤투라는 자신이 저술한 전기를 통해 형제들에게 독점적인 모범이 되도록 정해진, 곧 참고해야 할 분명한 모범을 제시하였다."[270]

---

270 F. Accrocca, 『Un santo di carta』, 377.

결 론

보나벤투라는 성 프란치스코의 참된 자녀로서 프란치스칸 전통의 초기 발전에서 의심의 여지없이 중요한 역할을 수행하였다. 세라핌 박사의 신학에서 프란치스코는 중요한 자리를 차지하고 있다. 실제로 아씨시의 빈자는 프란치스칸으로서 보나벤투라의 삶과 그의 신학적이고 영성적인 여정에 자양분이 되어 주었다.

세라핌 박사는 프란치스코의 영성을 따랐으며 그것을 자신의 신학 안에서 충실하게 드러내고자 하였다. 하느님의 선하심과 사랑, 그리스도 중심성, 그리스도를 따름, 가난, 순명, 우주적 형제애 등. 그는 아우구스티노 사상과 신플라톤주의의 흐름을 따랐다. 보나벤투라는 특별히 아우구스티노와 위-디오니시우스 그리고 성 빅토르 학파의 사상을 종합하여 새롭고 고유한 신학 양식을 만들어냈다.

1259년 10월 라 베르나에서 프란치스코의 일곱 번째 후계자는 '영혼이 하느님께 나아가는 방법' 뿐만 아니라 프란치스코의 체험의 원천과 그의 활동의 핵심을 발견하였다.[01] 라 베르나에서 묵상한 다음 보나벤투라는 그의 신비신학을 심화시켰고 자신의 작품들 안에서

---

01   참조: L. CHIARINELLI, 「Con Bonaventura ai piedi della croce」, in 『DS』, 52 (2005), 5.

프란치스코를 수덕적이고 신비적인 여정의 본보기로 제시하였다.

그의 신학이 지니는 신비-영성적 경향이 강하게 드러나고 있는 세 작품이 있다. 『하느님께 나아가는 정신의 여정』, 『신비 작품집』 그리고 『육일간의 창조에 관한 학술강연집』. 우리는 이 작품들 안에서 주요한 신비신학적 주제들을 발견할 수 있다. 그리스도의 중재, 그리스도의 사랑, 그리스도의 육화, 십자가에 못 박히신 그리스도의 수난, 여러 덕, 그리스도 안에서 하느님과 완전한 일치를 향한 영적 여정 또는 신비-수덕적 길들. 이 주제들은 보나벤투라 신학이 지니는 신비신학적 특징들로 발전되었다. 그리스도 중심주의, 십자가 신비주의, 신비주의의 삼중 구조.

그리스도 중심성은 프란치스칸 박사의 신학 전체를 관통하는 핵심이다. 보나벤투라에 따르면, 삼위일체의 두 번째 위격은 "말씀"이라 불리는데 성자는 성부의 완전한 표현이며, 삼위일체의 세 위격과 창조 안에서 절대적인 중심이기 때문이다.[02] 세라핌 박사에게 영원한 하느님의 아들, 예수 그리스도를 통해 하느님께 돌아감의 완성은 그의 신비신학의 최종 목표이자 궁극의 종착점이다.[03] 보나벤투라는 그의 그리스도 중심주의를 구성하고, 신비 여정을 완성하고자 **세 가지 말씀**을 활용한다. **창조되지 않은 말씀**, **육화하신 말씀**, **영으로 충만한 말씀**. 그는 세 가지 말씀을 관상의 주요 요소로 설명한다.[04]

---

02 참조: 『Hex.』 I, 16; 『Red. art.』 23.
03 참조: 『Itin.』 VI, 7.
04 참조: 『Hex.』 III, 2.

세 가지 말씀이라는 표현은 근본적인 그리스도 중심주의 안에서 온전히 완성되게끔 신학적인 순환과 형이상학적 순환의 일치 안에서 성장을 보여 준다. 이렇게 프란치스칸 박사는 인간이 하느님께 **되돌아가는** 지혜적 과정에 대한 포괄적이고 체계적인 전망을 제안한다. 보나벤투라는 "창조되지 않은 말씀과 육화하신 말씀을 통해" 성부로부터 모든 것이 유출되고 "영으로 충만한 말씀을 통해" 성부께 되돌아가는 역학의 중심점을 확립하고자 한다.[05] 그에 따르면, 인간은 창조되지 않은 말씀의 원형성을 통하여 신비 여정에서 순례하는 인간(homo viator)으로 변화된다. 그리고 인간은 육화하신 말씀을 통해 하느님 안에서 참된 모상으로 회복된다. 마지막으로 인간은 영으로 충만한 말씀을 통해 하느님의 신비로 되돌아가는 여정을 완수한다.

십자가 신비주의는 보나벤투라의 신비주의에서 특별한 위치를 차지하고 있다. 왜냐하면 십자가에 못 박히신 그리스도는 프란치스코와 마찬가지로 프란치스칸 스승에게도 하느님을 향한 인간 여정의 정점이기 때문이다. 보나벤투라는 인간은 오직 육화하시고 십자가에 못 박히신 그분의 성자를 통해서만 하느님과 일치에 이를 수 있다고 주장한다. 따라서 그는 **육화하신 말씀**과 연관된 **십자가에 못 박히신 말씀**이라는 또 다른 개념을 활용한다. 세라핌 박사에 따르면, 십자가에 못 박히신 말씀과 육화하신 말씀은 그리스도가 십자가 위에서 충만하게 보여 준 하느님의 깊이 숨겨진 겸손을 드러냄으로

---

05   참조: P. Maranesi, 「Il Verbum crucifixum: un termine risolutivo della "Theologia Crucis" di S. Bonaventura?」, in 『DS』, 52 (2005), 90-92.

써 연결되어 있다. 프란치스칸인 보나벤투라에게 십자가에 못 박히신 그리스도는 십자가에 못 박히신 말씀으로서 하느님과 일치로 인도하는 문이다. 영혼이 신성에 관한 관상에 이르려면 고통받는 그분의 인성에 대한 체험에서부터 시작해야 한다. 이 여정 또는 파스카적 전이(transitus pasquale)는 십자가에서 완료된다. 그러므로 **십자가에 못 박히신 말씀**은 보나벤투라의 "십자가 신학(theologia crucis)" 안에서 중심적인 위치를 차지하고 있다.

보나벤투라는 자신의 신비신학에서 하느님을 향한 상승의 여정을 설명하고자 삼중 구조, 특별히 세 가지 길과 세 가지 수단 또는 활동을 활용한다. 세라핌 박사에 따르면, 우리 영혼은 **우리 밖에서** 출발하여 **우리 안**을 거쳐 **우리 위에**까지 나아가고, 그런 다음 마침내 하느님께로 돌아간다. 이 과정에서 영혼은 세 가지 길, 정화, 조명, 일치의 길을 체험한다. 이 길들은 연속적인 것이 아니라 평행적인 것이지만, 영성 생활의 시기별로 하나가 나머지 길들보다 우세할 수는 있다. 각 길은 십자가에 못 박히신 그리스도에 그 초점의 중심을 둔다. 보나벤투라는 각 길에 세 가지 수단 또는 활동, 곧 묵상과 기도와 관상을 적용한다. 이들이 각 행위를 실행에 옮기게 하고 영적인 열매를 맺게 해 주기 때문이다.

1260년과 1263년 사이, 프란치스코의 일곱 번째 후계자는 자신의 신학을 활용하여 세라핌 사부의 새로운 공식 전기인 『대전기』를 저술하였다. 이 새로운 전기는 나르본 총회(1260)의 요구에 완벽히 응답한 것이다. 당시 보나벤투라는 수도회의 총장으로서 수도회의 내적, 외적 어려움을 극복하고자 하였다. 『대전기』에서 프란치스칸 박사는 수도회를 외부의 비난에서 지키고, 수도회의 일치를 유지하고자 프란치스코의 참되고 유일한 모습을 제시한다. 그의 전기에서 보나벤투라는 그리스도 안에서 하느님과 하나 되고자 하는 모든 신자에게 프란치스코의 종교적 체험을 완전한 본보기로 묘사한다. 사실 아씨시의 빈자에 대한 새로운 전기는 프란치스칸 생활에 관한 보나벤투라의 체험의 결과이며(역사적인 차원), 프란치스코의 삶과 이상에 관한 그의 신학적이고 신비적인 묵상의 결과이다(신학적이고 신비적인 차원).

보나벤투라는 프란치스코를 그리스도-신비의 본보기로 제시하고자 『대전기』에 자신의 신비신학을 적용한다. 따라서 그의 신비신학적 특징들을 그대로 찾아볼 수 있다. 그리스도 중심주의와 십자가 신비주의와 세 가지 길.

프란치스칸 스승은 그리스도 안에서 하느님을 향한 프란치스코의 여정을 묘사하고자 자신의 신비신학적 특징들을 적용한다. 새로운 공식 전기에서 보나벤투라는 프란치스코를 vir Dei(하느님의 사람)로 정의한다. **하느님의 사람**이라는 호칭에서 우리는 세 가지 신학적인 요소들을 발견할 수 있다. a) 그리스도와의 일치, b) 그리스도를 향하는 성향 그리고 마지막으로 c) 하느님께로부터 파견된 존재. 그에게 프란치스코는 하느님께로부터 나와 하느님께로 가는, 가장 확고하게 그리스도 중심적인 사람이다. 세라핌 박사는 프란치스코의 그리스도 중심적인 영성을 설명하고자 **네 가지 말씀**의 개념, 특히

육화하시고 십자가에 못 박히신 말씀의 개념을 활용한다. 아씨시의 빈자는 십자가에 못 박히신 그리스도와 하나됨으로써 하느님의 사람으로 변화되었다.『대전기』에서 그리스도 중심주의와 십자가 신비주의를 통해 보나벤투라는 독자들에게 프란치스코의 수덕-신비적인 모든 체험을 그리스도화되는 그의 성숙의 역사로 소개한다.

『대전기』에서 프란치스칸 스승은 자신 밖(세상 또는 피조물)에서 출발하여 자신 안(인간)을 거쳐 마지막으로, 자신 위(하느님)에 그의 눈을 고정하는 아씨시 성인의 영적 여정을 설명한다. 여기서 하느님을 향한 상승의 근본적인 삼중 구조를 발견할 수 있다. **우리 밖에서 – 우리 안에서 – 우리 위에서.**『대전기』에 하느님을 향한 상승의 이러한 삼중 구조를 적용하고자 프란치스칸 박사는『하느님께 나아가는 정신의 여정』의 일곱 단계에 상응하는 십자가의 일곱 발현을 서술한다.

이 과정에서 프란치스코는 영적인 세 가지 길을 지나간다. 정화와 조명과 일치. 보나벤투라는 세 가지 길을 통해 창립자의 수덕-신비적인 체험을 보다 상세하게 설명한다. 정화의 길은 프란치스코의 회개 (I-II)에서, 조명의 길은 수도회의 발전(III-IV)에서, 일치의 길은 죽음(XIV-XV)에서 제시된다.『대전기』중앙의 9개 장(V-XIII)에서 저자는 프란치스코의 복음적인 아홉 가지 덕을 나열한다. 엄격한 생활, 겸손한 순명, 가난(수덕적인 세 가지 덕), 자애로움, 사랑, 기도에 대한 열성(초자연적인 세 가지 덕), 성경을 이해하는 능력, 설교의 효과, 거룩한 오상(초자연적인 세 가지 은총). 각 길에 해당하는 아홉 가지 덕을 통해 아씨시의 빈자는 그리스도 안에서 회개하고 변화되며 하나 된다.

보나벤투라는 『대전기』에서 프란치스코 영적 성숙의 과정을 통해 형이상학적 질문들에 답한다. 우리가 우리 존재의 근원과 목적과 종착점을 알고자 한다면, 우리는 아씨시의 빈자가 한 것처럼 예수 그리스도를 우리 삶의 중심에 두어야 한다. 세라핌 박사에 따르면, 우리는 하느님께로부터 나왔으며 하느님과의 관계 안에 존재하고 하느님께로 돌아가야만 한다. 보나벤투라 사상의 이러한 순환적 구조는 육화하시고 십자가에 못 박히신 그리스도 안에서 완성된다.[06] 새로운 공식 전기에서 프란치스칸 스승은 프란치스코의 영적 성숙 과정을 그의 순환적 사상 완성의 가장 좋은 예로 제시한다. 따라서 보나벤투라는 『대전기』에 다음과 같이 말하고 있다.

> 처음으로 은총을 입고 영적인 비상을 하던 첫 발걸음 때부터 가장 높으신 분의 종이요 친구이며, 작은형제회의 창설자요, 지휘자인 프란치스코는 꾸준한 진보를 이루었으며 마침내 성성의 극치를 얻었다. 그는 보속의 모범이요, 진리의 사자요, 거룩함의 거울이며, 복음적 완덕의 본보기였다.[07]

프란치스코의 영적 여정에 대한 이러한 보나벤투라적 전망은 여

---

06 참조: I. Delio, 『Simply Bonaventure』, 12.
07 「LegM」 XV, 1: 『FF』 1246. "Franciscus igitur, seruus et amicus Altissimi, Ordinis minorum Fratrum institutor et dux, pauperetatis professor, poenitentiae forma, ueritatis praeco, sanctitatis speculum et totius euangelicae perfectionis exemplar, superna praeuentus gratia, ordinato progressu ab infimis peruenit ad summa."

전히 유효하다. 보나벤투라는 모든 사람이 그리스도 안에서 하느님을 향한 같은 여정을 걸을 수 있다고 가르친다. 이렇게 세라핌 박사의 신비신학 안에서 아씨시 빈자의 영적 성숙의 여정은 영원한 모범으로 제시되고 있다. 실제로 프란치스코와 보나벤투라의 영적, 신비적 여정은 우리 시대의 영적 순례자들에게 계속해서 영양분을 제공해 줄 수 있다.

참고 문헌

I. 원천(Fonti)

1. 성 보나벤투라의 작품들(Opere di S. Bonaventura)

Doctoris Seraphici S. Bonaventurae, Opere omnia edita studio et cura PP. Collegii a S. Bonaventura ad plurimos codices mss. emendata, anecdotis aucta, prolegomenis scholiis notisque illustrata, Ad Claras Aquas (Quaracchi) 1882-1902, 10 Volumi.

I-IV (1882-1885-1887-1889) Commentaria in quatuor libros Sententiarum Magistri Petri Lombardi
V (1891) Opuscula varia theologica
VI (1893) Commentarii in Sacram Scripturam
VII (1895) Commentarius in Evangelium S. Lucae
VIII (1898) Opuscula varia ad theologiam misticam et res ordinis fratrum minorum spectantia
IX (1901) Sermones de tempore, de Sanctis, de B. Virgine Maria et de diversis
X (1902) Operum omnium complementum

San Bonaventura, 「Opere di San Bonaventura」, Roma 1990.

Opuscoli teologici/1 (vol. V/1, 1993)
Opuscoli teologici/2 (vol. V/2, 1996)
Sermoni teologici/1 (vol. VI/1, 1994)
Sermoni teologici/2 (vol. VI/2, 1995)
Opuscoli spirituali (vol. XIII, 1992)
Opuscoli francescani/1 (vol. XIV/1, 1993)

La letteratura Francescana, vol. III, Bonaventura: La perfezione Cristiana, Milano 2012.
La letteratura Francescana, vol. IV, Bonaventura: La Leggenda di Francesco, Milano 2013.
Vita di Francesco. Legenda maior, (a cura di) P. Messa, Milano 2009.

St. Bonaventure, Works of St. Bonaventure, NY 1996.

Itinerarium Mentis in Deum (vol. II, 2002)
Disputed Questions on the Mystery of the Trinity (vol. III, 1979)
Writings on the Spiritual Life (vol. X, 2006)

St. Bonaventure, The Works of St. Bonaventure, vol. I, Mystical Opuscula, NJ 1960.

보나벤투라, 『하느님께 나아가는 정신의 여정』, 장은명 옮김, 도서출판 시글, 1997.
보나벤투라, 『세 가지 길』, 권숙애 옮김, 도서출판 시글, 1997.

보나벤투라, 『완전한 삶』, 권숙애 옮김, 도서출판 시글, 1997.
보나벤투라, 『생명의 나무』, 장은명 옮김, 도서출판 시글, 1997.
보나벤투라, 『신비의 포도나무』, 권숙애 옮김, 도서출판 시글, 1997.

보나벤투라, 『하느님께 나아가는 정신의 여정 해설 - 작품에 나타나는 지식과 사랑』, 박장원 옮김, 막시모 테돌디 해설, 이정환 해설 번역 및 편집, 프란치스코 출판사, 2017.

보나벤투라, 『보나벤투라에 의한 아씨시의 성 프란치스꼬 대전기』, 꼰벤뚜알 프란치스코회 펴냄, 권숙애 옮김, 분도출판사, 1976.

2. 성 프란치스코의 글들과 전기들(SCRITTI E BIOGRAFIE DI S. FRANCESCO)

『FRANCESCO D'ASSISI, Scritti』, Edizione critica, (a cura di) C. PAOLAZZI, Grottaferrata (Roma) 2009.

『Fonti francescane』, Padova 2011.

『Francis of Assisi: Early Documents: The Prophet』, vol. III, NY 2001.

『아씨시 프란치스코와 클라라의 글』 작은형제회 한국관구, 프란치스코 출판사, 2014.

『성 프란치스코의 전기 모음』, 작은 형제회 한국 관구, 프란치스코 출판사, 2009.

토마스 첼라노, 『아씨시 성 프란치스꼬의 생애』, 프란치스꼬회 한국관구, 분도출판사, 1986.

3. 기타 원천들(ALTRE FONTI)

BERNARDINO DA SIENA, 「San Francesco Stimmatizzato」, in DFM III, 671-681.
RICCARDO DI SAN VITTORE, 『De Trinitate』 (PL 196, 887-994).
UGO DI SAN VITTORE, 『In Hierarchiam Cœlestem』 (PL 175, 923-1154C).

II. 연구들(STUDI)

AA. VV., 『La Regola di Frate Francesco. Eredità e sfida』, (a cura di) P. MARANESI – F. ACCROCCA, Padova 2012.
AA. VV., 『Lettura critica di San Bonaventura』, Firenze 1974.
B. A BESSA, 「Chronica XXIV Generalium Ordinis Minorum」, in 『AF』, 3 (1897).
F. ACCROCCA, 「Presentazion」, in 『FF, Leggenda maggiore』, 593-597.
____, 『Un santo di carta. Le fonti biografiche di san Francesco d'Assisi』, Milano 2013.
E. ANCILLI, 「La mistica: alla ricerca di una definizione」, in 『La mistica. fenomenologia e riflessione teologica』, (a cura di) E. ANCILLI, Roma 1984, 17.
R. J. ARMSTRONG, 「Towards an unfolding of the structure of St. Bonaventure's Legenda Major」, in 『The Cord』, vol. 39, no. 1 (1989), 3-17.
M. AROSIO, 『Aristotelenismo e teologia. da Alessandro di Hales a San Bonaventura』, Roma 2012.
F. ASTI, 『Spiritualità e mistica. Questioni metodologiche』, Città del Vaticano 2002.
BENEDETTO XVI,『I Maestri. Francescani e Domenicani』, Roma 2010.

CH. A. BERNARD, ⌜Teologia mistica⌟, Cinisello Balsamo 2005.

V. C. BIGI, ⌜Studi sul pensiero di San Bonaventura⌟, Assisi 1988.

A. BLASUCCI, ⌜Contemplazione e santità in San Bonaventura⌟, in ⌜San Bonaventura maestro di vita francescana e di sapienza cristiana. Atti del Congresso Internazionale per il VII Centenario di San Bonaventura da Bagnoregio⌟, III, (a cura di) A. POMPEI, Roma 1976, 361-386.

____, ⌜La spiritualità di San Bonaventura⌟, Firenze 1974.

L. BORRIELLO – R. DI MURO, ⌜Breve storia della spiritualità cristiana⌟, Milano 2013.

J. G. BOUGEROL, ⌜Bonaventura⌟, in ⌜Storia dei santi e della santità cristiana, Vol. VI, L'epoca del rinnovamento evangelico⌟, (a cura di) A. VAUCHEZ, Milano 1991.

____, ⌜Francesco, guida alla perfezione evangelica secondo la Legenda Major di Bonaventura⌟, in ⌜DS⌟, 30 (1983), 11-27.

____, ⌜Introduction to the Works of Bonaventure⌟, NJ 1964.

____, ⌜Introduzione a S. Bonaventura⌟, Vicenza 1988.

____, ⌜La perfezione cristiana e la strutturazione delle tre vie della vita spirituale nel pensiero di san Bonaventura⌟, in ⌜IB⌟, 7 (1970), 69-84.

____, ⌜L'aspect spirituel de la speculation bonaventurienne⌟, in ⌜Antonianum⌟, 52 (1977), 695-701.

____, ⌜Opere di San Bonaventura, Introduzione Generale⌟, Roma 1990.

L. BOUYER, ⌜Mysterion. Dal mistero alla Mistica⌟, Città del Vaticano 1998.

I. BRADY, ⌜La teologia della imitazione di Cristo secondo san Bonaventura⌟, in ⌜IB⌟, 3 (1967), 97-114.

P. BROWN, ⌜Agostino d'Ippona⌟, Torino 2005.

L. CANONICI, 「La povertà negli scritti e nella vita di san Francesco」, in La povertà nella spiritualità francescana, Quaderni di Spiritualità francescana, 19 (1971), 67-92.

C. CARGNONI, 「Vita e cronologia di san Bonaventura」, in 『DB』, 67-87.

P. CARLUCCI, 「Un singolare pellegrinaggio: L'Itinerarium mentis in Deum di Bonaventura da Bagnoregio」, in 『DS』, 40 (1993), 69-74.

G. CAVAZOS-GONZÁLEZ, 『Greater than a Mother's Love. The Spirituality of Francis and Clare of Assisi』, Scranton 2010.

L. CHIARINELLI, 「Con Bonaventura ai piedi della croce」, in 『DS』, 52 (2005), 5-14.

F. CIAMPANELLI, 『Hominem reducere ad Deum: la funzione mediatrice del Verbo incarnato nella teologia di san Bonaventura』, Roma 2010.

M. CICCARELLI, 『S. Bonaventura maestro di vita spirituale』, Montecalvo Irpino (Avellino) 1974.

D. M. COULTER, 「The Victorine Sub-structure of Bonaventure's Thought」, in 『FS』, 70 (2012), 399-410.

E. COUSINS, 『Bonaventure and the Coincidence of Opposites』, Chicago 1978.

____, 「Introduction」, in 『Bonaventure: The Soul's Journey into God, The Tree of Life, The Life of St. Francis』, NY 1978, 1-48.

____, 「The Two Poles of Bonaventure's Thought」, in 『S. Bonaventura 1274-1974』, IV, Grottaferrata 1973, 153-176.

C. M. CULLEN, 『Bonaventure』, NY 2006.

E. CUTTINI, 「Reductio」 in 『DB』, 672-679.

S. DA CAMPAGNOLA, 『L'Angelo del sesto sigillo e l'Alter Christus. Genesi e sviluppo di due temi francescani nei secoli XIII-XIV』, Roma 1971.

J. DALARUN, 『La Malavventura di Francesco d'Assisi』. Per un uso storico delle leggende francescane, Milano 1996.

E. R. DANIEL, 「St. Bonaventure a faithful disciple of St. Francis? A reexamination of the question, in S. Bonaventura 1274-1974」, II, 171-187.

B. DE ARMELLADA, 「Introduzione, in Sermoni teologici/1, Opere di San Bonaventura」, VI/1, Roma 1994, 7-36.

I. DELIO, 「Crucified Love. Bonaventure's Mysticism of the Crucified Christ」, Chiago, IL 1997.

____, 「Simply Bonaventure. An Introduction to His Life, Thought, and Writings」, NY 2001.

____, 「Toward a New Theology of Franciscan Contemplation: The Mysticism of the Historical Event」, in 「The Cord」, vol. 46, no. 3 (1996), 131-140.

T. DESBONNETS, 「Dalla instuizione alla istituzione」, Milano 1986.

R. DI MURO, 「La mistica di santa Chiara. Dimensioni e attualità」, Roma 2012.

H. EGAN, 「I mistici e la mistica. Antologia della mistica cristiana」, Città del Vaticano 1995.

G. FRASCA, 「Dal mistero di Cristo alla mistica di Francesco d'Assisi. Un percorso per giungere all'unione con Dio che il Santo propone a tutti i fedeli」, Roma 2012.

J. FREYER, 「Schede delle opere di san Bonaventura」, in 「DB」, 109-136.

C. FRUGONI, 「Francesco e l'invenzione delle stimmate. Una storia per parole e immagini fino a Bonaventura e Giotto」, Torino 2010.

B. GARCIA, 「Bonaventura da Bagnoregio」, in 「DFM I」, 287-337.

A. GHINATO, 「Relazione introduttiva: San Francesco, esemplare concreto della perfezione, nell'interpretazione mistica di S. Bonaventura」, in 「IB」, 6 (1970), 19-41.

L. Giacometti, 「«È disceso agli inferi». Saggio tematico sulla soteriologia bonaventuriana」, Assisi 1990.

E. Gilson, 「The philosophy of St. Bonaventure」, NJ 1965.

R. Guardini, Bonaventura, 「Opera Omnia」 Vol. XVIII, Brescia 2013.

Z. Hayes, 「Introduction, in Disputed Questions on the Mystery of the Trinity, Works of Saint Bonaventure」, III, NY 1979, 11-103.

____, 「The Hidden Center. Spirituality and Speculative Christology in St. Bonaventure」, NY 1992.

____, 「The Life and Christological Thought of St. Bonaventure」, in 「Franciscan Christology」, (Edited by) D. McElrath, NY 1980.

A. Hunt, 「The Trinity. Insights from the Mystics」, Collegeville, Minnesota 2010.

G. Iammarrone, 「La cristologia francescana. Impulsi per il presente」, Padova 1997.

____, 「La spiritualità francescana」. Anima e contenti fondamentali, Padova 1993.

L. Iriarte, 「Storia del Francescanesimo」, Napoli 1982.

G. Kittel – G. Friedrich, 「Grande lessico del Nuovo Testamento」, VII, Brescia 1971.

Gyhe-Young P. Ko, 「La mistica di Francesco d'Assisi」, Assisi 2009.

L. L. Lajar, 「"Franciscus Vir Dei". Indagine analitico-teologico sulla figura di S. Francesco come "uomo-di-Dio" in S. Bonaventura, nel contesto dell'agiografia precedente」, Roma 1980.

C. Leonardi, 「Introduzione」, in 「LF I」, XI-CLXXVII.

____, 「Introduzione」, in 「LF IV」, 5-30.

A. Little, 「Definitiones Capitulorum generalium Ordinis Fratum Minorum 1260-1282」, in AFH, 7 (1914), 675-682.

M. Malaguti, 「Contemplatio」, in 『DB』, 264-271.

P. Maranesi, 「Facere misericordiam. La conversione di Francesco d'Assisi: confronto critico tra il Testamento e le Biografie』, Assisi 2007.

____, 「Opere di san Bonaventura」, in 『DB』, 89-107.

____, 「Verbum (Jesus Christus)」, in 『DB』, 839-858.

____, 「Verbum Inspiratum. Chiave Ermeneutica dell'Hexaëmeron di San Bonaventura』, Roma 1996.

____, 「Il Verbum crucifixum: un termine risolutivo della "Theologia Crucis" di S. Bonaventura?」, in 『DS』, 52 (2005), 79-113.

R. S. Martignetti, 「Oratio」, in 『DB』, 572-577.

A. G. Matanic, 「San Bonaventura Ministro Generale dei frati Minori」, in 『IB』, 10 (1974), 121-138.

T. Matura, 『Francesco parla di Dio』, Milano 1992.

B. McGinn, 「Ascesion and introversion in the Itinerarium mentis in Deum」, in 『S. Bonaventura 1274-1974』, III, Grottaferrata 1973, 535-552.

____, 『Storia della mistica cristiana in occidente: Vol. I. Le origini (I-V secolo)』, Genova 1997.

G. G. Merlo, 『Frate Francesco』, Bologna 2013.

____, 『Nel nome di Francesco』, Padova 2003.

P. Messa, 「Introduzione」, in 『Vita di Francesco. Legenda maior』, (a cura di) P. Messa, Milano 2009, 7-125.

G. Miccoli, 『Francesco d'Assisi. Realtà e memoria di un'esperienza cristiana』, Torino 1991.

E. Mirri, 「Itinerarium」, in 『DB』, 502-505.

J. Moltmann, 『Il Dio Crocifisso. La Croce di Cristo, fondamento e critica della teologia cristiana』, Brescia 1982.

B. Mondin, 「Bonaventura da Bagnoregio」, in DT, 124-139.

O. Montevecchi, 「La conformità a Cristo negli opuscoli mistici di S. Bonaventura」, in 『IB』, 3 (1967), 115-129.

J. R. H. Moorman, 『The Sources for the Life of St. Francis of Assisi』, Manchester 1940.

N. Muscat, 『The life of Saint Francis in the light of Saint Bonaventure's theology on the "Verbum crucifixum"』, Roma 1989.

A. Nguyen Van Si, 『Seguire e imitare Cristo secondo san Bonaventura』, Milano 1995.

H. Nolthenius, 『Un uomo dalla valle di Spoleto. Francesco tra i suoi contemporanei』, Padova 1991.

S. Oppes, 「Homo」, in 『DB』, 457-464.

K. B. Osborne, 『The Franciscan Intellectual Tradition: Tracing Its Origins and Identifying Its Central Components』, NY 2003.

F. S. Pancheri, 『The Universal Primacy of Christ, Front Royal』, VA 1984.

E. Pásztor, 「San Bonaventura, biografo di San Francesco?」, in 『DS』, 27 (1980), 83-107.

L. Pellegrini, 「Introduzione」, in 『Opuscoli francescani/1, Opere di San Bonaventura, XIV/1』, 7-77.

A. Pompei, 『Bonaventura da Bagnoregio. Il pensare francescano』, Roma 1993.

____, 「Gesù Cristo」, in 『DF』, 742-778.

_____, 「La centralità di Cristo」, in 「Lettura critica di San Bonaventura」, (a cura di) M. G. ROSITO, Firenze 1974.

R. POMPEI, 「Francesco - «speculum virtutum» per i francescani negli scritti bonaventuriani」, in 「DS」, 50 (2008), 97-136.

C. V. POSPÍŠIL, 「La salvezza dell'uomo e la teologia della croce di Bonaventura da Bagnoregio」, Udine 2010.

J. POULENC, 「Conformità」, in 「DF」, 239-246.

L. POTESTÀ, 「San Bonaventura nell'«Arbor vitae crucifixae Jesu» di Ubertino da Casale」, in 「San Bonaventura maestro di vita francescana e di sapienza cristiana. Atti del Congresso Internazionale per il VII Centenario di San Bonaventura da Bagnoregio」, I, (a cura di) A. POMPEI, Roma 1976, 187-196.

E. PRENGA, 「Il crocifisso via alla Trinità. L'esperienza di Francesco d'Assisi nella teologia di Bonaventura」, Roma 2009.

P. RIVI, 「Paupertas」, in 「DB」, 584-597.

P. ROREM, 「Bonaventure's ideal and Hugh of St. Victor's Comprehensive Biblical Theology」, in 「FS」, 70 (2012), 385-397.

P. ROUT, 「Francis and Bonaventure」, Liguori, Missouri 1997.

S. V. ROVIGHI, 「San Bonaventura」, Milano 1974.

K. RUH, 「Storia della mistica Occidentale. Mistica femminile e mistica francescana delle origini」, II, Milano 2002.

P. SABATIER, 「Vita di S. Francesco d'Assisi」, Assisi 2009.

M. SCHLOSSER, 「Triplex via」, in 「DB」, 827-831.

A. TANQUEREY, 「Compendio di Teologia Ascetica e Mistica」, Roma 1927.

B. THEULI - A. COCCIA, 「La Provincia Romana dei Frati Minori Conventuali dall'origine ai nostri giorni』, Roma 1967.

F. URIBE, 「Franciscus」 in 『DB』, 416-437.

____, 『Il Francesco di Bonaventura. Lettura della Leggenda Maggiore』, Assisi 2003.

____, 『Introduzione alle fonti agiografiche di san Francesco e santa Chiara d'Assisi (secc. XIII-XIV)』, Assisi 2002.

C. VAIANI, 『Storia e teologia dell'esperienza spirituale di Francesco d'Assisi』, Milano 2013.

A. VAUCHEZ, 『Francesco d'Assisi』, Torino 2010.

L. VEUTHEY, 「L'itinerario dell'anima francescana verso Dio」, in 『Giustizia e virtù di religione nella spiritualità francescana, Quaderni di Spiritualità francescana』, 14 (1967), 90-116.

____, 『La filosofia cristiana di San Bonaventura』, Roma 1996.

고계영, 『칼 라너 신비신학의 관점에서 비추어 본 아씨시 프란치스코의 신비체험』, 프란치스코 출판사, 2014.

소피아 로비기, 『성 보나벤투라』, 이재룡 옮김, 가톨릭대학교출판부, 2001.

죠반니 얌마로네, 『프란치스칸 영성 – 가난과 겸손을 동반한 여정』, 윤지형 옮김, 프란치스코 출판사, 2007.

케난 오스본, 『프란치스칸 사상의 학문적 전통: 기원과 중심요소』, 김지완 옮김, 프란치스코 출판사, 2018(2판).

폴 루트, 『프란치스코와 보나벤투라』, 한규희 옮김, 프란치스코 출판사, 2018.